21世纪高等院校公共课精品教材

GRAPHIC ADVERTISING

图解广告学

曹明香　王多明　编著

姚　尧　兰　敏　绘图

东北财经大学出版社
Dongbei University of Finance & Economics Press

大连

图书在版编目(CIP)数据

图解广告学 / 曹明香，王多明编著. —大连：东北财经大学出版社，
2016.1

(21世纪高等院校公共课精品教材)

ISBN 978 - 7 - 5654 - 2169 - 3

Ⅰ. 图…　Ⅱ. ①曹…②王…　Ⅲ. 广告学 - 高等学校 - 教材

Ⅳ. F713.80

中国版本图书馆CIP数据核字(2015)第290385号

东北财经大学出版社出版

(大连市黑石礁尖山街217号　邮政编码　116025)

教学支持：(0411) 84710309

营 销 部：(0411) 84710711

总 编 室：(0411) 84710523

网　　址：http://www.dufep.cn

读者信箱：dufep@dufe.edu.cn

大连永盛印业有限公司印刷　　　东北财经大学出版社发行

幅面尺寸：185mm×260mm　字数：424千字　印张：20 1/2　插页：1

2016年1月第1版　　　　　　　2016年1月第1次印刷

责任编辑：石真珍　孙冰洁　　责任校对：毛 杰　王 娟
　　　　　周 晗　刘晓彤

封面设计：冀贵收　　　　　　版式设计：钟福建

定价：38.00元

前　言

我国经济稳步快速增长，促进大学广告专业教学迅猛发展。

改革开放给经济社会带来生机和活力。与市场经济相生共荣的广告业，获得了阳光雨露的照耀和滋润，得到了史无前例的飞快升跃。

广告业是我国增长较快的行业之一，它的快速发展，推动了市场竞争和技术创新，改变了人们的思想观念和生活方式，为我国的经济社会发展作出了特别贡献。国家把广告业定位为"直接服务于经济社会的新兴产业"。1981年全国广告经营额为1.18亿元，到2013年，32年间，这个数字涨到了5 000多亿。两相比较，增加了4 000多倍，这个变化，全世界绝无仅有。

中国广告业一路高歌猛进，功不可没的是厦门大学广告学专业，带头为业界输送了高质量人才。十几年间，从东到西，从南到北，我国开办广告学专业的大学从几所、十几所增加到几百所。每年几万广告学专业毕业生进入社会，"不尽长江滚滚来"，但仍然不能解除广告业人才匮乏之渴。

响应广东省教育厅的号召，2013年11月至2014年2月，笔者带领广东培正学院广告学专业7位大学二年级学生，完成了广东省教育厅首届"大学生广告行业-专业-就业人才需求分析大赛"的项目分析报告。3万多字的报告，结论只有8个字：（在广东省）广告人才，供不应求。

广东省作为全国改革开放的"排头兵"，2013年、2014年GDP均已过万亿美元。

广东省广告协会负责人告诉我们，广东省有各种类型的广告公司2万家，从业人员20多万。经调查，广东省开设广告学相关专业的本科大学有23所，2014年毕业学生有1 650人。也就是说，10家广告公司摊不到1位本科毕业的大学生。

广东培正学院人文系广告学专业2012年招收学生67名，2013年招进116名，2014年超招60名，达到181名。与经济社会需求相向而行是广告学专业学生及其家长"明智的选择"。

读广告专业，前途一片光明。

进大学，读广告专业，怎样读？

有人开出"三读"的方子：读名师，读图书馆，读同学。我们没有异议。

我们也有"三读"送给广告专业的大学生：读教材，读社会，读广告。

教材是名师们多年教学的精彩总结，是读大学之本；

认真把握社会的需求，处理好自身定位，"按需生产"是学子读书的原动力；

欣赏、体会各种优秀的广告作品，可以在愉悦之中获得最佳营养。

读书吧，"书是人类进步的阶梯"这句话永远不会过时。

在汗牛充栋的"广告学"教材中，这本《图解广告学》与读图时代同行，与其他的广告学概论不一样。笔者是中国广告协会学术委员，在多所大学广告学专业任教32年，带出4 000多名毕业生，其中任职广告、传媒、公关、网络、营销、设计领域的公司董事长、总经理近千人。

读广告学专业，首先要认识广告的全貌，"广告学"是专业建设的第一块基石。学好了，再开设文案、媒体、创意、策划、设计基础、经营管理等课程。

本书配有200多幅图，富有创意，是广告学专业已毕业近20年的姚尧老师的呕心沥血之作。姚尧老师能在阅读文字后，用自己的创造性劳动，通过图的点、线、面将文字的精华表现出来。对这种"点睛之笔"的图解文字，沉下心去阅读，学习效果一定会更好。这本教材还能为学习者解决广告学专业学生认为最难、最怕做的 事——创意及广告表现——提供借鉴素材。

本书的内容结构是笔者依据自己30多年的专业教学经验和在广告公司任职近20年的实际体验安排设计的，与纯学术研究不一样，内容均是为广告业界培养务实的高级人才而精选的。

本书依据大学广告学课程的学时设置章节，教师可以择其要点，精讲；学生根据每章的"学习目的与要求"和"学习重点"把握方向，应用所学知识完成每章的"思考与练习"，多练。在逐章完成"思考与练习"的过程中，学习者一定会爱上广告学。每章正文前的"引例"真是万吨矿石陶冶出的"重金属"，读后发人深省，引人入胜，沁人心脾。

读完这本教材，不仅能为学习者学习后续的专业课程打牢基础，还能为其早期的定位提供帮助。

由于时间和能力有限，书中难免有错漏之处，敬请同行专家和读者批评指正，以便于今后的修订工作，使本书内容更臻完善。

编著者
2015年11月于广东培正学院

目　录

第 1 章

广告概述

📖 学习目的与要求

学习本章之后，从广告的旁观者进入学做广告人的范围，从而为树立专业思想、学好本专业打下基础；从对广告"只知其然"，进入到"知其所以然"；从原来只看到广告作品的表面，进而看到与广告相关联的许多应懂得的问题；从中国现代广告追溯到中国古代广告，了解我国广告的演变及发展进程，看到现代广告业的发展前景，进一步端正专业学习态度。

🔖 学习重点

1. 广告的科学定义
2. 广告的五要素
3. 广告的本质是信息传播
4. 我国的广告正在快速发展

🔍 引例

外国领导人的广告效应

老布什总统做广告

由于海湾战争的发生，美国的旅游业生意不好，许多人宁愿呆在家里也不去旅游。于是老布什总统亲自上马做电视广告招揽游客。

有一个老布什总统在加利福尼亚的一个高尔夫球场上边散步边历数美国旅游胜地的画面，他说："美国是个多姿多彩的国家，有着绵延不断的绿色土地与白沙如银的海滨浴场，也有以黑人乐曲旋律谱写的火爆炽烈、节奏明快的爵士音乐。你们可以一睹大湖区和大峡谷的风光。"老布什还诙谐地说："总统发出邀请，你们还在等待什么呢？"

里根成了服装广告员

美国男式西装业一度很不景气，曾经风度翩翩的电影明星里根总统"登基"后，顿时成了服装业的救星：美国时装同业会连续几年慷慨地把"全美最佳服装奖"颁发给他，还特别称赞他穿西装时显得潇洒庄重、气度不凡。结果，美国甚至世界各地的男士纷纷效而仿之。

施密特无意中为中国产品做了广告

原联邦德国总统施密特脱发，喜欢使用中国生产的一种生发剂。有一次，他去美国访问，记者发现他手提包里有这种产品，便报道出来，谁知厂家因此而得福，生发剂的出口量3年间竟增长5倍多。

用T恤衫做广告　巴西总统宣传有术

当年40多岁的巴西总统柯罗，每个星期天都外出慢跑，他在T恤衫上不断地印上新的词语来表明自己的主张，他的胸膛成了进行政治推销的重要媒介。

1990年12月，当舆论对柯罗政府经济紧缩政策颇多微词时，他在暴雨中慢跑，T恤上用拉丁文印着"穿过逆境奔向成功"；当一位政治盟友弃他而去时，他的T恤上印有"时间和上帝会作出评判"；海湾战争期间，他的T恤上印了只和平鸽，并用阿拉伯语印上"和平"字样。总统发言人指出："它已起到了很好的宣传作用。"

思考：

外国领导人的广告效应（见图1-1）对我们有什么启发？

图1-1　外国领导人的广告效应

|1.1| 广告及其性质

广告与商品交换同时出现，在我国几千年的经济社会发展中功不可没。现代广告是我国实行改革开放30多年以来，以前所未有的速度获得快速增长的新兴产业。在广袤的神州大地，中国的广告业如乘上高速列车，风驰电掣般地飞奔。广告已经成为我们生活中的重要元素，谁想离开它，已经成为不可能的事。在小小的手机屏幕上、电视里、报纸上、广播中，屋顶的霓虹灯、商场墙上的LED显示屏，街头的护栏、布标，售货现场的柜台上、货架上，许多人穿戴的帽子和衣服、肩挎的各种包上，广场上卡通人物的表演中，人们都能看到、听到和接触到各种形式的广告。从两三岁的小孩，到八九十岁的老人，他们都很容易从看到的图形、画面和人物的表演里，从听到的声音中，区别出这是广告。但是，我们要将这些看得见、听得到、摸得着的广告的来龙去脉说清楚，就需要专门认真地学习了。

1.1.1 广告的几种主要定义及分析

许多广告专家在著作和论文中，广告业者在语言交流里，商人向顾客介绍商品信息时，都会对广告下自己认可的定义（见图1-2）。

图1-2 广告的定义

做广告以后，获得盈利的商人说，"广告是能获得效益的宣传手段"，"广告是推销商品的成功之道"，"广告是生产和再生产的润滑剂"。还有人说："一条广告救活了一家厂!"（见图1-3）

广告公司的人员在说服企业负责人做广告时说，"广告是促进企业市场经营更有效的信息交流活动"，"广告能帮助企业说服消费者购买企业商品"，"广告是现代营销手段中的开路先锋。是商品生产者、经营者与受众、顾客、消费者沟通的主要方法"。

图1-3 一条广告救活了一家厂

这些广告的实践者、经营者、受益者，对广告都有各自深浅不一的看法和理解。

"广告"一词从字面解释是"以某事公告于众"即"广而告之"的意思。英语"广告"advertise源于拉丁语，有"注意"、"诱导"等意思，后来引申为"唤起大众注意某事物，并诱导于某一特定方向所使用的一种手段"。18世纪末至19世纪初，英美等国家的商业广告日趋发达，英语"advertise"一词成为现代广告的含义，通行于世界各国。

英国《简明不列颠百科全书》第15版把广告定义为："广告是传播信息的一种方式，其目的在于推销商品、服务，影响舆论，博得政治支持，推进一种事业，或引起刊登广告者所希望的其他反应。广告信息通过各种宣传工具，传递给它所想要吸引的观众或听众。广告不同于其他传递信息的形式，它必须由登广告者付给传播的媒介以一定的报酬。"

英国牛津大学通识读本《广告》一书写到"什么是广告行为"时说：和许多日常用语（比如艺术、爱情和正义）一样，广告行为很难被准确界定。首先，广告行为不同于广告：广告行为是一个过程，而广告则是这一过程的终端产品，但这两个词经常被互换使用。其次（或许这一点更为重要），虽然公众使用"广告行为"一词来指代所有宣传活动，但在广告业内部，这个词只用于特指（尽管混用的情况依然存在）。我们不妨对广告作如下界定："广告是一种付费交流活动，其目的在于提供信息，并且/或者游说一个或多个人。"

美国广告协会对广告的定义是："广告是付费的大众传播，其最终目的为传递情报，改变人们对于广告商品的态度，诱发其行动而使广告主得到利益。"

美国营销协会对广告的定义是这样的："所谓广告，是由一位被确认的广告主，在有费用的原则下，所进行的观念、商品或服务，非人员揭示及促进活动。"

美国学者托马斯·C.奥奎因等人在他们著的《广告学》中说："广告代表着许多事情。它是大众文化，是资本增值的工具，是一种强加于人的外力，是一种释放，是压迫者，是解放者，是人文科学和戏剧的综合体。它是创意的流露，是信息的载体，它还帮助商业销售产品。总而言之，广告很有趣。"

以上这些对"广告"所下的定义，有的过于直白，只有现象的描述，没有本质的把握；有的虽然过于细列，又不可能在定义中把广告的所有功能概括进去；有的强调广告的作用，而忽略了其主要特征。

对广告定义的讨论，至今仍在进行。我们在学习和今后的实践中，要密切注视广告业和广告理论的发展，不断丰富我们的广告知识，借以指导我们的广告实践。

托马斯·C.奥奎因等人著的《广告学》在讲述"广告的兴起"时说：

在很多关于广告演变的讨论中，常常认为广告的发源期在远古时代，甚至原始人类就从事过一些广告宣传活动。这些说法从本质上讲是错误的。无论古代人们从事什么活动，都不能称为广告行为，虽然罗马人与一些非罗马人进行交流都以劝说买卖商品为目的，但他们并不是做广告宣传。广告是当今时代发展和现代媒介的产物。

在我们介绍西方社会广告学发展简史之前，首先考虑几个影响广告学兴起的主要因素。广告的出现至少有以下四个主要因素：

（1）资本主义的兴起。

（2）工业革命。

（3）制造商对于分销渠道的控制。

（4）现代大众传媒的兴起。

我们把这种说法当成一家之言。如果照此说法回顾中国古代的广告，宋代张择端的《清明上河图》、明代仇英的《南都繁会景物图卷》中的促销广告又称之为什么呢？托马斯等人讲的"广告"确切地说是"现代广告"。

1.1.2 科学的广告定义及分析

我国 1995 年 2 月 1 日起施行的《中华人民共和国广告法》（以下简称《广告法》）中对广告是这样表述的："本法所称广告，是指商品经营者或者服务提供者承担费用，通过一定媒介和形式直接或者间接地介绍自己所推销的商品或者所提供的服务的商业广告。"《广告法》中称的"广告"专指商业广告。我们知道，除商业广告以外，还有大量的其他广告，比如政府公告，企业或媒体、社会团体所做的形象宣传广告和公益广告等。因此《广告法》中所指的"广告"不是广告的全体，并未对广告的本质属性作出整体的概括，只对广告业作出了"提供服务"的行业界定。

国家工商行政管理总局"广告专业技术岗位资格函授培训"教材《广告专业基础知识》一书对广告作的定义是："广告是以付费的方式，通过一定的媒介，向一定的人，传达一定的信息，以期达到一定目的的、有责任的信息传播活动。可简论为有偿的、有责任的信息传播活动。"这条定义比较科学、准确地介绍了广告的本质——信息传播活动，而且其中的4个"一定"使广告这种看起来平常实质上有复杂内涵的信息传播活动，上升到了科学理论的高度。但是，由于这4个"一定"的"限制"，这一定义的概括性减弱，变得冗长累赘。

《中国广告大词典》为"广告"作了如下定义：

广告是广告主付费，通过媒体，向确定的受众传播商品、服务或观念信息的活动。

这条定义科学、准确地揭示了广告的本质——信息传播活动，概念清楚，概括确切、完整，涵盖了广告活动的各要素，对生产经营等商业广告、劳动服务类广告、公益广告、观念广告等都作了概括，不只是对"商业广告"下定义，而是对所有的广告下定义。这条定义易理解、易学、易记，文字不长，表述简练，意思明白，因而迅速流传，被广告业内人士接受。

1.1.3　广告的本质属性是信息传播

广告最初的形式是想把某事告之于大众。比如最原始的商业广告，即实物广告——以物易物的广告（见图1-4和图1-5）。原始社会的先民们把剩余的产品放到约定交换的地方，等待需要者以其他剩余物来交换。原始先民以实物本身做广告，进行有目的的商品交换。在古埃及贩卖奴隶的活动中，原始的广告发挥了它的重要作用。

图1-4　原始先民的商品交换

现代市场营销理论勾勒出了强调以消费者为中心，企业可以控制的商品、价格、销售渠道、促销组合这4个方面，以及企业不能控制只能适应的政治、法律、经济、技术、社会、文化、竞争环境这几个方面的关系。"促销"是企业经营的手段。促销组合主要采取四种方式，分别是：广告促销、公共关系促销、人员推销和营业推广促销。在这4种手段中，广告是传播商品或劳动服务信息的活动，为最终实现销售鸣锣开道。此外，无论是网络营销或者是超市仓储式销售、柜台销售，将

图1-5 古埃及的奴隶贩卖

企业的公共关系、人员推销、营业推广等促销手段整合起来，都是十分必要的。但是，以消费者为中心开展促销活动，广告在促销活动中所占有的重要位置不可替代。

我们说广告的本质是信息传播，那么广告是怎样进行信息传播的呢？我们先看看传播的一般原理。

传播是传播者（信息源）将自己要传播的信息经过整理、归纳，再表述出来（编码），通过一定的方式（信息通道）把信息传送给接收者（信息归宿），信息接收者对信息进行理解和分析（译码），产生传播效果。

在广告信息传播活动中，广告主（企业）或广告公司（广告代理）是"信息源"，广告调查，广告策划、创意，广告设计、制作是"编码"的过程，广告媒体和广告方式是"信息通道"，广告受众是"信息归宿"，广告受众对广告的理解和认识、掌握是"译码"（见图1-6）。

广告主（信息源）→广告内容（信息）→广告媒体（信息通道）

广告效益（传播效果）←广告受众（信息归宿）

图1-6 广告信息的传播

广告在传播过程中，受到来自广告主（信息源）本身、广告信息编码、广告媒体传播、广告费使用、广告受众（顾客、消费者）在译码中对信息不同程度的理解等的干扰，这些干扰对信息传播活动会带来预料之中或预料之外的消减作用。

广告是信息传播科学的一部分，英国《简明不列颠百科全书》、美国广告协会、《广告专业基础知识》和《中国广告大词典》都把广告归属为一种信息的传播。从这个角度认识广告，可以把广告业归为信息传播产业，广告科学属于信息传播学。现代广告学以市场营销学、社会心理学、信息传播学的基本原则为理论基础，研究广告传播，如何以新的市场观念为导向，通过科学化作业和采用高新技术手段，应用最新科研成果作为传播媒体，达到广告主预期的目标。广告学是多学科交叉融合而成的综合性学科。

|1.2| 广告要素

无论广告以多大规模出现，以什么形式出现，在什么地方和什么时间出现，都有几项不可缺少的元素，这就是广告要素。广告是广告主付费，通过媒体，向确定的受众传播商品、服务或观念信息的活动。这条定义向我们指出了广告的要素有广告主、广告费、广告媒体、广告受众、广告信息（商品、服务和观念）5 个方面（见图 1-7）。

图 1-7　广告的 5 个要素

1.2.1　广告主

广告主是广告活动的投资者，投资做广告的广告主总有自己的目的。广告主可以是一个企业，为推销商品或服务花钱做广告；广告主可以是一个事业单位或社会团体、政府机构，为树立自己的形象，实现自己的某种目的，宣传自己的某种主张，把要告知受众的信息通过广告传播出去；广告主可以是个人，如寻人广告、求职广告、征婚广告等信息传播都有自己的目的。

广告主可以直接通过媒体发布真实、合法、符合社会主义精神文明要求的，经广告管理部门批准的广告，也可以委托专业广告公司代理全部广告活动或部分广告活动。

2015 年 4 月新颁布的《广告法》对广告主是这样界定的："本法所称广告主，是指为推销商品或者服务，自行或者委托他人设计、制作、发布广告的自然人、法人或者其他组织。"这里显然是指商业广告的广告主。除了商业广告的广告主以外，还有非商业广告的广告主。

广告主在广告活动中应当依法与广告经营者、广告发布者订立书面合同，在合同中明确各方的权利和义务。《广告法》规定，广告主不得在广告活动中进行任何形式的不正当竞争，所推销的商品或提供的服务应当符合广告主的经营范围。广告主委托具有合法经营资格的广告经营者、广告发布者设计、制作、发布广告，应当提供相应的真实、合法、有效的证明文件。

广告主在进行广告活动时，如有违反《广告法》的行为，要依法接受处罚。

1.2.2　广告费

广告费是广告主开展广告活动所付出的费用。广告费是广告活动能够进行的经济基础。

广告费包括直接广告费和间接广告费。直接广告费包括广告前期费用、广告中期费用、广告后期费用。广告前期费用包括广告调查费，广告策划、创意、设计、制作费；广告中期费用包括广告发布费、广告宣传活动场地设置费和广告宣传活动服务者的酬劳；广告后期费用包括广告效果调查费，广告补充、修正制作及发布费。

间接广告费包括广告机构办公费及广告人员的工资，广告会员费和应缴纳的广告税款，以及广告利润留存。

广告费还分为自营广告费、他营广告费、固定广告费、变动广告费等费用。自营广告费是指广告主自己做广告，直接用于广告活动的费用；他营广告费是指广告主委托广告经营者代理广告活动所花的费用，这里有直接广告费也有间接广告费；固定广告费是指在一定时期内相对固定的广告支出；变动广告费是指广告主根据情况，变化广告费的投入量。变动广告费因广告主广告计划的变动，分为比例变动费、递增变动费、递减变动费等几种。比例变动费是随广告实施量的大小呈比例变化；递增变动费是随广告实施量的递增而开支的费用；递减变动费是随广告实施量的递减而开支的费用。

广告费属于企业商品生产和经营成本的一部分，企业支付的广告费不进入增值税纳税的项目。

1.2.3 广告媒体

广告媒体，也称为广告媒介。广告媒体是用来附载广告信息、向受众传播广告信息内容的物质。从广告信息载体是实实在在的物质的角度，我们称这种物质是广告媒体；从传播广告信息所承担的信源和信宿的中介作用的角度，我们称这种物质是广告媒介。广告媒体与广告媒介说法不同，其实是同一种物质。

图1-8　广告对媒体的要求

1. 广告对媒体的要求（见图1-8）

（1）传达性强。广告媒体要能传播广告信息，使广告受众能从媒体的传播中认识广告信息的内容。

（2）吸引性强。广告媒体要能让一定数量的受众感受到它的存在，引起受众的注意，让受众产生兴趣。

（3）适应性强。广告媒体要有自己的适应受众需要的功能，以便能让不同受众接受，让受众在不同地点、不同时间接触到广告信息的内容。

凡是适合以上3个方面的物质，都可以用做广告信息传播。空旷的蓝天、装牙签的纸袋，天上飞的、地上跑的、水中游的，传统的商品实物本身、声音、对联、门楼，现代化的微电子新产品中——手机，广场上、街头的大屏幕电子显示屏，高楼屋顶、墙面，人行隔离带，城市边沿、高速路两侧伫立的高杆广告牌，人的头顶、脸上、后脑勺、躯干，电视、报纸、广播、杂志，都可以用来做广告信息传播的媒体。

2.广告媒体的分类

根据不同的分类标准，我们可以把难以计数的广告媒体分成不同的种类。

（1）以时间为标准划分：长期广告媒体有路牌、霓虹灯、墙面绘画、车站设立的民墙、广场设立的商品模型、车体、书籍、杂志、说明书等；短期广告媒体有报纸、电视、广播、商品一次性包装纸等。

（2）以空间为标准划分：国际发行的出版物、国际交通工具、出口商品的包装、赠品、旅行导游图等；全国发行的报纸、杂志、书籍，全国能收视的卫星电视，全国能收听的广播，在其他多省设立的广告牌等；地区性报纸、杂志、电视、广播、传单等；城镇的路牌、橱窗、货柜、霓虹灯等。

（3）以媒体性质为标准划分：报纸、杂志、传单、说明书上的广告等称为平面广告；手机、电脑、电视、广播、大屏幕广告幕墙上的广告等称为电子多媒体广告；路边屹立的巨型高杆广告、街头充气大型模型、空飘氢气球布标、塑钢室外模型称为户外广告；销售现场的布标、灯箱、货物摆设、临街橱窗等广告称为售点广告。

（4）以受众的感觉为标准划分：诉诸受众视觉的媒体有报纸、杂志、路牌、说明书、传单、霓虹灯等；诉诸受众听觉的媒体有广播、录音、叫卖和打击金属物器等；诉诸受众视听觉的媒体有手机、电视、电影、微电影、VCD、DVD、幻灯片、录像、微博、微信等。

无论传统广告或现代时尚媒体广告，其种类数不胜数，不胜枚举。

1.2.4 广告受众——广告客体

广告受众是指广告信息传播的接收对象，包括广告听众、广告观众、广告读者等有机会接触广告的人们（见图1-9）。

广告受众是广告信息传播的接收者，是相对于广告信息这个主体而言的广告信息传播的客体，他们在广告传播活动中是被动接收者。在移动互联网手机广告中，使用者手指的点击使受众成为广告信息的主动接收者。

广告受众分为一次受众——直接接收广告信息的人，二次受众——由一次

图1-9 广告受众是广告信息传播的接收者

受众将广告信息传播给他,多次受众——经多次传递接收广告信息的人,其中他可能是二次受众或三次受众,也可能是一次受众兼三次受众。

广告主都希望广告受众能成为广告信息的多次接收者,成为帮助广告主二次或者多次传播广告信息的人。有一则广告语"请大家告诉大家"就反映了广告主的这种愿望。

广告受众是广告信息传播的归宿,是广告活动追求效果的落脚点。在现代市场营销理论和实践中,受众有可能是将来的消费者,因此,广告活动也应以受众为中心,展开各种有利于受众接受广告信息的活动。

1.2.5 广告信息——广告主体

广告主体是广告传播活动要进行实际传播的内容,它是广告得以存在的主要支持,因而,我们称之为广告主体。它与在广告经营运作中被广告主称为的广告客户是两个不同的概念。广告信息即广告主体是要传播的商品、服务和观念等的具体内容。商业广告中的商品、服务信息、公共关系广告中的企业形象,公益广告中的观念、意识形态、道德法律规范,政治广告中的宣传论点,竞选、征兵广告中的主观意图表述,这些都是广告主体。

广告主体是相对于广告受众这个传播客体而称呼的。《广告法》规定:"广告不得含有虚假或者引人误解的内容,不得欺骗、误导消费者。广告主应当对广告内容的真实性负责。"这是对广告主体内容的法律规定,凡是开展广告活动,都必须遵守。

广告主体与广告主不同。虽然它们都是广告的要素,但广告主体是广告内容,是广告信息,广告主是广告信息源和广告信息传播的发布者及广告费用的投资者,是广告代理公司对广告客户的书面语称谓;广告主体是广告活动要传播的内容物,广告主则是广告信息的组织者;广告主体是广告主在广告活动中确定要传播的信息,广告主是组织传播信息的责任人。

1.2.6 广告传播效果

虽然在广告定义中,没有广告传播效果的文字表述,但从广告主做广告的目的分析,广告效果已经包含在广告主的信息传播之中了。从信源通过信道,把信息传播给信宿,要讲求传播效果,在传播五要素中,有一个"信效"的问题,当广告主充当信源时,他要求的信效就是广告效果。

广告效果是广告在传播商品、服务和观念信息过程对受众所产生的实际结果。广告效果包括传播效果、社会效果和经营效益。

广告传播效果是广告信息使受众产生的心理反应,包括接触效果、印象效果、注意效果、关心效果、追忆效果和行动效果(见图1-10)。

广告社会效果是广告传播活动进行后,对社会物质财富的积累和对人们精神生活所产生的影响的综合反映,主要体现在广告对受众的社会宣传、教育渗透、观念变化，以及改变和加深受众对商品、服务或企业的社会公信度的情感积累程度。

广告经营效益是在广告活动进行过程中和广告活动开展之后，广告主所支出的广告费用与销售商品或提供服务所获取的利润的比例变化情况，是广告活动的投入产出比。企业投资做广告以后，利润增加，则广告经营效益就好。

广告的3种效果是辩证统一的，广告活动是讲求投入产出比的经济活动，做广告一

图1-10　广告传播效果

定要讲经营效益。但是如果广告活动没有广告传播效果这一基础，没有广告社会效果这一后盾，广告经营效益就不可能获得。

1.3　中国广告的演进

广告与商品是同时出现的，因此广告源远流长。在原始社会的晚期，社会分工出现，生产力得到发展，出现了剩余产品，交换也随之出现。有了交换，产品变成了商品。为了交换，原始先民把"商品"集中摆在一个约定的地方，需要交换"商品"的先民们聚在一起，进行"以物易物"。这种把需要与别人交换的"商品"摆放在地上的陈列行为，就是最原始的广告，我们将这种广告形式称为实物广告。

当人类的存在形式——社会——出现后，为传播个体或集体的信息，传播者总会使用传播媒体，让自己的声音传得更响、更远，让更多的人知道，便出现了社会广告。马克思说："社会——不管其形式如何——究竟是什么呢？是人们交互作用的产物。"人们只有相互交往，才能共同生存。于是，人们依照一定的关系结合成生活共同体，这就形成了社会。人类社会的生活是多方面的，人们的交互作用也是多种多样的，社会广告这种传播信息的方式就出现在人类社会的初期。随着商品交换的出现，需要传递"交换"这一信息的商品实物作为最初的广告也随之出现了。

1.3.1　中国古代的广告

我们把原始社会晚期至鸦片战争前所出现的广告，称为中国的古代广告。

相传在约5 000年前，在中华大地上生活的先民们就掌握了农耕技术，将金属工具用于生产，促进了社会劳动分工。手工业出现后，商品生产和商品交换相继出现，商品交换关系的形成则产生了市场。《易·系辞》中记载："庖牺氏没，神农氏作，列廛于国，日中为市，致天下之民，聚天下之货，交易而退，各得其所。"这是我国最早的有关商品交易的记载。最初的交换，显然是在以物易物中充分地使用了广告。《诗经·卫风·氓》中有"氓之蚩蚩，抱布贸丝"。《晏子春秋》中记载："君使服之于内，而禁之于外，犹悬牛首于门，而卖马肉于内也。"这些都是以商品实物陈列做广告的真实写照。

历史资料记载，3 000 年前的殷周时代，有个叫格伯的人，把马卖给一个叫棚先的人，这笔交易以铭文形式记录在青铜器上。这说明我国最早的近似于文字广告的契约雕刻出现了。

公元前 770 年至公元前 476 年，在商品交换中，人们或手里拿着需要告示于人的实物，或者将商品实物悬挂在售货摊上，以示招徕。这种陈列广告以后演变成招牌、幌子等悬挂广告。东周陶器上刻印着"阳城"篆体文字标记，表示陶器商品的产地，这是至今发现的古代最早的商品文字广告。

"师望在肆，昌何识？鼓刀扬声，后何喜？"这是屈原在《楚辞·天问》中写的姜太公在被周文王起用前，在铺子里卖肉，把刀故意剁得当当响、高声吆喝招徕顾客的一种做广告的方法。屈原在《楚辞·离骚》中又写了"吕望之鼓刀兮，遭周文而举"这样的诗句。

《战国策·燕策二》中讲述了在伯乐相马的时代，有人卖骏马，三天无人问津。卖马人急了，找到伯乐，说："请您到市场上我卖马的地方，认真地从头到尾看看这匹马，离开时恋恋不舍地回头再看这匹马，马卖了后我会给你费用。"伯乐依照卖马人的要求端详骏马，走时回头再看后才恋恋不舍地离开。这个过程被围观的人们看清楚了，一天之内，这匹骏马的价格涨了十倍，并被买者买走。

战国末年的韩非子在《外储说右上》有一段记载："宋人有酤酒者，升概甚平，遇客甚谨，为酒甚美，悬帜甚高。"卖酒商家高悬"酒"旗在做广告（见图 1-11）。

《史记·司马相如列传》记载了"文君当垆卖酒"的故事，汉代诗人辛延年有诗句说："胡姬年十五，春日独当垆。"

图 1-11　酒旗广告

公元 400 年以后的北魏时期，商业繁荣，酿酒人以实物做广告。京师朝贵们出郡以酒馈赠外戚，消费者为酿酒人做广告宣传，达千里之遥。

公元 581 年，隋炀帝开放东市，把珍贵的商品充分展示陈列出来，还为远道而来的胡客提供免费用餐，形成了国际性的商品展览和广告宣传。

唐朝时期，对市场严格管理，开市前击鼓 300 槌，就是一种声响广告。同行之间，竞相出货，产生了叫卖广告。汉、唐时卖糖的人以箫声招徕顾客，出现了音乐广告。

公元 960 年后，北宋时期的汴梁（现今河南开封）是典型的商品集散地，为了做成生意，不仅实物广告，叫卖、声响、音乐广告等都被广泛采用，而且图画广告的使用也十分活跃。"张挂名画，勾引观者，留连食客"记录下了当年广告的做法、目的和效果。酒店前的招牌上画酒瓮，鞋店门前画鞋子，无疑是一种创新。这时鞋店的幌子广告制作精美，旗上装饰了"五星"图案，引人注目。高大的彩楼、迎门广告起到了示意、招引远处来客的作用，这种广告不仅有实用价值，美学价值也很高。

北宋著名画家张择端创作的长卷风俗画《清明上河图》，一千多年来一直被誉称为"神品"。它为我们了解和研究古代商品广告提供了较全面的形象资料。

展开画卷，从汴河到城内街市，只见沿河建筑高悬市招，彩旗随风飘扬，招迎着来往于汴河与马路之间的客商。各色各样的店铺都有明显的招牌，如香店的"刘家上色沉檀拣香"，药店、医馆的"赵太丞家"、"杨家应症"，绸缎店的"王家罗锦匹帛铺"等。在虹桥左下方，挂着"新酒"条子旗市招的大酒楼，门前锦旗飘扬，彩带飞舞，大门顶上还扎了数丈高的彩架，飞檐翘首，光彩夺目。来往于巷陌路口、桥门市井之间的小贩，有的推车、挑担，有的设摊，或手举玩具逗引牵着小孩的顾客，或头顶装着食物的篮子以广招来客；或撑起棚伞，把要卖的东西展示在顾客面前。画卷结尾，还有一个手握响板的老人，似乎在晃动着响板，招揽生意。

《清明上河图》为我们提供了古代商业广告的真实缩影。实物广告，如音响、旗帜、灯笼、商标、招牌、彩楼等广告，应有尽有。这些悠久的、纯朴的、强烈民族化的东西，已经形成我们这个文明古国独特的广告艺术风格。

图1-12 我国现存最早的印刷广告

宋代兴起了印刷广告，"济南刘家针铺"广告铜版是我国现存最早的印刷广告（公元960—1127年）铜版。这份印刷广告语言精练、构图严谨、文图互补（见图1-12）。

明代书商十分活跃，雕版印刷相当盛行，为争取读者，书商与绘画、雕刻者结合，利用各类书籍做广告。

元末明初小说家施耐庵的《水浒传》中，多处写了各种形式的广告：景阳冈上的酒旗"三碗不过冈"；杨志卖刀时在刀上插的草标；白胜在黄泥冈上"卖酒"时唱的民谣；蒋进在街头市井为人算命，手里拿着的"神算子"布幡……

明代画家仇英的作品《南都繁会景物图卷》颇有《清明上河图》的意味（见图1-13）。这幅图长350厘米、宽44厘米，生动地描绘了明永乐年间南京秦淮河两岸的盛况。画面从右至左，由郊区农村田舍开始，以城市的南市街和北市街为中心，在明皇宫前结束。画卷中街市纵横，店铺林立，行人摩肩接踵，标牌广告林林总总。两岸佛寺、官衙、戏台、民居、牌坊、水榭、城门等建筑层层叠叠；茶庄、金银店、药店、浴室，乃至鸡鸭行、猪行、羊行、粮油谷行，应有尽有。据统计，画面上的招牌、悬帜等各种广告共有109种之多，显现了明代广告的繁荣。

到清代，用民间木版年画做广告，很有特色。茶食店包装用的装潢画，水果盒或竹篓上的礼纸，爆竹外面的包装纸，清明节、寒食节、中秋节、春节拜祭祖先需要的品斗香上的花旗，婚嫁用的喜幡，都有精美的图画广告。

古籍文献中的古代广告，与当时的经济发展相适应，广告对推动当时的经济发展起到了功不可没的作用。

图1-13　《南都繁会景物图卷》节选

1.3.2　中国近代广告

1840年鸦片战争爆发，外国资本涌入，对商品生产交换起到了推动作用。此后，民族工商业与外国资本争夺市场，刺激了广告业的发展。

1853年，英国人在广州、厦门、福州、宁波、上海五个通商口岸出售《遐迩贯珍》刊物，经营广告业务，为中外商人沟通商情，成为在我国最早出现的刊登广告的刊物。在此刊出现之前，街头的传单张贴广告，是当时我国印刷广告的主要形式。

报纸广告的出现标志着我国广告进入了近代阶段。1899年的《通俗报》6个版面中，广告已占四五个版面。据1922年《第二届世界报界大会记事录》记载，那时在我国发行的中外报纸已达1 100多种。广告经营者最早是以报纸广告代理人的面目出现，随着广告宣传内容不断扩大，为适应广告业发展的需要，广告主与广告经营者逐渐分开。后来报纸广告业务不断扩大，报馆纷纷设立广告部，以后又出现了专营广告业务的广告社和广告公司。

20世纪30年代前后，是我国近代广告发展的鼎盛阶段，主要表现在广告媒体的多样化和广告公司的兴起。当时上海的许多外国大公司里都设有广告部，民族资产阶级办的企业也设立了广告部，著名画家张乐平、叶浅予都曾画过广告。

随着市场竞争日益激烈，广告不断增加，广告公司应运而生。20世纪30年代以前，上海有大小广告公司近20家，联合广告公司是最大的一家。30年代初，广告媒体有了很大变化，除报纸外，还有无线电广播。1936年上海有电台42家，除两家为国民党政府所设、两家为外国人电台以外，有38家私营电台，经营收入主要为广告收入。这时的广告媒体还有电影、路牌、车辆、霓虹灯等，甚至出现了空中广告。1936年7月全国运动会在上海举行，《新闻报》借机搞了空中广告。这一年上海举行了全国性商业美术展览会，对提高广告艺术水平起到了积极作用。

20世纪30年代我国的报纸广告已经很发达，《申报》的广告篇幅约占报纸版面的60%，天津《大众报》的广告篇幅约占报纸版面的50%，充分反映了工商界对广告的依赖与需求在不断增强。

中国广告学的研究与教学，始于"五四"时期。一些大学"报学系（新闻系）"和学术团体把广告作为教学与研究的一部分。成立于1918年的"北京大学新闻学研究会"是我国最早的广告学术研究团体。当时对我国广告学作出贡献的著名学者有徐宝璜和戈公振。1919年12月出版的徐宝璜编著的《新闻学》中，就有"新闻纸之广告"一章；1927年出版的戈公振的《中国报学史》，较为系统地论述了广告的历史和现状。1920年起上海圣约翰大学、厦门大学、北京平民大学、北京国际大学、燕京大学、上海南方大学先后开设了广告课程，编写翻译了广告专业书籍。当时我国已经有了在外国学广告的留学生。

抗日战争爆发后，重庆的广告业不断扩大，"现代广告社"、"唯一广告社"、"环球广告社"等大小20多家广告社相继开业，广告社之间也有了一定的分工。

中国共产党的创始人，在早期革命活动中，也利用广告宣传革命。陈独秀、李大钊在"五四"前创办的《每周评论》也发挥了广告的作用（见图1-14）。"五四"时期的革命报刊，都刊登为政治斗争服务的广告，也刊登中国厂商的广告，借以提倡国货。

图1-14　陈独秀、李大钊创办《每周评论》

毛泽东在湖南师范学校就读时为吸引社会底层的工友、店员来夜校读书，写了通俗易懂的招生广告；用"二十八画生征友启事"做广告，寻找志同道合者。1919年7月14日，毛泽东在长沙创办《湘江评论》，创刊号的报头上就刊有"广告价目"。

陈独秀、李大钊在北京创办宣传马克思列宁主义的《新青年》刊物上，通过广告推荐进步书籍，刊登了毛泽东在长沙创办的文化书社的广告。

1919年7月21日，周恩来在天津创办《天津学生联合会报》，该报委派专人承办广告业务，为配合"五四"运动，在头版重要位置刊登图文并茂的国货广告。

1.3.3　中国现代广告

1949—1952年，上海、天津、重庆为把旧社会残存下来的广告业引上有利于国计民生的轨道，在当地人民政府领导下，对广告进行了管理。天津、上海、重庆先后发布了广告方面的管理办法，出现了新中国成立后最早颁布的一批地方性广告管理法规。

1953—1956年，大规模经济建设使商品流通十分活跃，在经济发达、工业集中的大城市，建立起广告公司，把旧的广告社改造为社会主义性质的新型广告公司。公私合营后，工业企业的商品多由国营商业企业包销，很少做广告，报纸广告版面减少，取消了商业电台，广告传播商品信息的作用逐渐减小。

1959年5月为迎接新中国成立10周年，商业部发出加强广告宣传和商品陈列工作的通知，要求各地特别是当时对外开放的45个城市要做好商业广告工作。同年8月在上海召开21个开放城市广告会议，国庆前夕全国各大中城市的商业广告焕然一新。

1958年"大跃进"以后，流通渠道不起作用了，没有竞争，广告业随之受到挫折，广告管理也受到冲击，一度废止。一直到1962年以后，国民经济和商品生产得到恢复，广告行业亦随之有了一定程度的恢复与发展。

在"文化大革命"时期，广告工作和其他工作一样，受到严重的破坏，广告被斥为资本主义的产物，报纸上的商品广告基本消失，户外广告被"红海洋"式的政治宣传替代，商业服务机关化，夜市关闭，霓虹灯广告大为减少。除影剧广告宣传8个样板戏外，全国的广告宣传基本停顿。

广告专业教育在学校被取消，广告人才的培养处于师徒相传的境地。我国的现代广告落后于国际广告几十年。

1.3.4　改革开放促进了我国广告事业的迅猛发展

自从实行以经济建设为中心推行改革开放的方针以来，我国的政治、经济、文化、科技、体育，人民的生活形态和精神面貌等各个方面都发生了深刻的变化。这些变化促使我国现代广告事业迅速恢复和发展起来（见图1-15），具体表现在：

第一，经济体制改革和社会主义商品经济的发展对我国广告事业的发展产生了强大的推动力。

第二，企业营销观念的变化为我国广告事业的发展奠定了坚实的客观基础。

第三，人们消费结构和消费观念的变化为我国广告事业奠定了社会基础。

第四，广告事业与新闻、文艺、体育事业相结合，为中国广告事业的发展开辟了广阔的前景。

图1-15　改革开放促进我国广告事业的迅猛发展

第五，随着各种新媒体的运用，广告信息传播成为人们生活不可或缺的重要组成部分。

在中国广告协会的倡导下，越来越多的广告公司树立了以市场调查为基础，以广告策划为中心，以广告创意为重点，为广告客户提供全面服务的经营理念，采用先进的技术，改善经营手段，在实践操作中承担起培养专业化的广告人队伍的任务。

广告业属于知识密集、技术密集、人才密集的高新技术产业，是市场经济的先导，其发展水平是一个国家或地区市场经济发育程度、科技进步水平、综合经济实力和社会文化质量的重要反映。在市场经济运行中，广告作为沟通文化与消费的中介，具有辅佐企业开拓市场和引导消费的特殊功能，是国内、国际市场信息交换的有效渠道，也是参与国际经济的重要条件。发达的广告业可以促进经济资源的合理配置，取得更加丰富的物质产品和精神产品。

经过30多年的发展，我国广告业已初步成为具有一定质量和规模、服务门类和媒体种类较为齐全、专门为社会提供经济信息服务的产业，为促进社会主义现代化建设发挥了极重要的作用。

1993年7月，国家工商行政管理总局、国家计划委员会制定了《关于加快广告业发展的规划纲要》。在这份重要文件中，总结了"我国广告业的发展状况和主要问题"，指出了"广告业发展的目标和重点"、"'八五'期间广告业发展的主要任务和目标"及"主要政策措施"。

1994年10月27日，第八届全国人民代表大会常务委员会第十次会议通过了《中华人民共和国广告法》，并于1995年2月1日起施行。2015年4月24日第十二届全国人民代表大会常务委员会第十四次会议对《中华人民共和国广告法》进行修订，修订后的《广告法》于2015年9月1日起施行。

我国改革开放30年的伟大成果中，就有广告业作出的突出贡献。至2007年年底，我国的广告营业额已达到2 200亿元人民币，是改革开放初期的1983年有广告营业额统计数据时的1.18亿元的2 000倍。

2012年，我国广告业营业额达到4 698亿元，较2011年增长了50.32%，创造了我国自广告业恢复以来的最大增幅。同时，广告业营业总额在GDP中的占比也达到历年来的最高峰，首次突破了0.9%。2012年全国广告经营单位达377 778家，从业人员近218万人。

2013年，我国广告业营业总额达5 019.75亿元。从品类投放上来看，汽车、化妆品及卫生用品、房地产位列前三位。从媒体渠道来看，移动终端广告投放日渐成熟。从地区分布来看，广告经营收入位居前三的省市依次为北京、江苏、上海。自改革开放以来，我国经济和广告收入前三位的排序一直是北京、上海、广东，目前江苏的发展显然已超过了广东。

中国广告市场的增长得益于宏观政策的拉动作用和经济的稳步发展。2012年党的十七届六中全会审议通过了《中共中央关于深化文化体制改革、推动社会主义文化大发展大繁荣若干重大问题的决定》。为贯彻落实"加快发展文化产业、推动文化产业成为国民经济支柱性产业"的政策，2012年6月国家工商行政管理总局响应国家号召，先后发布了《关于推进广告战略实施的意见》和《广告产业发展"十二五"规划》，出台了一系列具体措施和落实办法。这些举措彰显了政府加大扶持广告业的决心，有效地促进了广告产业的升级和快速发展。

我国的经济总量仅次于美国，已成为世界第二大经济体，广告经营总量也超过了日本。我国广告的创意会随着中国制造与中国创造走出国门，走向世界各地更广阔的市场。

世界广告业的发展到今天已有200多年，广告业作为服务性产业，其发展与国民经济发展水平正相关。中国广告业还处于初级阶段，虽然发展迅速，但广告业营业额占GDP的比例尚不到1%，与美国等广告业发达国家2%的占比存在较大差距。

随着我国国民经济的持续稳定发展、消费品种的日益丰富以及市场竞争的加剧，广告主将不断增加广告投放量，从而促进广告市场规模的不断扩大。

当前，广告在电影中的植入已经从后期的植入转向全程的植入，大部分客户不但在影片中植入广告，还在后期上映时同步推出活动，获得实际的效果。

近年来，网络游戏平台的媒体价值正被逐步挖掘，以网络游戏为媒介的植入式广告迎来发展契机。

有线、无线和数字电视的发展，互联网、手机、4G等新媒体的大量涌现，促使媒介细分化，信息传播渠道多样化，消费者的信息选择能力不断加强，广告营销模式急需创新，植入式广告成为最具潜力的运作模式之一。

一般人都认为广告公司利润高，赚钱容易，但那已是20世纪90年代的事情了。广告不仅有高端的脑力劳动，也有大量的体力劳动。为了满足客户需求，广告公司经常24小时营业，其劳动强度十分巨大。美国前总统富兰克林·罗斯福曾说：不做总统就做广告人。其真正含义实际上是说广告人是一项具有高度挑战性的工作，对于喜爱挑战的人来说，广告行业不失为明智的选择。但是，广告人付出的劳动却不一定能和回报成正比。如今在一些城市，同样一项业务，可能同时有十几家甚至几十家广告公司参加招标竞争，而最终往往是一家广告公司以超低价成交。

随着广告业向中小城市的渗透，未来几年我国广告业发展空间巨大。2014年我国广告市场规模超过日本，成为全球第二，到2016年我国的广告收入将达716.41亿美元。广告业高速发展的同时也出现了产品差异化不明显、市场竞争不充分、新兴媒体广告侵占传统媒体广告空间等问题。因此，国家政策要引导广告企业向市场化、产业化、集团化发展，广告企业要把握市场方向、加强管理、协调关系、促进合作，从而营造一个良好发展环境。

当前，我国广告业面临难得的发展机遇，国民经济继续保持平稳较快发展，人民收入水平和消费能力不断提高，将为广告业的发展提供良好的经济基础和市场条件；国家一系列重要经济社会发展战略的实施，也将为广告业加快发展提供强有力的政策支持和制度保障；手机移动互联网等新媒体发展十分迅速，新媒介的广告市场还具有很大的发展空间。我们有充分的理由说明，我国的广告市场前景会越来越好。

|1.4| 国际广告简介

1.4.1 美国的广告

美国是目前世界上广告业最发达的国家。1997年美国的广告开支总额是1 868亿美元。这个数字占世界广告开支总额的一半。美国的广告费占年国民生产总值的2.6%以上，按人口平均，每一个美国人的广告开支为900多美元。

美国网络广告业界团体（Internet Advertising Bureau，IAB）于2014年4月10日公布了与PWC共同实施的网络广告市场调查结果。调查显示，2013年美国网络广告的年销售额比上年增长17%，达到428亿美元，刷新了历史最高纪录，销售额首次超过电视广告。

美国是一个商品生产经营和广告都很发达的国家，商品不做广告，不可能进入市场；消费者购买商品主要靠从广告中获得信息，谁的广告做得好，谁就能获得更多的消费者。代表美国文化的饮料可口可乐与百事可乐在100多年的广告持久战中，真是不惜任何手段，不惜巨资投入，双双创造了多项世界广告之最。

美国人生活在广告的包围之中（见图1-16），一般的美国人每天要接触1 500条广

图1-16　美国人生活在广告的包围之中

告。无论电视、报纸、广播、杂志、传单、户外、售点、邮寄、电话、互联网、手机等都是广告附载的媒体，如果离开了广告，现在的美国人会变成"瞎子"和"聋子"，他们会感到无法适应现代的生活。

美国的广告运作讲究科学和效率，发挥广告人的创造力。在激烈的广告竞争中，要使受众从上千条广告中记住你的广告内容，必然要挖空心思，千方百计想新思路，出新点子，产生新创意，制作出与众不同的广告。这种局面考验出来的广告公司和广告人，都是一流的高手。

美国最早的广告经纪人是1841年的帕尔默，第一家现代广告公司是1869年由弗朗西斯·韦兰·爱耶在费城建立的爱耶父子公司。据美国广告代理商协会（美国广告代理业最有权威的广告团体）估计，目前美国有广告公司6 000多家，规模较大的有几百家。扬·罗比凯、李奥·贝纳、大卫·奥格威创办的奥美等广告公司每年的广告营业额都达几十亿美元，盈利在几亿美元以上。现在，美国的这些广告跨国公司在我国大陆都已注册经营广告业务。

美国作为世界广告大国，得力于广告教育。据厦门大学陈培爱教授介绍：美国广告人原来的社会地位很低，其社会地位的提高只是近二三十年的事，而这与广告从业人员培养体系的改变有很大的关系。由于大量的年轻人进入广告行业，高等院校的广告教育成为广告人身份的象征。麦迪逊大街及其所代表的广告事业成为美国青年向往的地方，越来越多的广告人享有了与律师、会计师一样的高级专业人员的社会地位。

20世纪初，美国广告公司的主要工作是文案创作，那些自学成才、经验丰富的创作人员依靠自己的经验、常识和直觉进行创作，而从业人员的培养主要是以学徒形式在广告公司内部进行。如著名的奥美广告公司自称他们主要做两件事：照顾客户和培养年轻的广告人才。他们认为自己是广告界培育人才的"学校"。当广告业迅速发展，创作人员供不应求时，这种学徒式培养系统就难以应付了。一大批函授学校应运而生，然而这些早期的毕业生并不受欢迎，那些经验丰富的老广告人把他们视为对自己地位的威胁。早期广告教育正规化的主要推动者是成立于1905年的美国联合广告俱乐部，它是美国广告协会的前身。联合广告俱乐部的主要任务就是促使广告专业化和提高广告人的社会地位。仿效法律和医学专业化的模式，俱乐部从广告技能标准化和广告教育正规化方面下工夫。在此后不长的时间内，广告教育进入了30所以上的大学的课程表；到了20世纪50年代，这个数字翻了一番；到了80年代末，这个数字突破了100大关。

1.4.2　日本的广告

日本过去是仅次于美国的世界第二广告大国，在20世纪七八十年代，日本的广告开支约为美国的1/3。日本的广告代理商始于1880年，日本广告业的发展主要依赖于第二次世界大战后经济的快速发展。日本的广告行业非常发达，无论是广告公司的营业额，还是广告设备器材的先进程度，在全世界均名列前茅。日本电通、博报堂等著名广告公司，在全世界拥有很大影响力；日本 MUTOH（武腾）、ROLAND（罗兰）、MIMAKI（御牧）等品牌的广告喷绘写真机，是世界领先的广告输出设备，在全球占有很大市场份额。

日本最大的广告公司是电通广告公司。该公司也是世界最大的广告公司之一，它与美国的扬·罗比凯公司垄断了发达国家广告市场5%的市场份额。电通广告公司的广告营业额占日本广告营业额的25%，公司从业人员的工作效率居世界广告业的前列。

日本的媒体广告费占比大致为：电视占35%，报纸占30%，广播占5%，杂志占5%，其他媒体占25%。近几年兴起的移动互联网广告媒体，在广告费用中占据越来越大的比例。日本有商业广播电台5万家，24小时播出，全国有收音机1亿部以上，其中1/3装在汽车里。日本人每天收看电视和上网约3小时，接受广告信息在1 000条以上。

日本近代广告是随着"明治维新"而兴起的（见图1-17）。

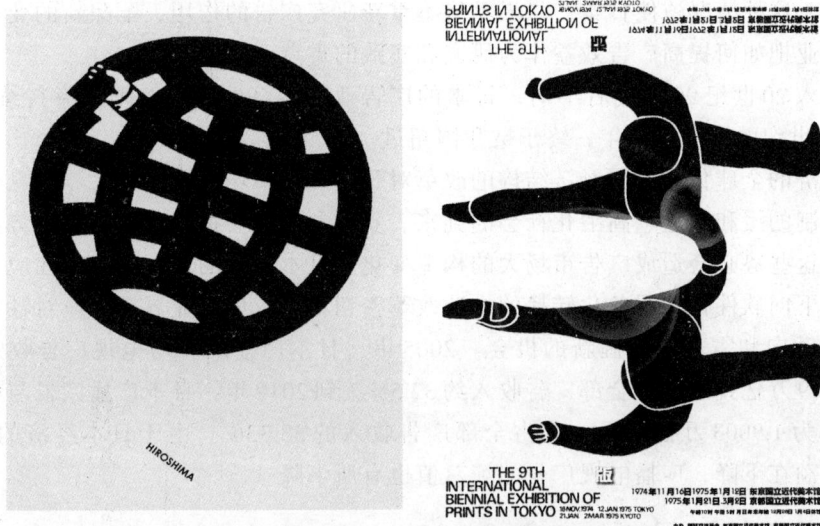

图1-17 日本近代广告随着"明治维新"而兴起

2005年，日本广告经营额达到了59 625亿日元，年增长率为1.18%。日本的广告业分工明确，专业化程度高，广告创作水平高超，并十分重视先进技术的运用，从而在很大程度上推动了日本经济的发展。

19世纪末，报纸广告事业的蓬勃发展促进了早期的广告代理业的出现。随着报纸广告收入的不断增加，各大报社之间的广告业务竞争日趋激烈，专门从事广告业务的广告经营机构和专业广告人开始出现。而且，一些报社开始独自办理广告业务，相继成立了代理广告业务的专门机构，以便更好地开展广告业务，获取更多的广告收入。1880年，日本第一家广告代理商"空气堂组"在东京开业，标志着日本广告代理业的开始。此后，1886年，江藤直纯创办了弘报堂；1888年，汤泽精司创办了广告社。广告社在创办初期为《每日新闻》的子公司，两年后独立，发展成为第二次世界大战前日本最重要的广告代理公司。1890年6月，高木贞卫创办万年社，并使该公司成为关西地区最有代表性的广告代理公司。同年11月，池上市藏在东京创办正路喜社。该社与广告社并列为第二次世界大战前日本最有实力的广告代理公司。1895年10月，濑木博尚创办博报堂。1901年7月1日，电通的前身，日本广告株式会社成立，这是日本广告业中的第一家股份公司。这些广告社为日本现代广告业的发展奠定了基础，有些甚至已发展成为日本乃至世界著名的广告公司。

20世纪70年代到80年代，日本的GDP由1970年的2 031亿美元增至1989年的28 337亿美元，增长了13倍。在这段时期内，日本不仅一跃成为一个经济大国，也成长为一个广告大国。1972年，日本的广告经营额跃居世界第二位，仅次于美国，并在此后多年保持世界第二大广告国的地位。进入20世纪80年代，一方面由于物价上涨和农业的不景气，日本国民的消费动向处于停滞不前的状态；另一方面，日本已经开始进入科学技术现代化时代，促使广告业走向世界，向着跨国的方向发展。这种情况迫使日本广告界不得不重新研究广告的作用，酝酿新的变革，日本广告业把如何提高广告效益作为研究和实践的重点。

进入20世纪90年代后半期，日本的广告业受经济的影响，增长率持续低迷，进入21世纪的第二个十年，终于被我国超过。

经济的全球化和本国经济结构的改革对日本广告市场的影响巨大。信息化的进展、规制的缓和推进、高龄化社会的到来、女性参与社会机会的增加等趋势会更加凸显，这些势必会造成广告市场大的构造变化。日本经济的增长，与其在应对全球化背景下向软件化、服务化转换的构造改革密切相关，广告业界需要应对社会和企业新的动向和需求，把握新的机会。2005年，日本广播广告与电视广告收入之和为2.2189万亿日元，占全部广告收入约32.5%。到2012年，日本广播广告与电视广告之和为1.9003万亿日元，约占全部广告收入的33.33%。由于日本经济的疲软，广告总额在下降，广播电视广告的绝对值也有所下降。

思考与练习

一、自测题

1.名词解释

广告　广告主　广告费　广告媒体　广告受众　广告主体

2.填空

广告五要素：_____

促销四手段：_____

信息传播过程：_____

广告对媒体的要求：_____

3.简答

（1）广告的性质是什么？为什么？

（2）广告主与广告主体有什么区别？

（3）为什么说广告源远流长？

（4）为什么说改革开放促进了我国广告事业的迅猛发展？

二、练习与实践

1.上街看、记、析广告。

看：布置学习者在指定的街道上、商店里看有多少种广告。

记：用自己的方式，准确记下看到的广告，记录内容包括广告方式、广告商品、广告内容、设置的地方。

析：从记下来的广告中，选出两条最好的广告和两条最差的广告，分别加以说明，指出好或差的理由。

2.记录下某天晚上6点50分至8点30分中央电视台一频道的广告，看谁记得多。记录内容为商品名称、广告语。

第 2 章

广告活动

学习目的与要求

　　学习本章后，明白广告与广告活动的联系与区别、广告活动的特点、广告活动的内容、广告活动的程序；懂得用不同的划分标准对广告进行分类；记住广告活动的原则，从刚起步学习就牢记广告活动必须真实、合法、符合社会主义精神文明建设的要求；从看广告的"热闹"，进入看懂广告"门道"的角色变换，逐渐从一般的广告受众变为广告的学习者、研究者，为今后成为广告活动的实践者做好理论准备；能用不同的标准去区分不同的广告，逐渐培养对各种广告的研究兴趣；建立牢固的广告必须遵循活动原则的观念，把根子扎正，为今后从事广告活动打下良好的基础。

学习重点

1.广告与广告活动的联系与区别

2.广告活动的程序

3.广告的分类标准

4.广告活动的原则

引例

冠生园创始人冼冠生的广告活动及创意广告

　　冠生园是冼冠生于1915年在上海创立的，1918年以后逐步发展，在北京、广州、汉口、武昌、南京、杭州、庐山、天津、重庆、香港、贵阳、昆明、成都、泸州、桂林等地开设了多家分店。冠生园以生产经营糖果、糕点、罐头食品为主，驰名国内，一些著名产品还远销东南亚。此外，它还附设饮食部兼营粤菜、粤点和广东腊味。冠生园独特的南国风味为顾客所称许。它是当时我国食品行业中产销结合、工商一体、名列前茅的大型企业。

冼冠生是广东佛山人，自幼丧父，15岁那年经远亲舒竹生由佛山带到上海"竹生居"消夜馆当学徒。在学徒期间，冼冠生每天挤出时间看报纸，特别留心报上刊载的工商广告，剪贴了3大本，随时翻阅，爱不释手。他说，广告宣传是工商经营中的一项重要手段，里面有不少做生意的学问，值得一学。冼冠生对那些简练生动的渲染性文字和富有吸引力的艺术图画很感兴趣，尤其是关于产品革新和提高质量的宣传，虽然可靠性不大，但他都十分注意。20多年后他还夸耀说：冠生园的发展，从这3本广告中得益不少。

冼冠生在与同行业竞争、扩大销路的过程中，把开展广告宣传活动作为一项重要的辅助手段。冼冠生本来就是"广告迷"，所以他有不少别出心裁的广告活动安排。

电影明星胡蝶是冠生园的股东，冼冠生把她请来，坐在铺陈的红毡上，一只手搭着一个大月饼，拍成照片，照片上题着"唯有中国有此明星，唯有冠生园有此月饼"，精印成宣传画（见图2-1），四处张贴，招徕顾客。冼冠生还在上海大世界游艺场选定一个地方建造一座大牌坊，装饰了一个大月饼，旁边的大字是："冠生园中秋月饼精工实料，与众不同，科学炉焙，无生熟不匀之弊。"在沿长江两岸的主要码头和沿京广、沪杭铁路的大车站，均矗立有冠生园糖果糕点的各种不同设计的大广告牌，其中有"冠生园药制陈皮梅生津止渴"，特别加上"药制"二字，表示与众不同，具有营养功效。还有宣传"冠生园果子露不掺糖精"的广告，与同行中不少用糖精的商家相区别，突出了冠生园对质量的重视。

图2-1　电影明星胡蝶为冠生园作形象代言

冼冠生还选定每周星期六和星期天为"优待日"，印制了大量广告进行宣传，凡购买奶油花生巧克力糖、奶油花生糖等，可享受买一磅送一磅的优待；凡买新产的大号果子露一瓶，赠送印有冠生园广告的玻璃杯一只。

冼冠生与上海当时的新闻界也有联系，他同一些小报馆的编辑、记者相应酬，取得他们的支持，他们常为冠生园作宣传。有一年中秋节，冠生园利用一些报纸大肆宣传新产品"银河映月"（莲蓉蛋黄月饼）的特色，买一盒月饼赠送"赏月游览券"一张。在中秋之夜，买家可凭券免费搭乘冠生园租用的几艘轮渡，去吴淞口赏月，或者凭券乘所包用的火车去青阳港赏月。经此宣传，出售的月饼达到10多万盒，收入10多万元，而赏月花费的车、船费还不到1 000元。

资料来源　王多明.趣味广告[M].贵阳：贵州人民出版社，1988.

思考：

（1）冼冠生的广告宣传意识是什么？

（2）冠生园的广告活动有哪些特色？

|2.1| 广告活动内容及程序

受众在报纸、墙体、路牌上看见广告，在广播里听到广告，在街头接受别人送到手上的传单广告，在收发室取来邮寄给他的广告……他接触到的"广告"，仅是广告活动的作品，是系列广告活动的一种表现形式——广告的"产品"。有人比喻，受众接触到的广告仅是浮在海面上的一座冰山（见图2-2），露出水面的只是冰山的一小部分，更大的部分在水下。水下部分的"冰山"受众看不见，但它是客观存在着的。我们研究广告，不仅要接触水面上的"冰山"，更要熟悉水面下的"冰山"。

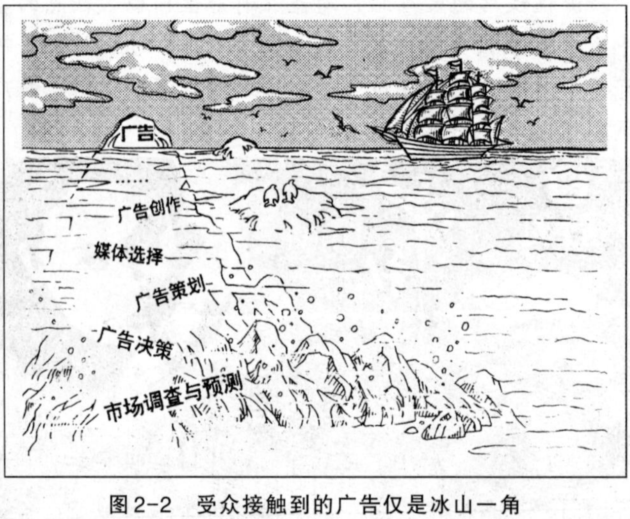

图2-2　受众接触到的广告仅是冰山一角

2.1.1 "广告"及广告活动

广告是信息传播活动，它不是仅有表面看得见、听得到的广告作品，还应该是人与物参与的一系列的活动。

1."广告"与广告活动的区别

受众能接触到的"广告"，是广告活动的作品，是广告活动的产品，是广告活动的成果之一。

有人说"广告"是画出来的，"广告"是演出来的，这种说法虽然浅显、片面，但是没有根本的错误。这里说它没有错，仅指广告已经呈现出来而已。我们把"广告"当成产品，它就有一个生产过程，有生产前的准备、设计、制造、装配、调式这样一些程序。普通的受众并没有必要去探究"产品生产过程"。

有人说"广告"是经过充分调查，深思熟虑后策划出来的。这话是有道理的，"广告"是广告人辛勤劳动的成果，这是内行话，已经透过海平面看到沉在海水中的那部分冰山的概貌了。

广告活动是全局，是一个相对完整的系统，"广告"只是其中的一部分。我们不能以"广告"这一小部分替代广告活动这个全局，某件广告作品并不能代表整个广告活动的水平。

"广告"是相对静止的，而广告活动是一个动态的过程。比如我们看到的电视"广告"，多少次、多少天都是那 10 秒钟、15 秒钟反复播出，都是那几个画面和那段配乐；我们看到的报纸"广告"，连续刊登几天，一个字不改，甚至在报纸上的版面位置也一样。广告活动则不然，它刊播"广告"以后，还要调查了解受众对"广告"的看法，调整"广告"刊播的次序、频率对受众产生的作用，再对内容进行修改完善，或干脆停下不再发布。广告活动是一个连续的过程，"广告"只是其中一个环节。

我们能从以上几点中分辨"广告"和广告活动的区别以后，就从"看热闹"的外行，逐渐进入到能"看懂门道"的准内行了。

2.广告活动的特点

广告活动是在某一特定时间里，有计划、有目的、系统地通过某一媒体或运用几种媒体的组合，传播相同主题的广告信息，以促成广告主的广告目标计划能够实现的活动。

广告活动的特点有：

第一，明确的目的性。广告主和参与广告代理活动的人员都要有明确的目的，为实现这一目的而开展活动。

第二，工作的有序性。广告活动从调查、构思、再调查、策划、创意、设计、制作、审批、发布、效果反馈到发布后再调查，都要有序地进行。

第三，媒体的多样性。开展广告活动要使用多种媒体，充分利用各种媒体的优势，用它们占有的时间和空间为传播相同主题的广告信息服务。

2.1.2 广告活动的内容

广告主或受广告主委托的广告代理者，要在整个销售过程中执行广告计划，这就是广告活动的内容。广告经营的内容很多，时间漫长，过程起伏跌宕，但最终目标都是促进销售。正如大卫·奥格威所说的："我们做广告，就是要促进销售，否则，就不做广告。"

广告活动的内容具体有如下几个方面：

1.制作出适当的销售信息

广告主或受广告主委托的广告代理者，在广告活动的开始阶段，要确定销售信息的主题，找出广告要传播给受众的中心思想。

在商品的不同生命周期（见图2-3），广告活动的内容应有所不同：

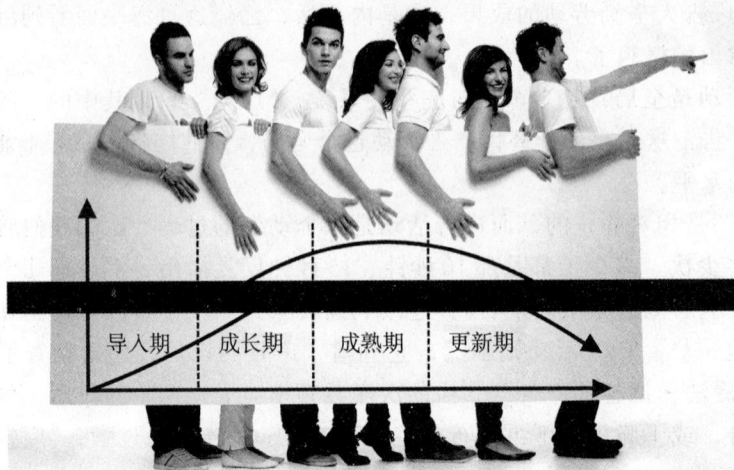

图2-3　商品的生命周期

第一，商品的导入期。广告活动的重点是为推出的新商品提高知名度、介绍商品的特殊性能、激发消费者的需要，可以借助新闻发布、赞助民生公益事业等重大活动的机会，提高企业知名度和美誉度，通过参与公益广告活动，赞助社会公益、福利事业，介绍企业实力、设备能力、技术力量、科研成果等。

第二，商品的成长期。商品进入市场后，广告活动的重点要放在制造一种大家都喜欢这种新商品的氛围上面，使受众-顾客-消费者从认识、知道商品，到对商品产生感情，设法提高商品在他们心中的美誉度，帮助他们认识商品中尚未发挥作用的功能，充分使用商品的实用价值和认知其精神价值，设法增强受众-顾客-消费者与商品之间的情感。

第三，商品的成熟期。在这一阶段，广告活动的重点是巩固和继续扩大商品在市场中的占有率，获取充分的价值利益，谨慎地不使它在与同类商品的竞争中，较早地退出市场；有针对性地向竞争者发起反击，甚而夺回失去的受众-顾客-消费者；创作刊播具有创意的广告作品，反复强调这种商品的不可替代性，消除人们因受其他广告攻击而产生的动摇情绪。

第四，商品的更新期。在这一阶段，广告活动的重点是在介绍企业推出更新换代商品的同时，还继续对老商品进行恰当的宣传，迅速将现有的库存商品在短期内销售出去；以宣传企业的发展精神为主，逐步介绍更新换代商品的优越性，借以表现企业自我完善的能力，让商品的生产与经营成为增加企业正能量的正面力量。

2.使这种适当的销售信息能到达确定的受众-顾客-消费者

在商品不同的生命周期，广告活动的目标是不同的，要实现这些目标，所采用的传播方法也是不同的。

从广告策略的角度看，不同的商品生命周期需采用的广告活动策略大致如下：

第一，在商品的导入期，宜采用密集型、理性诉求和多媒体组合策略，使受众对商品产生强烈的印象，为他们成为顾客-消费者打下牢固的基础。

第二，在商品的成长期，宜采用持续性、理性诉求与情感诉求相结合的策略，选择对受众-顾客-消费者有效的媒体，集中进行宣传说服策略。

第三，在商品的成熟期，宜以脉冲式间隔性、情感性诉求为主，选择对受众-顾客-消费者针对性更强的媒体策略。此时，要注意对假冒伪劣品的揭露和本商品质量保证的宣传。

第四，在商品的更新期，宜在前期以宣传老商品为主，带出新商品，在后期以宣传新商品为主，维持老商品的宣传，同时宣传新老商品的承接、发展关系，让受众-顾客-消费者自然而然地转向新商品。

3.选择适当的广告发布时机

一则广告或一次、多次广告活动，在什么时间推出，不能随心所欲，要在综合研究企业目标、企业营销任务、广告商品的特征、市场特点、媒体特点、受众-顾客-消费者心理及对商品的需求"点"对发布广告时间的影响后精心安排。

对时令性、季节性商品，最好选择节前发布，如果需要错时销售，则要在广告创意上下大工夫，在"热"时把"冷"商品卖出去，在天气"冷"的时候，把"热"商品卖出去。

4.计算广告活动的合理成本

广告是一种付费的自我宣传，所需费用将从商品的销售收入和今后更长远的市场回报中获得报偿。所以，要对广告活动计划投入的总费用作出概算，并采用科学的方法，对广告活动开展之后所产生的效果进行测算与分析，对广告的费用开支作出妥当的安排。盲目地拍脑袋做广告投入、与竞争对手赌气做广告都是不可取的。

2.1.3 广告活动的程序

广告活动是广告主与广告人有机合作所进行的一系列创造性劳动的过程，其工作包括：

第一，市场调查与预测。

第二，广告决策。

第三，广告策划。

第四，媒体选择。

第五，广告创意、设计、制作。

第六，编制广告预算。

第七，发布广告。

第八，广告效果测定。

第九，研究新一轮广告活动的开展等。

广告代理在获得每一步的阶段性结果时，都要主动与广告主沟通，取得认同，有了一致的意见后，再进行下一步的操作。

我们用一幅流程图（见图2-4）来表示广告活动的程序：

第一，市场调查与预测是广告活动的基础，不了解市场需求，没找准目标受众-顾客-消费者，广告活动将是"无的放矢"。

图2-4　广告活动流程图

第二，广告决策有时是在市场调查与预测之前作出的。广告主有了做广告的打算，再据此进行市场调查与预测。在大多数情况下，企业应随时掌握市场情况，再决定做什么广告，做多大规模的广告，在什么时间和地域做广告。

第三，广告主决定做广告后，广告策划就要紧紧跟上，并把市场调查与预测纳入广告策划的范围之中，如调查哪些市场、调查内容是什么、调查对象是哪些人、用什么方法调查，这些问题的策划要放在实际开展调查之前。

第四，编制广告预算，宜放在广告创作之后，因为市场调查，广告策划，广告作品创意、设计和制作，所花费用并不算多，而发布广告的媒体购买费才是广告活动费用的大头。所以，要根据广告创作以后对作品的评价，决定选择什么媒体、花多少钱来发布广告。如果认为广告作品难以达到广告目标，就要重新预算广告费投入，并在广告策划后拿出新的广告费用预算方案。

第五，广告效果监测不是可有可无的环节，它是广告主最关心的问题，也应成为广告策划、创意、制作、发布人员十分关注的问题。一次广告活动的落脚点是下一次广告活动的起点，承上才能启下，广告经营才会越做越好。

|2.2| 广告种类

根据开展广告活动的需要，我们应该对各类广告有所认识，并根据这种需要选择能实现广告目标的媒体。

对广告进行分类，是按照不同的分类标准、不同的目的而进行的，如可以按广告目的、广告对象、广告地域、广告时间、广告媒体、广告诉求方式、广告效果和商品生命周期的不同阶段等来划分广告的种类。

2.2.1　从广告的最终目的划分

按此标准可以把广告划分为两大类：营利性广告；非营利性广告。

营利性广告即商业广告或经济广告，是以获取盈利为目的的广告活动。广告的目的是宣传推销商品或服务，从而获得利润。

非营利性广告，是由社会组织发布的宣传某种观念、推广意愿、事项公告或以促进公益事业为内容的广告，以及个人的寻人（物）启事、征婚广告、声明等，其目的是发布广告信息，获得非营利性的认同和支持。

2.2.2 从实现广告目标的路径划分

按此标准可以把商业广告分为商品销售广告、企业形象广告、企业观念广告。

1.商品销售广告

商品销售广告是以销售商品为目的，从中直接获取效益的广告。这类广告可分为：

第一，报道式广告。用广告向受众传播商品名，商品性质、用途、价格，哪家生产，商品对受众有什么意义。这类广告又是生活情报型广告、理性诉求广告。

第二，劝导式广告。用广告劝说受众接受商品宣传，加深商品品牌印象，刺激受众的需求，使其产生购买欲望。这类广告是以情感诉求为主的广告。

第三，提醒式广告。通过广告的不断提醒，使老的消费者和用户继续接受广告所宣传的商品，并让他们去影响新的消费者和用户。用重复出现的广告信息，防止消费者发生偏好转移。这类广告有竞争性。

2.企业形象广告

企业形象广告是以建立商业信誉为目的，宣传企业良好形象的广告。这类广告不直接宣传商品，而是宣传企业的宗旨和信誉、历史与成就、经营与管理方式，加强企业与受众之间的联系，做好企业与社会公众的公共关系工作，从而达到长远地推销商品的目的。这种广告也叫公共关系广告、战略性广告。

3.企业观念广告

企业观念广告可以分为政治性和务实性两类。企业政治性观念广告，是通过广告宣传把企业对社会的某种看法公之于众，唤取社会公众的认同，达到影响政府行为或影响社会舆论的目的。企业务实性观念广告，是通过广告建立或改变受众的消费观念，从而有利于广告主营销目标的实现。

2.2.3 从广告的不同对象划分

商品信息传播的信宿是不同的，有直接的消费者，有商品的批发商、零售商，有将商品作为原材料购进的工业用户，因此，广告可以按不同的对象进行分类。

1.受众-顾客-消费者广告

此类广告在广告中占绝大部分，因为商品、服务最终都要说服受众-顾客-消费者接受。做这种广告的，有生产企业广告主和商业企业广告主。在市场经济中从事第二、三产业的农村个体户、种养殖专业户也在向受众-顾客-消费者做广告。

2.批发商、零售商广告

此类广告在广告中所占比例不大，但很重要。生产企业不可能直接面对广阔的市场，直接将商品送达到消费者手中。因此，要通过广告说服一大批希望从商品流通中获得适当利润的生意人，由他们来做商品的批发、零售等商品转移工作。

3.工业用户广告

此类广告的针对性很强，广告目标比较确定。如钢铁企业的广告，应该指向使用钢铁作生产原材料的机器制造业、汽车工业、建筑行业、铁路修建业、船舶制造业等工业企业组织。其广告在媒体选择、广告策略上都与受众-顾客-消费者广告不同。

2.2.4　从广告的覆盖地域划分

按广告信息传播目标的覆盖地域不同，可以把广告分为地方性广告、地区性广告、全国性广告、世界性广告（见图2-5）。

图2-5　从广告的覆盖地域划分

1.地方性广告

地方性广告传播的地域仅在市、县、镇（乡）等地方，由于市场有限，选择的媒体和广告方式也只针对本地方受众的需要，如路牌、招贴、邮寄、售点、当地的报纸、有线和无线广播、电视及LED显示屏、当地移动通信运营商等。

2.地区性广告

地区性广告传播的地域扩大到地区、省（直辖市）或跨几个省区。由于传播范围扩大，传播媒体要能覆盖这些地区才能产生广告效果。选用的媒体有地方性日报、晚报、经济报、专业报纸，省、市电视、广播，邮寄信件，大型展示会，展销订货会，大型交易会，以及选用几个区、省的移动通信运营商等广告媒体。

3.全国性广告

全国性广告面对全国发布商品信息，要选择能覆盖全国各省、直辖市、区的媒体，如中央电视台，《人民日报》《经济日报》《参考消息》《中国青年报》等报纸，《半月谈》《中国青年》《读者》等刊物，省、直辖市、区播放的卫星电视等。

4.世界性广告

世界性广告又称国际广告。要针对广告信息到达国家或地区的情况，选择当地效果最好的广告媒体组织广告活动和发布广告。我国的国家形象广告和商品广告，频频出现在美国最繁华的时代广场，出现在与我国有贸易往来的许多国家。

2.2.5　从广告的不同媒体划分

广告信息的传播离不开媒体。由于媒体种类众多，广告媒体又可分为几个大类，每个大类又可分若干小类。

1.印刷品广告

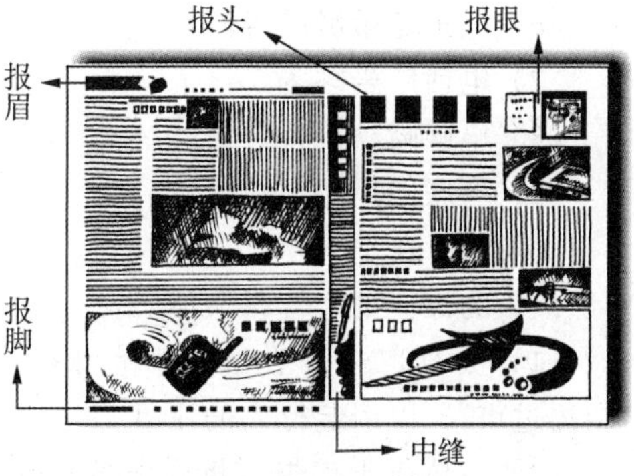

通过印刷机械印制出来的广告作品，称为印刷品广告、平面广告。印刷品广告分为：

（1）报纸广告。报纸广告是刊登在报纸上的广告。由于报纸种类繁多，报纸广告又可分为日报广告、晚报广告、周报广告、专业性定期报（如周二、五出报的报纸）广告等。刊登在报纸不同位置的广告，有报眼广告、头版广告、中缝广告和一般版面广告（见图2-6）。

图2-6　报纸广告的分布

（2）杂志广告。杂志广告刊登在杂志上而让受众能接收到的广告。杂志广告可分为期刊广告、赠刊广告、不定期杂志广告。根据刊登位置不同，杂志广告又分为封面广告、封底广告、封二封三广告、插页广告、跨页广告等。

（3）传单广告（见图2-7）。

（4）画册广告。

（5）挂历广告。

（6）直接邮寄广告。

（7）书籍广告。

（8）商品包装纸广告。

图2-7　传单广告

2.电子媒体广告

利用电子技术产生的声、光、电、图形来传播广告信息，已经被现代广告活动普遍采用，而且已经产生了很好的效果。

（1）移动手机互联网广告（见图2-8）。

（2）电视广告。以电视的视觉和听觉效果相结合的形式传播广告信息是电视广告的主要特点。电视广告可以分为告知型电视广告、演示型电视广告、推荐型电视广告、引证型电视广告、故事型电视广告等。

（3）广播广告。以语言和音响效果的听觉诉求来传递商品或服务信息的广告是广播广告。广播广告可以分为对话式广播广告、问答式广播广告、歌曲式广播广告、说唱式广播广告、表演式广播广告等。

（4）电影广告。

（5）幻灯片广告。

图2-8　移动手机互联网广告

（6）电子显示屏广告。

（7）电话广告。

（8）电脑喷绘广告。

（9）互联网广告等。

3.人体广告

以人为媒体的广告叫人体广告。

（1）夹身广告。在人的胸前和背后挂上广告牌，"招摇过市"，以引起行人的注目。

（2）人体躯干广告。将广告描绘或书写在人的身体躯干上。

（3）人体模型广告。将商品模型套在人的头上或身体上（见图2-9）。

图2-9　人体模型广告

（4）人体装饰品广告。在人的服装上安放饰物；在人的头部或其他部位放置传播信息的饰物广告。

（5）模特及模特表演广告。

图2-10　车身广告

（5）低空飞行飞艇广告。

（6）空中飞行模型飘带广告。

（7）地铁车厢广告。

（8）超市、机场手推车广告。

5.户外广告

（1）路牌广告（见图2-11）。

（2）巨型充气模型广告。

（3）大型塑钢模型广告。

（4）不锈钢永久性模型广告（见图2-12）。

（5）绘画隔离墙广告。

（6）绘画与立体模型组合广告。

（7）室外民墙绘画或书写广告。

4.流动物体广告

它是指利用缓慢流动的物体做广告。

（1）汽车广告。汽车广告可分为车身广告（见图2-10）、车厢广告、车厢内镜框广告等。

（2）火车车厢广告。

（3）轮船船舱广告。

（4）马车、三轮车广告。

图2-11　路牌广告

图2-12 不锈钢永久性模型广告

（8）等候室外模型广告：公共汽车候车亭灯箱广告、候车亭屋顶模型广告，火车站、码头、候机楼外的模型广告。

（9）公路护栏、隔离带路牌广告（见图2-13）。

图2-13 公路护栏、隔离带路牌广告

由于广告媒体多种多样，不可能一一列出，以上这些是我们接触较多的广告媒体。

2.2.6 以广告诉求方式划分

广告诉求要求广告用语言、音乐、画面、形象等传递商品、服务或观念信息，促使受众接受广告并产生欲求（见图2-14）。广告诉求方式主要有3种：

图2-14 以广告诉求方式划分

1.理性诉求广告

用有理有据的介绍，让受众明确了解商品的优势，从而产生购买欲望。这种诉求也叫新闻式诉求、本分诉求。

2.情感诉求广告

用情感性的说服方式，使受众对商品产生好感，进而接受广告说服的内容。这种诉求也称为艺术表达诉求、打动人心诉求。

3.理性情感诉求广告

理性情感诉求广告是理性诉求和情感诉求相结合的诉求广告。

2.2.7　从广告产生的效益快慢划分

广告活动的最终目的是要产生效益。广告效益的回报有快有慢，按受众是马上购买还是滞后购买，可以把广告分成以下两类：

1.速效性广告

广告发布后就能引起受众的购买行为。

2.迟效性广告

广告发布后不要求立即引起购买，只希望受众对广告信息产生深刻印象，在以后需要该种商品时会产生指名购买。

速效性广告又叫直接销售广告，迟效性广告又叫间接行动广告。报纸媒体发布的悬念广告，也属于迟效性广告。

2.2.8　从商品不同生命周期划分

1.导入期广告

导入期广告主要介绍新商品的功能、特点、使用方法，让受众认识、知道、了解品牌，吸引受众购买、使用。

2.成长期广告

成长期广告进一步介绍商品优点，在功能、技术、耐用、省时、原料、价格等某方面的特色，让受众牢固地记熟商品，扩大销售量。

3.成熟期广告

在成熟期，继续维持广告出现的频率，使本商品的销售保持旺盛的势头，并在广告内容中注视竞争对手的广告，开展有针对性的竞争活动。

4.更新期广告

更新期广告的目的是延缓商品销售下降的速度或尽快将存货推销出去，同时为新商品的上市作好充分准备。

│2.3│　广告活动的原则

广告活动是在一定原则安排下的、有序的传播活动，它必须遵循真实性、思想性、计划性、艺术性、有效性等原则（见图2-15）。

2.3.1　广告活动的真实性原则

真实是广告活动最基本的原则。《广告法》第三条规定："广告应当真实、合法，以健康的表现形式表达广告内容，符合社会主义精神文明建设和弘扬中华民族

图2-15　广告活动的原则

优秀传统文化的要求。"《广告法》第四条对广告活动的真实性，是这样要求的："广告不得含有虚假或者引人误解的内容，不得欺骗、误导消费者。广告主应当对广告内容的真实性负责。"第十一条明确规定："广告使用数据、统计资料、调查结果、文摘、引用语等引证内容的，应当真实、准确，并表明出处。引证内容有适用范围和有效期限的，应当明确表示。"

真实性是广告的生命，各国的广告法规都把广告内容的真实性放在突出强调的位置上。

美国联邦最高法院对误导和欺骗性广告这样定义："作为广告，它不仅每段叙述文字都应是真实的，而且作为一个整体，也不应给人以误解的印象。广告不得模糊或掩盖事实真相。广告不得巧妙地设法使读者对辞藻的真实含义和对一项保证的实际内容发生忽视和误解。广告不得施展圈套或伎俩，而应通过对所保证真实性质的直接公开来博取人们的购买行动。"日本在其广告法中规定，对发布言过其实、浮夸或虚假广告内容的广告主处以3年以下劳役或50万日元的罚款。

2.3.2　广告活动的思想性原则

《广告法》第五条明确规定："广告主、广告经营者、广告发布者从事广告活动，应当遵守法律、法规，诚实信用，公平竞争。"这些就是广告活动思想性原则的要求。第九条明确规定了广告"不得"出现的情形，对广告活动的思想性原则作出了具体规定。

《广告法》第七十四条强调："国家鼓励、支持开展公益广告宣传活动，传播社会主义核心价值观，倡导文明风尚。大众传播媒介有义务发布公益广告。广播电台、电视台、报刊出版单位应当按照规定的版面、时段、时长发布公益广告。公益广告的管理办法，由国务院工商行政管理部门会同有关部门制定。"

广告活动是一种传播社会意识形态的活动，时刻对社会产生巨大的影响和作用，这种影响不仅是经济上的，也是政治上的、思想上的、意识上的、道德上的、文化上的、教育上的。思想性强、文化品位高的广告可以启发人们向上、进取。广告活动还必须遵循道德和法律的要求。

2.3.3 广告活动的计划性原则

广告活动是一种有计划、按规律办事的经济活动。广告活动充当商品生产、流通、交换、消费乃至整个社会再生产过程中的向导和中介，在市场经济中占有十分重要的地位。广告主通过广告活动使商品或服务适应市场的需要，在供和需这对矛盾统一体中保持适当的比例关系，这就需要按计划组织生产和投放市场。广告活动本身要经过调查、策划、设计、制作、发布、监测等环节，这些具体活动也应在广告活动计划性原则指导下进行。没有计划的广告是盲目的，盲目的广告活动是不可能取得成功的。

2.3.4 广告活动的艺术性原则

广告的诉求性要求广告活动能产生受众-顾客-消费者乐于接受的广告作品和广告方式，广告的表现形式要让人们喜闻乐见，要根据受众-顾客-消费者能否产生愉悦感，尽可能使广告富有感染力，这就是广告活动的艺术性原则。广告活动的艺术性原则要求广告方式灵活多样，将商品或服务信息寓于受众-顾客-消费者乐于参与的活动之中，在潜移默化里受广告的影响。广告要从传递商品或服务信息的根本点出发，把广告信息寓于艺术形象之中。广告活动的艺术性，要求开展广告活动时，做到主题鲜明、画面生动、形象感人、色调易于接受、语言动人、寓意深刻、富有感召力，在传递信息和销售商品或提供服务的同时，给人以美感和精神上的享受，使受众-顾客-消费者在充满娱乐性、趣味性、欣赏性的艺术享受中，自觉自愿地接受广告宣传的内容。

2.3.5 广告活动的有效性原则

广告活动从本质上说是一种有偿的信息传播，是一种经营活动。广告主投入广告费，是希望实现自己的目标，从广告活动中得到回报。因而，广告活动不能离开有效性的原则。试想，广告主白白花钱做无效的广告，他愿意吗？

广告传播的内容对受众-顾客-消费者能不能产生广告主希望得到的影响？这是广告活动的传播效果。广告的形式能不能让社会公众喜闻乐见，进而对社会生活产生促进作用？这是广告活动的社会效果（见图2-16）。广告活动开展之后，广告主的资金投入能不能有超值回报？这是广告活动的经济效益或销售效果。

在广告活动的决策和策划中，对以上3种效果一定要作出预测。没有明确的目的，或注定不能得到预期正面效果的广告，一是停下来，二是重新策划，再从头开始广告活动。

图2-16 广告活动的社会效果

思考与练习

一、自测题

1.名词解释

广告活动

2.填空

广告活动的程序：_____

3.简答

（1）"广告"与广告活动的区别是什么？

（2）广告活动的特点有哪些？

（3）广告活动的原则有哪些？

二、练习与实践

1.请一位有广告活动实践经验的广告人介绍一轮具体的广告活动的内容、程序、原则。

2.自选一家企业，向企业了解曾经做过的广告，从中揣摩广告与广告活动的区别。

3.查找几家"中华老字号"工商企业广告活动的资料。

第 3 章

广告功能

学习目的与要求

学习本章后，熟悉广告的基本功能和多种功能；懂得广告信息传播的特点；了解广告经济功能的具体内容；认识广告的社会功能。

在学习中要特别强调广告的本质是信息传播，广告在社会生活和经济活动中都有重要的作用，但不能过分地强调广告的作用，在经营活动中不能以广告代替其他促销手段。

学习重点

1. 信息传播是广告活动的基本功能
2. 广告能沟通产销、刺激需求、扩大销售
3. 公益广告的社会作用

引例

广告行为能做些什么？

广告行为能做些什么？（见图 3-1）这是一个看起来很简单并且已经老掉牙的问题。很显然每个人都知道广告行为意图销售产品——那是它的目的所在，不是吗？但真的这么简单吗？当慈善组织通过广告来募集资金的时候，它们在兜售什么？当政府通过广告来敦促人们停止吸烟，或者停止酒后驾车，或者鼓励人们献血的时候，它们在兜售什么？当军队，或者英国的全国医疗服务体系，或者其他任何机构，通过广告来招募人员的时候，它们在兜售

图 3-1　广告行为能做些什么？

什么？在上述每个例子中，广告都试图"提供信息，并且／或者游说他人"，所以它们都在我们的定义范围之内。但它们真的是在兜售东西吗？这引向了广告行为的一个基本特征，许多人觉得这一特征难以把握。广告行为并不是一种同质实体（这解释了为何难以对广告行为进行精确界定）。它涵盖了大量不同的交流方式，并且具有不同的目标。大多数广告的确以销售产品和服务为目的。但并非所有广告都是如此。即使是那些以销售为目的的广告，它们达到目的的手段也是多种多样的。广告就像万花筒里的众多碎片。整体上，它们呈现出一个统一模式，但事实上，每个广告都可能与其他广告截然不同。

资料来源　温斯顿·弗莱彻.广告[M].张罗，陆赟，译.南京：译林出版社，2014.

思考：

结合现实，想想广告行为还能做些什么？

|3.1| 广告的基本功能

商品交换需要广告，广告从一开始出现就担负起了传播商品信息、促进销售的功能。随着广告不断地利用现代科技的新成果，用各种媒体，无孔不入地参与人们的生活，它对社会产生了包括推销商品在内的多种功能。

广告的功能是广告的基本作用与效能。广告是一种以大众传播为主的活动，必然要对所传播的对象、环境以及政治、经济、社会、文化等产生作用和影响。

3.1.1　传播信息是广告活动的基本功能

人类一出现便有了信息传播。人类社会在发展，传播也越来越重要。人们交流思想，讨论军事、政事，交换货物，共同劳动和生活，都离不开信息的传播（见图3-2）。

人们通过对传播现象的研究，归纳出自身传播、人际传播、群体传播、组织传播、大众传播媒体传播等几种主要传播形式，还总结出一个初级的传播模式：传者—信息—媒体—受者，在受者和传者之间还有一个环节，即"反馈"。

例如，你想向某人借一本书。你对他说："我借你的《图解广告学》用一下，行吗？"这时"你"充当了借《图解广告学》的"传者"，"信息"是借《图解广告学》这本书，你使用的"媒体"是你的语言、空气和听者的耳朵，听你说话的对方是"受者"，

图3-2　传播信息是广告活动的基本功能

他听见了，答应"借"或者"不借"

就是"反馈"。

如果这个信息传播不是在人与人之间进行的，而是在商业企业与受众-顾客-消费者之间进行的，那又是一种什么样的情形呢？

图3-3　传者—信息—媒体—受者

某地的一家饭店，在它的门框上方安放了一只做得十分逼真的大螃蟹，在门口的大柱上安放了一只能在阳光照射下闪闪发光的大龙虾，店名为"海鲜楼"。这个情形无疑是饭店在利用售点广告传播信息。"传者"是饭店，"信息"是这里有螃蟹、龙虾等海鲜出售，"媒体"是螃蟹和龙虾的大模型，"受者"是过往饭店门口的行人（见图3-3）。当过往行人看见了这里的螃蟹和龙虾模型，明白了这家饭店有海鲜出售时，有这样几种情况出现：第一，这时他正需要吃饭，而且正想吃海鲜；第二，他正想吃饭，被海鲜模型引发了吃螃蟹、龙虾的食欲；第三，他还没有想到要吃饭，看到这活灵活现的螃蟹、龙虾模型，食欲被引发出来；第四，他看见了这家饭店的螃蟹、龙虾模型，并没有产生食欲而是匆匆离去，但以后他

与朋友交谈时，可能会传播这家饭店的"模型广告"信息，也可能在他想吃海鲜时，再专程来到这家饭店。

饭店经理做售点模型广告的目的，首先是要让过往行人——受众看见，使他们成为顾客，再成为消费者，这就实现了传播效果，接着再产生其他效果。

饭店做广告时，对"信息"——这里出售海鲜食品——进行别具一格的处理，即做成螃蟹、龙虾模型放置在门口——这是信息传播的"编码"，过往行人——受众——看见螃蟹、龙虾模型，便会明白这家饭店有海鲜食品出售，他们对"信息"进行了识别—分析—记忆，这是"译码"，这个过程实现了广告主（饭店）传播信息的基本目的。

3.1.2　广告信息传播的特点

广告的信息传播不同于一般的信息传播，它带有明确的交换意识、营利目的；它不仅只进行一次性传播，而是在反复传播中实现自己的目的；它采用多种传播方式，但是对大众传播情有独钟，它更希望自己传播信息的一次受众，都变成"传者"（信源），成为广告主的义务广告员，向他们能接触到的人传播广告信息，然后这些二次受众再向三次受众传播。

1.明确的目的性

广告是一种付费的宣传，广告主花钱做广告，总有他自己的目的，在传播活动

中，他要找准自己传播的信息的受众，才能产生好的效果。作为信息源的广告主，发出经过编码的信息，信宿接收信息后，进行译码，获得信息，经过"编码"和"译码"处理的信息应大体相统一。这里有一个传者与受者经验范围重叠的问题。图3-4中椭圆形阴影部分为两者共同的经验范围。如果两者在统一的范围内，即"我说的，你听得懂"，这个"信息"的传播效果才会好。

图3-4　广告信息传播者与受众接受信息经验范围重叠图

2.多次反复性

一般的传播，信源把信息传播出去，信宿接受了，也就完成了。如报纸、广播、电视里所刊播的新闻，就一种媒体而言，它不会再重复刊播同一内容的新闻，人际传播也是这样。如向别人借书的前例，别人已答应了，甚而书已借给你了，你还在重复借书的信息，就会引起别人不理解和反感。广告传播的同一信息可以反复出现在同一种媒体上，有的从年头重复到年尾，有的一天播出三四次，有的广播广告从早晨6点到晚上6点，每隔半小时播一次，有的高频率的电视广告，在一部电视剧的片头、片尾各播出多次。

3.媒体多样性

一般的信息传播，多数使用单一媒体就能达到目的。如两位朋友用电话或手机传播信息后，就不会必再见面交谈或写信。

广告传播信息，因为会受到多种干扰，只用单一媒体，难以达到传播效果。这些干扰来自传播者的"编码"不明确；来自信息"通道"上的拥挤、堵塞——比如中央电视台在10分钟的广告时间内播出30多条广告，绝大多数观众记不住广告的所有内容。信息传播的干扰，还来自受众自身：当时他不想听、不想看；当时他的注意力在别的问题上；他的知识构成与传播的信息不搭界，他对信息"熟视无睹"、"充耳未闻"。信息传播的干扰，更多的是多种媒体挤在有限的时间和空间传播自己的信息，使受众难于选择：我们身边的高清电视几十个频道，你只能看一个；报纸、杂志几百种，你只能读一种；街上的路牌广告、车身广告、橱窗广告……看得人眼花缭乱，真正能记住这些广告的人少之又少。

因此，要实现广告信息传播的效果，一定要多种媒体一起上，讲究媒体优化组合，整合传播。让信宿在几种不同的媒体上，在不同的时间和地点，都能接触到同一信息内容的广告，提高对信息的信任度，进而实现其传播效果。

4.信宿再传性

广告主企望自己传出的信息由受众再广为传播（见图3-5），即所谓"请大家告诉大家"，这种广告语再明白不过地道出了广告主的希望。

图3-5　广告信息被受众多次传播

在网络传播时代，出现了"病毒式传播"。病毒式传播的魅力在于可以"让每一个受众都成为传播者"（见图3-6），其最大的优势是利用网络，由网民即消费者主动传播，将企业的品牌信息扩散出去。病毒式传播的目的是实现病毒营销，病毒营销也被称为"病毒式网络营销"或"病毒视频营销"，它是企业通过提供有娱乐内容的信息，引发人们关注，再利用电子邮件、聊天工具、网络新闻组或者社区论坛等发布此信息，通过用户的网络宣传，使信息像病毒一样传播和扩散，达到"让大家告诉大家"的目的。这种策略通过快速"繁殖"，将信息爆炸式地传递给成千上万人，这种方式是传统的人际传播的网络形态，而其效力要远远超过了人际传播。

图3-6　让每一个受众都成为传播者

2010年足球世界杯比赛期间，"嘉士伯"啤酒公司制作了3条"不准不开心"的搞笑小视频放在网络上。视频推出仅2周，在各大门户网站和SNS社区网站等播放量就超过了580万次。"嘉士伯"不是这一届世界杯的赞助商，若与竞争对手"百威"硬拼广告费，不仅不是对手，也会花费不菲。嘉士伯用此方式推广信息，以很小的代价，实现了品牌传播的目的。

病毒营销的魅力在于可以"让每一个受众都成为传播者"，其最大的优势是利用网络，由网民即受众-顾客-消费者主动传播，将企业的品牌信息扩散出去。从经营者的角度来讲，这种视频的制作成本和媒体使用费相对较低，比起上电视、举行大规模的活动等，能节省更多的人力、物力。这也是病毒营销能受到经营者青睐的原因之一。

"淘宝网"微电影根据真实事件为自己量身打造了一个5分钟视频：4个小伙伴为实现儿时的梦想——参加汽车展览，将一辆"富康"车改装成"兰博基尼"，所需零件全部从"淘宝"上购买。此视频在优酷上线，引起轰动。谁都有过儿时的岁月、谁都有过心中的期盼。在这里人们不仅感到兴奋、受到鼓舞，还记住了"淘宝——8亿商品，支撑你的梦想"这句广告词。

3.1.3 广告信息传播功能的体现

广告的信息传播功能具体体现在对受众进行促进、劝服、增强和揭示这四个方面（见图3-7）。

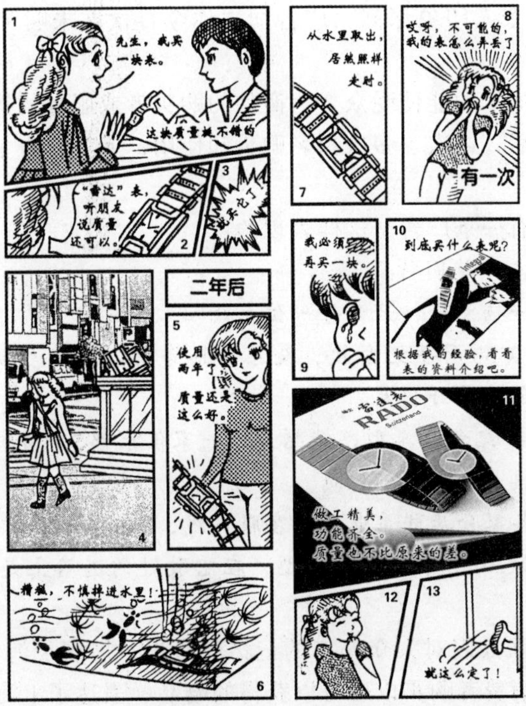

图3-7 广告信息传播功能的体现（手表篇）

广告的促进、劝服功能使受众从还没有决定购买的状态进入某种购买行为状态。广告信息经过传播，刺激广告的受众群体，促使他们将需求变为购买动机，进而变为购买行动。通过广告使目标消费者的消费需求得到发展，是广告信息传播最有意义的功能。

例如，香港益力多的广告：

马路上一丑男和一美女相遇。

丑男："咦？Judy，你认唔认得我啊，我系Suzuki啊！"（还认得出我吗，我是Suzuki啊！）

美女："Suzuki?"

画面回到两人谈恋爱时期，那时候Suzuki还是一个帅哥。

美女看着眼前的丑男："唔好意思啊（不好意思），你认错人啊！"然后马上走了。

丑男在后面大叫："哈？唔认的？"（哈？认不出来？）

画外音：好彩我日日饮益力多，有益肠脏，keep住身体健康，几时都靓过人啦！（还好我每天都喝益力多，有益肠道，保持身体健康，什么时候都比别人漂亮。）

画面出现益力多广告语——你今日饮左未啊？（你今天喝了没有？）

益力多的广告主要以幽默搞怪无厘头的风格为主，突出益力多有利于身体健康。在此广告片中，利用了男主角的前后差距来表示没有每天喝益力多的后果，虽然比较夸张，但是令人印象深刻，广告词"你今日饮左未啊"（你今天喝了没有）深入人心。

广告的增强、揭示功能使受众变为商品的购买者或服务的接受者，并让他们在首次购买或使用之后，再次、多次指名购买和使用，成为广告主宣传的商品或服务的老主顾。

上海大众汽车有一条广告是这样表现的：

标题：30年，与卓越同行

口号：造好每一辆大众，只为每一位大众

正文：上海大众30周年纪念款，全系感恩登场。搭载多项30周年专属配备，携手每一位大众，创造美好明天。

即刻购买30周年纪念款车型，馈赠大众一家俱乐部5 000积分礼，购买帕萨特或新途观更可以直接升级为银钻会员。

随文：商标，各家分店联系电话，客服热线，二维码

图案：上海大众30周年纪念款车型，在它驶过的道路上是散发着火光的阿拉伯数字"30"。

这条广告能增强人们对大众汽车的记忆和认识，展现上海大众30周年纪念款汽车的风采，以及消费者购买以后可以获得的赠品，表达了上海大众"我用心制造好每一辆车，只为你用得舒心，开得放心"的心声，使受众有一种被尊重的感受，广告中传播的馈赠品也相当吸引受众。

30多年来，上海大众汽车在中国的生产和销售都处于领先地位，广告传播功不可没。

|3.2| 广告的经济功能

广告从最初出现之时起，就与最原始的商品交换紧密联系着。因为广告能为经营商品带来好处，人们会自发地选择广告传播销售信息，会自觉地使用广告促进销

售，广告在人们的不断使用中得以发展。生产企业、流通企业、提供服务的企业都在做广告，向受众–顾客–消费者传播信息，引起他们的注意，刺激他们的消费欲望，促成他们购买，从中获取利润。

鲁迅写过很多篇文学性售书广告，以下是1935年鲁迅为《俄罗斯的童话》一书撰写的一篇富有文学色彩的广告（见图3-8）：

图3-8 鲁迅为《俄罗斯的童话》撰写广告

高尔基所做的大抵是小说和戏剧，谁也决不说他是童话作家，然而他偏偏要做童话。他所做的童话里，再三再四地教人不要忘记这是童话，然而又偏偏不太像童话。说是做给成人看的童话吧，那自然倒也可以的，然而又可恨做得太出色，太恶辣了。

作者在地窖子里看了一批人，又伸出头来在地面上看了一批人，又伸进头去在沙龙里看了一批人，看得熟透了，都收在历来的创作里。这种童话里所写的都全不像真的人，所以也不像事实，然而这是呼吸，是痱子，是疮疽，都是人所必有的，或者是会有的。

短短的十六篇，用漫画的笔法，写出了老俄国人的生态和病情，但又不只写出了老俄国人，所以这作品是世界的；就是我们中国人看起来，也往往会觉得他好像讲着周围的人物，或者简直自己的顶门上给扎了一大针。

但是，要痊愈的病人不辞热痛的针灸，要上进的读者也决不怕恶辣的书！

鲁迅用这种文学手法来形象地阐明自己的观点，来说明这本书的好处，还使用反语："可恨做得太出色，太恶辣了"。他正是用这种文学手法，把广告写活了，把深刻的内容写得生动活泼，因而征服了读者，使这本书获得了很好的销售效果。

3.2.1　广告能沟通产销，刺激需求

有一天，南非某地一个农民向警察报案，说他的田地里出现一大块无法解释的压痕，警察也被难倒了，认为那可能是 UFO 留下的记号，这样一个不寻常的事件立即引起轩然大波，每一家报纸都参与了报道。十天以后，警方驾驶着直升机去调查，发现那些神秘的压痕竟然是一个宽达 100m 的宝马 BMW 商标。接下来几天，宝马在所有报纸上刊登全版广告，标题

图3-9　广告能沟通产销，刺激需求（宝马篇）

是"来自远方的聪明生物"（见图 3-9）。这个看似疯狂的创意引得南非人开怀大笑，也使新发售的宝马车型迈出了销售的第一步。通过调动媒体宣传进而调动受众猜疑和主动关注，让人人参与传播，这比直接刊登全版广告更有效果。

企业生产的商品与消费者的购买与消费行为在时间上、空间上都存在距离。广告，作为一种信息传播手段，能缩短这种距离，使生产和销售紧密联系起来。在沟通的基础上，广告通过对消费者的消费兴趣与欲求不断进行刺激，引起消费者尽快实现购买行为。

对需求的刺激，包括初级需求与选择性需求。新商品进入市场初期，多用广告来刺激初级需求，即通过广告提示、诱导、说服等方式，唤起人们对新商品的注意、兴趣，从而刺激需求。连续不断的社会化的广告宣传活动，好像催化剂一般，将一个个奇思和构想变成一种新的社会需求。选择性需求是指对特定商品品牌的需求，这是初级需求形成后的进一步发展。

3.2.2　广告能加速流通，扩大销售

能够促进流通、扩大销售的办法很多，如人员推销、特种推销、公共关系等，但从效率来讲，广告是最好的方式。一种新商品上市，仅靠人员推销等，难以打开局面，如果用广告就可以在短时间内把新商品信息传向四面八方。

3.2.3　广告能促进生产，利于竞争

企业做了广告，商品信息传播出去了，有了消费者和用户，反过来又能促进企业的生产。当企业的这种商品在市场上走俏时，别的企业也会争相生产性能、质量、价格相仿的商品。面对这种竞争，企业一方面要不断地改进生产管理方式，降低成本，另一方面要从技术、质量上使商品更适合消费者的需要，还要通过广告把企业内部的这些信息告诉消费者，使消费者更信任企业及其商品。最后，企业要在广告中将售后服务承诺告诉消费者，使他们在选择商品时，能更加确认就买这种商

品，而不购买别的商品。

3.2.4 广告能增长财富，创造价值

图3-10 广告能增长财富，创造价值

财富有两种，一是物质的，二是精神的。广告促进生产、加速流通、沟通产销，能在创造物质财富的生产经营活动中起到"功不可没"的作用。在创造社会精神财富方面，广告也能"大显身手"（见图3-10）。

广告的不间断宣传，提高了某种商品的附加价值——精神价值，人们在购买商品的使用价值时，连同它的精神价值一起买走了。

许多商品由于精神价值高，形成了巨额的品牌无形资产。以下世界名牌都具有显赫的身价：

可口可乐	689亿美元
微软	651亿美元
IBM	528亿美元
通用电气	424亿美元
诺基亚	350亿美元
英特尔	347亿美元
迪士尼	326亿美元
福特	301亿美元
麦当劳	253亿美元
美国电话电报	228亿美元

2014年贵州茅台品牌价值高达1 015.86亿元，中国酒企品牌价值首次突破千亿元大关。

国家工商行政管理总局、国家发展和改革委员会联合发布《关于关于促进广告业发展的指导意见》指出"知识密集、技术密集、人才密集的广告业是现代服务业的重要组成部分，是创意经济中的重要产业，在服务生产、引导消费、推动经济增长和社会文化发展等方面，发挥着十分重要的作用，其发展水平直接反映一个国家或地区的市场经济发育程度、科技进步水平、综合经济实力和社会文化质量"，准确地阐明了广告的经济功能。

|3.3| 广告的社会功能

无论广告主做广告的主观愿望是什么，广告一经发布，就会产生社会影响，或对社会产生良好的促进作用，或者给社会安定带来不利因素。

3.3.1　社会效应是广告的客观功能

广告主在发动广告活动之初，总有他们的动机和目的。社会性的广告，如竞选、征兵、宣传社会公益等广告的目的就是要影响社会，而商业广告的目的是促销，也必然会对社会产生影响。

有研究者对美国总统竞选这个社会现象进行分析，发现美国总统与广告业有不解之缘。"不当总统，就做广告人"（见图3-11），美国前总统罗斯福的名言至今响彻寰宇。每一届美国总统大选就是广告界四年一次的"广告大阅兵"，尽显广告的现状、广告的发展以及广告的新趋势或新动向。

1.商业广告必须先对社会产生正面作用，才能赢得受众信任，也才能实现经济功能

图3-11　美国前总统罗斯福的名言至今响彻寰宇

（1）广告主希望他的商品成为社会议论的焦点，提高企业和商品的知名度。老来福药业公司即将上市一种感冒新药，计划花30万元做第一期广告。广告公司策划在一冬一春5个月中推广这种新药名，让至少1 000万人知道这种新药，130万人使用这种新药。这5个月的销售收入可达10万～20万元。广告公司策划了将药名"得尔"（英语直译）这个不具有实际意义

图3-12　社会效应是广告的客观功能（老来福药业）

的词与驭手赶车时，常喊的一句"得尔——驾！"联系起来。在电视广告片创意中，驾驶"宝马"车的白领驾驶员诙谐地大喊"得尔——驾！"，驾驶公共汽车的蓝领驾驶员也愉快地大喊"得尔——驾！"，使"得尔——驾！"留在人们的口头，迅速传播开去，成为"得尔——驾！祝你一路平安！""得尔——驾！祝你身体健康！"的代用语（见图3-12）。

（2）广告主希望人们对他的企业和商品产生良好的情感，提高自己的美誉度。一家酒业公司与某电视台签订了做5 000万元广告的合同，后来，这家酒业公司宁

可赔偿300万元罚金，撤回合同，而将3 000万元投向希望工程。这"一罚"使企业获得了社会的好评，赢得了社会的好感，提高了知名度。酒业公司付出的3 300万元产生的社会正面影响，大大超过了在电视台投入的那5 000万元广告播出费能产生的影响（见图3-13）。

图3-13　社会效应是广告的客观功能（希望工程）

（3）广告主"聪明"过头，将会产生极坏的社会影响。有家企业在广告策划中准备将1 000张10元面值的纸币用直升机撒向某城市的中心马路，让人们去拾，从而提高企业的知名度。这条广告信息发布后，遭到众多有识之士的强烈反对，引起有关部门注意并及时制止了这一不符合我国国情的广告活动。有家企业在电视台故弄玄虚，预告某日清晨6点20分将有重要新闻。其实这家电视台每天清晨6点30分才正式播出节目。不仅这家企业被处以罚款，电视台要承担连带责任。这些产生负面社会影响的产品或企业广告，无疑是自己花钱给自己作负面宣传。

2.客观的广告对社会的不同对象产生的作用是不同的

如果我们简单地把对广告的看法分为支持和反对，那么，在我们身边都能找到这两类代表。

持反对意见的说："广告言过其实，我们已上过广告的当了，谁还信它？"也有人说："广告唠叨重复使人心烦。"还有人说："花钱买报纸，不是为看广告，但大量版面被广告占了；看电视时，莫明其妙的广告插在节目中，换别的频道，还是广告，你说讨厌不讨厌！"

持赞成意见的说："我买东西，主要靠广告，离了它，真不知买什么好。"也有人说："不看广告还不知道有这么多优惠条件，看广告还真有好处哩！"还有人说："广告也是文化，细细品味，还真有学问，盲目否定要不得。"

广告这种客观的社会现象，使受众能产生不同的主观看法，这正是社会对广告的反应。

3.3.2 公益广告功不可没

公益广告是不以营利为目的，为社会提供公共利益服务的广告。它通过某种观念的传达，呼吁社会公众关注某一社会性问题，以合乎社会公益的准则去规范自己的行为，支持或倡导某种社会事业和社会风尚（见图3-14、图3-15、图3-16）。

1.公益广告的特点

（1）社会效益性。以社会效益为第一，不为营利而创作、设计和发布广告。

（2）主题现实性。凡对社会、对公共利益具有现实意义的题材，都可纳入公益广告的表现范围。

（3）表现的号召性。公益广告常带有倡导性和号召性的广告语句，这些语句要求富有创意、简洁流畅、朗朗上口、受众欢迎、便于传颂。

图3-14　知识产权公益广告

（4）参与自觉性。公益广告是靠社会的有识之士自愿付费做没有商业价值的广告。从长远看，这种广告的社会回报必然会对企业、社会组织有利。媒体为公益广告提供刊播时间和版面，会减少收入，但是，这样做提高了媒体的威望和可信度，能吸引更多广告主到媒体刊播广告。

图3-15　抗震救灾公益广告

2.公益广告的创作原则

（1）思想性原则（见图3-17）。公益广告是推销观念的，是把一种思想、信念、意见传播给别人，希望受众能接受，思想性特别突出。公益广告的思想性表现为爱国、爱社会主义、爱人民，创造社会主义精神文明，对社会负责，对未来负责为主。

图3-16　影视明星公益广告

（2）倡导性原则（见图3-18）。公益广告是以平等待人的立场，向受众传播观念和行为准则，不能用说教、训人的态度，提倡，引导，将心比心，就能产生良好的传播反馈效果。

图3-17 公益广告的思想性原则

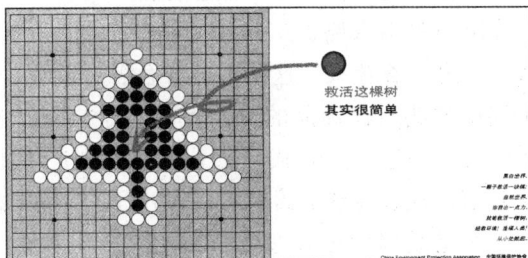

图3-18 公益广告的倡导性原则

（3）情感性原则（见图3-19）。要让受众接受公益广告的宣传，还得从"情"入手，先动之以情，后晓之以理。在选题、创作、切入和表现时，首先要把能打动受众的"情"放在重要的位置上。

图3-19 公益广告的情感性原则

3.3.3 广告使人们生活更美

广告的内容总要通过美好的、受众能接受的方式传播，这就使我们的四周出现了许多美好的能附载广告主体信息的物品，诸如使城市更美的霓虹灯广告，使街道更明亮的灯箱广告，使商店更吸引人的橱窗广告，使节日气氛更浓厚的市招广告、模型广告、彩色气球广告等（见图3-20）。

图3-20 广告使人们生活更美好

1.现代社会的人们，离不开广告

生活现代化与信息密不可分，人们获得的信息，不只是政府公告和社会新闻，其实他们更关心的是与切身利益息息相关的商业信息；为传播这些信息而创作的广告，使他们看到生活的希望，了解到有什么困难可以到哪里去解决。香港广告人纪拳凤在其广告著作中曾说："阳光、空气、水，再加广告，是香港人须臾不能离开的东西。"

2.现代城市，美在广告的装点

上海的南京路，广州的"小蛮腰"，香港的铜锣湾，重庆的解放碑，西安的东大街，是那么迷人，这些地方各色各样的广告也创造了美。广告主要让人流量最大的路段成为自己商品的发布地点，千方百计使广告信息吸引更多人注意，使人爱看、看后不忘。广告代理公司为了实现广告主的目的，努力使广告更大、更鲜艳、更有趣，这就客观上给行人展示出了一幅幅动人的画面，吸引人驻足欣赏。

香港是国际化大都市，它的户外广告十分发达。户外广告使香港成为真正的"广告海洋"。其户外广告已发展到铺天盖地、见缝插针的地步。香港的霓虹灯广告已实现高度现代化，每当入夜，霓虹灯广告便开始争奇斗艳，五彩缤纷、灿烂夺目。香港的户外广告不仅琳琅满目、标新立异，而且安全有序。户外广告有如下一些优势：不论平面或立体，各种造型可以随心所欲；广告效果持续发挥；所处场所极富弹性，可以特定地区和阶层为广告对象；加装照明设备后，可以发挥照明效果，生动而丰富多变等。香港的户外广告不仅数量多，而且继续向求大、求新的方向发展；不仅创意手法层出不穷，制作也相当精美，富有艺术性和想象力；结合时尚、娱乐、影视资讯的风向标，把香港打扮得艳丽夺目。

3.公益广告在潜移默化中美化人们的心灵

中央电视台每天要播出几次《广而告之》节目，很多广告主也在利用媒体宣传有利于社会主义精神文明建设的行为规范，这种提倡美的德行、好的品格的广告，批评社会的丑恶现象，鞭挞危害社会的不良行径，无疑能对美化人们的心灵起到良好的作用。这种公益广告，配合法制宣传、道德教育等，一起影响人们，能使接受此种观念的人们心灵更美好。

在2014年"国酒茅台"中国公益广告"黄河奖"（见图3-21）作品集的前言中，中国广告协会秘书长蓝军写道：

图3-21 公益广告在潜移默化中美化人们的心灵

"国酒茅台"中国公益广告"黄河奖"作为中国国际广告节的重要赛事之一，评选年度内免费发布的宣传人类文明道德观念、提升社会文明程度并获得良好社会效益的公益广告作品。大赛旨在营造和谐的社会氛围，树立良好的文化道德和社会风尚，聚焦公众关切问题，引发社会思考与集体共鸣。

本届黄河奖设有年度奖和创作奖两类。创作奖以"回归本真"为主题，旨在引导人们回归家庭、自然、生活，使心性和生命返至质朴纯真的状态，爱自己、爱他人、爱万物，感受生之趣、活之味。

本届黄河奖评审工作在中国贵州茅台酒厂（集团）有限责任公司的大力支持下，在各地广告界同仁的积极参与下，取得了圆满成功。奖项组委会共收到公益广告作品3 211件。在监审的全程监督下，奖项评审团经过认真、严格评选，最终产生金奖5件、银奖13件、铜奖17件、优秀奖427件。

评审现场气氛热烈，讨论环节言无不尽，充分体现出评审团的高度负责精神。

衷心感谢各地广告协会，感谢中国贵州茅台酒厂（集团）有限责任公司，感谢参与本奖项的单位和个人，感谢奖项评审团，感谢所有为黄河奖付出努力的同仁们！相信黄河奖一定能够为推进中国公益事业和中国广告事业发展承担更多责任、贡献更大力量！

管中窥豹，可见一斑，广告的公益性正在人们的社会生活中发挥正能量的作用，优秀的公益广告值得人们点赞。

思考与练习

一、自测题

1.名词解释

广告功能　公益广告

2.填空

初级传播模式：_____

传者与受者经验范围重叠关系：_____

3.简答

(1) 广告信息传播的特点有哪些？

(2) 广告的经济功能有哪些？

(3) 广告的社会功能为什么说是客观的？

4.分析

(1) 广告主、广告代理、受众在广告信息传播中各担任什么角色？

(2) 广告的经济功能是怎样实现的？

(3) 公益广告能为我们带来什么利益？

二、练习与实践

1.将学习者分成两个大组，每组对一具体广告活动的功能进行分析，委托一两名代表发言，由另一组学习者进行补充。

2.开展"广告的什么功能最重要"的讨论，没有机会发言的，将发言稿写好后，办一期专刊。

3.回忆在中央电视台一频道看到的《广而告之》节目。每人用纸写出相关内容，看谁写得最多。

第 4 章

广告主及广告主体

学习目的与要求

学习本章之后，懂得什么是广告主、广告代理、广告发布者，以及他们在广告活动中的相互关系；明确广告主在广告活动中的支配权、参与权和决定权有哪些内容；了解广告主的各项责任；懂得广告人与广告主的关系，为今后能顺利完成广告业务打下基础；掌握广告主体与广告主是两个不同的概念，以及他们在广告活动中的地位；懂得广告主体的内容与传播障碍；学会大众传播的几种主要模式，为使广告能实现多次传播出谋划策；掌握找出广告主体闪光点的主要办法和利用广告主体闪光点的方法。

学习重点

1. 广告主与广告代理的关系
2. 广告主在广告活动中的权利和义务
3. 广告人与广告主的关系
4. 广告主体在广告活动中的地位
5. 广告的本质是信息传播
6. 广告主体的闪光点分析与把握
7. 怎样利用广告主体的闪光点

引例

董明珠为何亲自代言做广告

中央电视台一频道黄金时间，格力电器董事长兼总裁董明珠自己出镜上广告，引起业内业外广泛议论（见图4-1）。"请成龙做广告要花1 000多万元，自己做广告一分钱不用花！"董明珠的一席话引起了人们的兴趣。这提醒了人们，之前被成龙大哥一招一式画出的"好空调 格力造"的广告语似乎已经消失了很久，取而代之的则是由董明珠亲自上阵与万达集团董事长王健林合演的一段"空调不用电"的广告。

图4-1 格力电器董事长董明珠为自己的品牌代言

热议中有人说董明珠太抠门了，在广告中出现的另外一位——万达集团董事长王健林——也没花钱。广告片的风格简明而霸气——王健林问董明珠格力中央空调是否不用电费，董明珠回答称"是的，用太阳能"，王健林随即欣喜地表示："那我每年可以节约电费10亿。"

董明珠把自己亲自上阵做广告的原因归结于"可以节约成本"，她甚至认为，动辄花几千万元请一个明星代言"是一种浪费"。董明珠此举不仅省钱，而且超值，更是顺应潮流的时髦做法，她才是格力电器的"最佳广告代言人"、"最佳形象代言人"。

据报道，格力与成龙的合作终止完全是由于正常的合作期满，并不存在谁对谁不满意的问题。不可否认的是，随着明星的私生活曝光程度增高，找明星代言渐有不可控的趋势。

曾经，第一季《中国好声音》刚播完时，李代沫火了，苏宁第一个签下他做代言，李代沫的广告在地铁里抬头可见。李代沫吸毒被抓后，苏宁立刻让他的广告全线下线，同样找他代言的联想也采取同样的做法。虽然在合同中一定有关于明星发生此类事件的赔偿规定，但对于企业来说，损失钱是小事，更亏的是广告投入白瞎，宣传步伐被打乱，企业形象跟着坠落——这找谁说理去?!

另一方面，各种财富排行榜、中国年度经济人物等的排名、评比把企业家推向了公众，公众熟悉了企业家创办企业的奋斗经历。中国企业家再也不是西装革履坐在大班椅上拿着笔签合同那类千篇一律的模样了。他们有了自己特有的形象和风格，潘石屹爱喝果汁，俞敏洪有些"山炮"，周鸿祎爱打嘴仗，他们的形象已经被公众所熟悉。这为企业家代言奠定了基础。

虽然说，企业老总代言自己的产品难免是王婆卖瓜，但谁又能比王婆更了解自己的瓜呢？从销售一线干上来的董明珠能脱口而出格力空调的特有性能，明星却对代言的产品了解甚少，董明珠能为产品的安全负责，而明星往往都没有去过生产线，这使得明星代言很难具有说服力。相比明星那张PS后完美的脸，董明珠眼神中流露出的坚定和不妥协更能打动人。

还有一个问题是，正在怀孕的小S代言母婴产品很合适，如果让身价千万的周杰伦去代言电动车，就显得莫名其妙。一瓶矿泉水，即便找来王力宏代言又能怎样呢？也比不上眯着小眼睛的马云夸张地喝一口恒大冰泉更有趣。无独有偶，前几天阿里巴巴和恒大签约时，马云也不忘称赞恒大冰泉"喝一口销魂蚀骨"。

越来越多的受众已经比较成熟了，他们不吃高大上的明星、大制作那一套。如今最有效的传播风格是"无节操、萌萌哒、戳心坎儿"，或是传递品牌的价值观。只需做好这样的广告文案，互联网上的千百万网友自然会帮助你完成推广的任务。正如刚刚上市的聚美优品的创始人陈欧，他把自己化身为80后奋斗青年的代表，唤起了团购化妆品网站主流消费者的共鸣。

不难看出，董明珠是聪明的，她把人们对她能干的印象转移到对产品的信任上。这笔账算下来，相信在未来的广告业，企业家们亲自上阵是比高价请明星更为常见的选择。

资料来源　陈璐.董明珠为何亲自代言[N].中国青年报，2014-06-16（10）.

思考：

董明珠为什么要自己出镜做广告？陈欧自己做的广告代言人与董明珠的有什么区别？

|4.1| 广告活动中的广告主

广告主是广告活动的投资者，可以是自然人、法人或者其他组织。《广告法》第二条所称的广告主，"是指为推销商品或者服务，自行或者委托他人设计、制作、发布广告的自然人、法人或者其他组织"，这里主要指从事商业活动的广告主。广义的广告主还应包含做公益广告的社会组织、政府机构以及为个人目的而做广告的个人。

对于广告代理公司，他们称广告主是广告客户。在广告人当中，他们对广告客户既尊重又怀有一种说不清道不明的牵念。

4.1.1 广告主的条件

本书中的广告定义告诉我们，广告是广告主付费，通过媒体向确定的受众传播商品、服务或观念信息的活动。在广告五要素当中，广告主是排在第一的要素。

成为广告主需要具备如下条件：

1.广告主是信息源（见图4-2）

因为广告主有商品、服务信息或观念、主张、意见信息要传播出去，才发动广告活动，所以广告主首先应是一个信息的发起者、发源地。

图4-2　广告主是信息源

董明珠要将格力的产品信息发布出去，格力委托她来发布，广告信息发布的源头就是广告主。

2.广告主是广告活动的投资者

广告活动的费用由广告主承担，因此广告主必须有支付广告费用的能力。董明珠亲自上阵做广告，省下的是明星的形象代言费，其他费用还是要花的。

3.广告主发布的信息应当真实、合法

广告主要以健康的表现形式表达广告内容，符合社会主义精神文明建设和弘扬中华民族优秀传统文化的要求；不得含有虚假或者引人误解的内容，不得欺骗、误导消费者。广告主在广告活动中，必须遵守《广告法》，必须履行对社会、对受众、对消费者应尽的义务，不能用广告欺骗消费者来达到满足私利的目的。

4.广告主要具备一定的广告知识

广告主不能对广告活动的开展一无所知，但也不能要求他成为广告专家。

陈欧，27岁时创立聚美优品，29岁荣登福布斯创业者榜，他能成功，与他亲自出镜为公司拍摄的"我为自己代言"系列广告大有关系。陈欧自己代言的广告片引起80后、90后强烈共鸣，在网络掀起"陈欧体"模仿热潮，聚美优品仅用3年时间，就完成单月销售额从10万元到6亿元的突破，牢固地占据中国美妆类电商第一站的领航地位。

广告主花钱做广告，已经在开发产品、经营产品中懂得了做广告的重要性，不少企业家已经在长期的经营中成为做广告的行家里手。如董明珠亲自为自己的产品代言，既有说服力，又省下一笔费用，最重要的是向公众推出企业负责人，董明珠眼神中流露出的坚定和不妥协更能让人们信任格力。

4.1.2 广告主的错觉意识

图4-3 广告主的错觉意识

改革开放30多年来，我国广告主的广告意识，已有很大变化，通过做广告，使企业声誉大振，使产品销量大增的事例，不胜枚举，但还有少数企业主对做广告存在偏见（见图4-3）。

在广州花都区，有一位经营汽车空调已有20多年的民营企业老板，在做不做广告、花多少钱做广告上颇为踌躇。要改变这些广告主对广告的投资意识，还有很长的路要走。

1.认为"不做广告，照样经营赚钱"者，被迫做广告，这在中小企业中不占少数

这里有几个原因：其一是产品仍然有买主，"酒好不怕巷子深"，买主自己会找上门，因此坐等买主上门的观念依然存在。他们做广告，是服从上级领导部门的安排；或者推不开人情，多少做点广告满足人情的要求。这种"行政压力"广告和"人情动力"广告是他们不情愿做的。

即使产品好，不愁卖，也必然会面临竞争者争抢市场。在利益驱使下，竞争者会从不做广告或广告做得不好的广告主那里把老买主抢走。如果到了这种局面再来做广告，可能投入更多的费用和精力也不一定能把老买主再夺回来。

2.做广告为点缀门面、浅尝辄止者，并未对广告有足够认识

这些广告主做广告的主要原因是：顾及眼前利益，处理积压商品；别的企业的广告对自己造成威胁了；同行业的企业都做广告了，自己不做，显然落后一大截子；销售节令要到了，做广告以求抓住这一次机会。这些广告主对广告的传播、经济、社会功能并没有足够的认识，只是把广告当成权宜之计，偶尔为之。

3.商品供不应求、"皇帝女儿不愁嫁"者，顾不上做广告，先要尽力满足市场需求，待腾出手来时，再考虑做广告

这种广告主以传统的经营思想为指导，以为"只有卖不出去的商品才做广告"，认为"我们生意正红火，做广告是一种浪费"。

还有的广告主认为，"把广告交给广告公司代理，让他们赚走代理费，不如自己做广告更划算"。

以上这些广告主抱着陈旧、落后的经营理念，没有看到广告的信息流同商品交换的物流比较起来，前者产生的影响要快得多、大得多。广告影响千家万户，商品影响一家一户，我们何不在商品经营正红火的时候，大做广告，使"两流"合一，产生更大的影响呢？企业销售要一个台阶一个台阶地上，企业的销售目标是不封顶的，广告正是促使企业销售上台阶的强大推动力。在经营趋势向好时，做广告的效果会更好。格力电器的董明珠正是在企业如日中天之时大做广告的。

在实际广告活动中，还有一些广告主对广告存在着各种偏见，甚而用虚假广告欺骗受众上当者也大有人在，我们将此种情况放到"广告主的责任"、"企业自办广告的利与弊"中去分析。

4.1.3 广告主与广告代理

根据《广告法》的规定，广告主为推销商品或者服务，第一可以自行设计、制作、发布广告，第二可以委托他人设计、制作、发布广告。

广告主直接用自办媒体发布广告，或者直接找媒体经营者发布广告，就不存在广告主找广告代理者的问题。

1.广告主直接用自办媒体发布广告

小型零售商店在门前的黑板上写广告、用纸写广告挂在绳子上；小企业在围墙上写广告、在厂门口立广告牌；大企业在厂房顶上做霓虹灯广告，为职工制作印有广告语、商标或商品名的统一服装，自己印刷商品说明书和宣传册或与商品促销有关的小纪念品，都属于广告主直接用自办媒体发布广告。

2.广告主直接找媒体经营单位发布广告

《广告法》第二条指出的广告经营者和发布者"是指接受委托提供广告设计、

制作、代理服务的自然人、法人或者其他组织"。从这里可以看出，广告主可以直接委托广告经营者发布广告。广告主可以将广告内容交广告经营者通过媒体去发布，或委托这种广告经营者一并完成广告的设计、制作和发布。

3.为广告主代理广告

为广告主代理广告的，是受广告主委托提供广告代理服务的法人、其他经济组织或者个人，他们是经营广告的代理业者。

《广告法》第三十条规定，广告主、广告经营者、广告发布者之间在广告活动中应当依法订立书面合同。第三十一条规定，广告主、广告经营者、广告发布者不得在广告活动中进行任何形式的不正当竞争。第三十二条规定，广告主委托设计、制作、发布广告，应当委托具有合法经营资格的广告经营者、广告发布者。广告代理者向广告主提供广告服务，从广告主那里获取合法的代理费。广告代理者通常是专业或综合广告公司。

图4-4 广告主需要找广告代理

广告主在下列几种情况下需要找广告代理者（见图4-4）：

（1）广告主自己没有精力和时间来为自己的企业和商品做广告，需要找广告代理者。广告主为集中精力搞产品研究、商品生产，而把做广告的工作交给在信息传播方面能力较强的广告公司。

（2）广告主相信广告代理者更有能力来组织广告活动，至少比以生产和经营为主的企业更内行、更专业。广告主看中广告代理者的传播组织能力、信息传播能力、公共关系能力，愿意把广告活动委托给代理者。

（3）广告主看见别的广告主把广告活动交给代理者，取得了较好的效益，为取得竞争的胜利，会主动去找广告代理者，把广告活动委托给广告代理者，从而与广告代理者逐步加深联系，广告活动的水准也会越来越高。

（4）广告主曾经自己设计、制作、发布广告，但效果不好。由于有了这种失败的教训，广告主在新一轮促销活动中，有意识地选择广告代理者，把广告活动交给代理者去组织和实施。

（5）广告主希望通过广告树立企业形象和宣传商品，但与大众传播媒体并没有密切的联系。此时，他想到了要与广告公司合作，寻求广告代理，使广告在大众传播媒体上与受众见面。

（6）大众传播媒体，如电视、报纸这样重要的媒体，其时间和空间已经被有实力的广告公司先行买断。广告主要在这段时间或这块空间做广告，必须与广告代理者合作。

|4.2| 广告主的地位

4.2.1 广告主的支配权

广告主投资做广告，对广告有绝对的支配权。企业在营销决策中，是自己直接发布广告、找媒体发布广告，还是委托广告代理，支配权都在广告主自己手中（见图 4-5）。

图 4-5　广告主在广告活动中的地位

广告主有哪些支配权？（见图 4-6）

图 4-6　广告主的支配权

1.选择代理公司的支配权

广告主有权决定选择哪家广告代理公司，是全面代理还是部分代理，是全程代理还是局部代理，是综合代理还是单项代理。

2.广告预算支配权

广告主根据企业总体目标、企业营销目标，预算出在广告活动需要投资多少钱。中型以上企业，都有做广告的经验，在安排年度计划或一次整体销售促进的活动时，大多数都会把广告预算列进去。小型企业的广告预算多数是"一事一议"，并无年度的或长远的预算。总之，广告费用的预算支配权完全掌握在广告主的手中，什么时候花、花多少都由广告主决定。

3.广告调查的干预权

在广告活动正式展开前，要先作广告调查。广告主自办广告的，由企业内部派人作广告调查；广告主委托广告代理公司的，由广告代理公司派人作调查，或者企业人员与广告代理公司人员共同作调查。无论哪种调查，在开展调查活动前、中、后，广告主都有干预权。

4.广告媒体的选定权

广告活动中成本最高的是在发布广告时购买媒体时间和空间，因此广告主在媒体的选择上要行使他的支配权。自办广告的媒体费主要是材料费、设计费、制作费、安装费等，广告主一般采用"实报实销"的办法进行，广告主行使的是一次性支配权。

4.2.2　广告主的参与权

自办广告中的广告主，是广告活动舞台上的主角，参与权自不必说。委托代理公司做广告时，广告主的参与权也是客观存在的（见图4-7），投入大笔广告费让别人去花，广告主不能"大权旁落"，他要参与广告活动的几个关键环节，掌握广告活动的成败。

1.参与确定广告目标

广告目标是广告主通过广告活动所要达到的目的，广告主最基本的目标是把信息传播出去，最重要的目标是促进销售，客观目标是产生社会影响。在现代广告活动中，广告主希望广告活动实现多重目标，一举多得。因此，他要在确定广告目标时参与进来。

图4-7　广告主的参与权

广告主参与的方式为：

第一，由广告主确定目标，让广告代理公司以此目标为基础，围绕目标开展广告活动策划。

第二，由广告代理公司根据广告调查结果，提出广告目标的建议，由广告主确

定提升或降低或维持。一般情况下只有在广告费用难以承担时，广告主才会答应将广告目标降低。在多数情况下，广告主希望广告代理公司在广告费一定的前提下将广告主原有的广告目标再往上提升，至少是维持。

2．参与广告策划

广告策划是对广告整体战略的运筹规划。广告主对广告策划极其重视，不会在未经策划的广告活动上花大笔费用。

广告主参与策划的方式为：

第一，广告主自己作广告策划，将广告策划的结果交由企业内部人员去实施。

第二，由广告代理公司策划，广告主听取或审阅广告代理公司的策划书，再提出批准意见或修改意见或重新策划等意见。

第三，广告主自己或派企业内部人员加入广告代理公司的策划班子，参加策划会议，发表策划意见，与策划人员讨论策划谋略。

第四，在广告活动的实施过程中，如果广告主发现原来的策划需要修改，他可以令广告活动暂停，重新策划后再继续进行。

4.2.3 广告主的决定权

图4-8 广告主的决定权

在广告活动开展之前，广告主、广告经营者、广告发布者之间应当依法订立书面合同，明确各方的权利和义务。在此之前，广告主对做不做广告、做多大规模的广告、在什么时间做广告、在什么地方做广告、由谁来做广告、委托哪家广告公司代理等，都可以作出决定，这些决定就体现在与广告公司签订的合同里（见图4-8）。

|4.3| 广告主的责任

广告是广告主付费的自我宣传，也是应承担责任的宣传。《广告法》第五十五条明确指出："违反本法规定，发布虚假广告的，由工商行政管理部门责令停止发布广告，责令广告主在相应范围内消除影响，处广告费用三倍以上五倍以下的罚款，广告费用无法计算或者明显偏低的，处二十万元以上一百万元以下的罚款；两年内有三次以上违法行为或者有其他严重情节的，处广告费用五倍以上十倍以下的罚款，广告费用无法计算或者明显偏低的，处一百万元以上二百万元以下的罚款，可以吊销营业执照，并由广告审查机关撤销广告审查批准文件、一年内不受理其广告审查申请。"广告主、广告经营者、广告发布者违反相关法律规定，构成犯罪的，依法追究刑事责任。

4.3.1 广告主的经济责任

广告活动是广告主发起的，广告费用是广告主为谋取盈利而投入的，广告主对广告所产生的正面效应或负面效应要负完全责任。

广告主的经济责任表现在以下几个方面：

1.广告主承担广告费的支出

这是不言而喻的。然而，在实际运作中，有的企业把广告费的支出千方百计转嫁到广告代理公司身上，让广告公司先行为其做广告，产生了经济效益后，才付给广告代理公司费用。个别广告主在获得了广告传播效益和经济效益后，对应该付给广告代理公司的费用拖欠不付，甚而有赖账不还的，因而代理公司与广告主的诉讼案件时有发生。

2.广告主应承担由于违反《广告法》及有关法律法规而受到的处罚罚款

广告主未经批准发布广告、发布虚假广告、发布违反《广告法》规定的广告、发布会误导消费者或者已经产生恶劣影响的广告，要受到广告监督管理部门的处罚，如受到消费者的起诉，还得根据法院判决，赔偿消费者经济和精神损失。

3.广告主还要承担违反与广告经营者、广告发布者所订合同的经济责任

社会主义市场经济是法制经济，要依《中华人民共和国合同法》（以下简称《合同法》）、《广告法》、《中华人民共和国消费者权益保护法》（以下简称《消费者权益保护法》）等法律法规办事。

4.3.2 广告主的社会责任

广告主发起的广告活动，必然会对社会产生影响。广告主要从广告能促使社会进步的角度来开展活动，不能发布有违社会公德和家庭伦理道德及职业道德的广告；广告主发布的广告要维护国家的尊严和利益。

《广告法》第一章总则规定："广告应当真实、合法，以健康的表现形式表达广告内容，符合社会主义精神文明建设和弘扬中华民族优秀传统文化的要求。广告不得含有虚假或者引人误解的内容，不得欺骗、误导消费者。"广告主开展广告活动，其社会责任表现在以下几方面（见图4-9）：

图4-9 广告主的社会责任

（1）广告创意要真实，符合我国人民的接受心理，不能用哗众取宠的方法，违反广告的真实性；不能用夸大其词的手法，误导消费者；不能不顾及社会影响，采用怪异的造成不良影响的创意。

　　（2）广告活动要遵循公平、诚实守信的原则，不能出现贬低别的商品的广告，不能用虚假的内容欺骗和误导消费者。广告要说一不二，实在、可信。有的广告用"买一送十"吸引消费者，而那"十"则是伪劣商品，造成消费者实际的损失。

　　（3）广告活动要促进商品和服务质量的提高，保护消费者的合法权益。广告中对商品的性能、产地、用途、质量、价格、生产者、有效期限、允诺应当表达清楚、明白。广告使用的数据、统计资料、调查结果等要真实、准确，并标明出处。

　　（4）在大众媒体上刊登和播出广告，要使版面和节目有可识别性，能够使受众明白无误地认识"这是广告"，不是新闻。

　　（5）《广告法》第九条规定广告不得有下列情形："（一）使用或者变相使用中华人民共和国的国旗、国歌、国徽，军旗、军歌、军徽；（二）使用或者变相使用国家机关、国家机关工作人员的名义或者形象；（三）使用"国家级"、"最高级"、"最佳"等用语；（四）损害国家的尊严或者利益，泄露国家秘密；（五）妨碍社会安定，损害社会公共利益；（六）危害人身、财产安全，泄露个人隐私；（七）妨碍社会公共秩序或者违背社会良好风尚；（八）含有淫秽、色情、赌博、迷信、恐怖、暴力的内容；（九）含有民族、种族、宗教、性别歧视的内容；（十）妨碍环境、自然资源或者文化遗产保护；（十一）法律、行政法规规定禁止的其他情形。"

4.3.3　广告主的法律责任

　　与广告主的广告活动有关的法律法规是比较多的，但关系较密切的除《广告法》以外，还有《消费者权益保护法》、《合同法》、《中华人民共和国反对不正当竞争法》、《中华人民共和国商标法》等的有关条款。《广告法》第六十九条指出："广告主、广告经营者、广告发布者违反本法规定，有下列侵权行为之一的，依法承担民事责任：（一）在广告中损害未成年人或者残疾人的身心健康的；（二）假冒他人专利的；（三）贬低其他生产经营者的商品、服务的；（四）在广告中未经同意使用他人名义或者形象的；（五）其他侵犯他人合法民事权益的。"

　　美国广告学者托马斯·C.奥奎因、克里斯·T.艾伦、理查德·J.西曼尼克在其所著的《广告学》一书中，讲到"广告主在整合品牌促销中的角色"时说：

　　我们曾说过很少有广告主专门动用人力和资金进行战略规划，然后统筹有效用的广告和整合品牌促销项目，于是在广告业就产生了广告公司这一重要角色。但是在广告公司提供服务之前，广告主要扮演另一个重要的角色。为了协助广告公司出色完成任务，各类广告主（如上文提到过的）必须在和代理商进行交流之前充分做好准备。

　　广告主的职责包括以下6个方面：

　　（1）充分理解并清晰地描述企业的品牌给消费者带来的价值；

　　（2）充分理解并清晰地描述与其他竞争品牌相比本企业品牌的市场定位；

　　（3）清晰地描述企业短期和长期的品牌目标（如品牌扩展、国际市场推广）；

（4）确定最有可能对品牌产生良好反应的目标市场；

（5）确定并管理最有效的供应链或分销系统；

（6）将广告和其他促销手段纳入组织整体营销战略之中，以此提高品牌知名度。

一旦广告主履行上述 6 个方面的职责，就应利用广告公司所提供的服务有效地、创造性地开发品牌市场，这一顺序绝不能颠倒。但这并不是说，广告主完成和优化以上的合作并不需要代理商的协助；相反，广告主在没有做好自身工作也没有为合作做好准备之前就与代理商建立合作关系是错误之举。

|4.4| 广告代理者怎样与广告主打交道

广告代理公司为广告主服务，承接广告业务，做好与广告主的交往工作十分重要，这是保证广告活动能顺利、有序、有效地开展的基础。

4.4.1 广告人与广告主

"广告人"就是"广告从业人员"。许多广告理论研究者对"广告人"曾试图下一个定义。如美国的詹姆斯·韦伯·扬说："'广告人'泛指一切从事替广告主购买广告版面、时间者，替媒体所有人销售广告者，以及在广告代理公司及其他处做广告服务的各色人等。'真正的广告人'的定义是：具有知识、技术、经验以及洞察力，能为广告主建议最好使用广告去达到他们的目的，并能有效地去执行，使广告能达到这些目的的人。"中国台湾广告理论家赖东明认为"广告人"是"社会风气的领先者，理论观念的实践者，诚实助人的说服者，创意组合的革新者，团队互助的合作者，智慧见解的提供者，自律控己的苦行者，感恩领情的报答者"。这些对"广告人"的界定是对广告从业人员素质的要求，实际上广告从业人员中，能符合这两位提出的"广告人"素质要求的、合格的"广告人"是不多的。

广告人与广告主的关系表现在以下几方面：

1.广告人用自己的脑力和体力劳动为广告主服务，获取应得的报酬

这是广告行业的性质决定的。广告业属于第三产业，它要为第一、二、三产业服务。广告人用自己的脑力劳动、体力劳动组织、实施广告活动，从广告主的广告预算中获得广告代理费。

2.广告人用自己的聪明才智为广告主出谋献策（见图4-10）

图 4-10 广告人用自己的聪明才智为广告主出谋献策

有人将广告主比喻为刘备，将广告人比喻为诸葛亮。刘备在危难之中三顾茅庐，就是希望诸葛亮为自己恢复汉室执掌策划之能事。广告主一心一意想盈利，好比在执棋子下棋者，越想赢反而会输，而旁观者（广告人）能清晰地分析棋局，胜利的希望更大。

3.广告人是站在广告主和消费者之间的中介，是使广告主的商品、服务信息传播给受众的中间人

广告人要正确理解广告主的意图，并用广告作品表现出来，同时要准确地掌握受众的心理，让受众能从广告作品中获得广告主要传播的信息。

4.4.2 争取广告主的信任

图4-11 赢得广告主的信任

广告业是服务行业，只有广告主接受了广告人的服务，广告人才能获得报酬。

广告代理公司（以下简称广告公司）怎样才能争取到广告主的信任呢（见图4-11）？

1.广告公司要有实力

一个知名度高、美誉度好的广告公司是不难拿到广告订单的。这样的公司为数不多。广告公司为某一广告主成功地组织实施了广告活动，其影响是深远的，第二家、第三家广告主会接踵而至。如果这家广告公司保持头脑清醒，一如既往地努力，以后的几次大型广告活动也做得很漂亮，它的身价就会大涨。但是如果广告客户增多了，广告公司在力所不能及的时候，还勉强干下去，必然粗制滥造，就可能使广告主的预期目标不能实现。所以，广告公司要取得客户的信任，一定要认真做好每一次广告活动。

2.广告公司应该为自己做出成功的广告

广告公司能为广告主干些什么，也需要广而告之。在《国际广告》《中国广告》《现代广告》《广告人》《广告大观》杂志上，在电视、报纸上，经常能看到广告公司为自己做广告。当然，这种广告一定要以真为根，以诚为本。

3.广告公司要善于开展公共关系活动，树立良好的形象

广告公司是为广告主出主意、搞创意的智力型服务企业，首先要树立起自己的良好形象。一旦这种良好形象在社会上产生影响，广告主自然会找上门来。

4.广告公司要有能干的广告人员

广告公司需要团队精神，也需要广告策划、广告创意的顶尖人物。美国奥美广告公司，正是因为有了大卫·奥格威这样的广告大师，才赢得了世界2 000多个广告客户。李奥·贝纳为万宝路香烟代理广告业务后，这家濒临倒闭的烟草公司一跃成为全世界销售最好的品牌，李奥·贝纳广告公司一举成名。

4.4.3 巩固与广告主良好的依存关系

广告代理公司与广告主的关系是相互依存、相互促进的，当广告主认为离不开广告公司时，一方面是广告主的广告意识上升到了一个新的高度，另一方面广告公司也找到了好的服务对象，好的合作伙伴（见图4-12）。

在广告行业比较成熟的经济发达国家和地区，每家广告公司都有十几家或几十家上百家比较固定的广告客户。由于长期合作，广告公司对广告主的经营理念、商品、服务、市场、竞争对手都有系统、深刻的把

图4-12 巩固与广告主良好的依存关系

握，能把广告策划做在广告主之前，能清醒地看准广告主的发展方向。

广告公司怎样巩固与广告主良好的依存关系呢？

1.坚持高水平的服务，不降低广告公司的服务质量

广告公司与广告主要继续保持这种相互依存的关系，广告公司必须继续提供高水平的服务，还要在原有的基础上不断提高。决不能因为是老关系，就散漫、懈怠。

2.坚持按《广告法》进行广告活动，不迁就老客户的违法要求

老客户遇到销售难处时，也许会提出有违于《广告法》的要求。广告公司如果爱护老朋友，尊重与广告主的依存关系，就要向客户解释清楚，把他从迷途中拉回来。

3.坚持受众第一的原则，说服广告主放弃不切实际的想法和做法

广告公司虽然处于广告主与受众中间的媒介地位，但应把受众的利益放在至高无上的位置，因为这样做符合广告主的利益。受众-顾客-消费者是广告传播的"信宿"，是广告主的商品和服务的潜在和现实的消费者，当然也应是广告公司的衣食父母。当广告主"受众第一"经营理念发生动摇时，广告公司要说服广告主回到正确的理念上来。

4.广告公司不断地在与广告主的合作中提出新的广告策略

广告公司应派专人对广告主的广告活动作不间断地调查了解，随时准备就新发生的情况提出新的策划意见、新的创意方向，及时向广告主提出建议。每半年或一年应交给广告主一份广告活动效果报告单，不断地在与广告主的合作中提出新的广告策略。

5.与广告主发生意见分歧时，可根据不同情况，采取不同的解决办法

（1）如果广告主暂时不理解广告公司的策划或者创意，要耐心地向广告主作详细的说明，使双方的意见尽可能趋于一致。

（2）广告活动出现问题引起广告主不满时，要实事求是地妥善解决。如果确实是广告公司出错了，要主动承担包括经济损失在内的相关损失。如果是因为不可抗力影响了广告活动目标的实现，也应如实向广告主阐明，并提出补救措施和修改意见。如果广告主产生了误会，要开诚布公地解释清楚，尽快消除隔阂。

6.面对竞争更加努力

当别的广告公司插足于本公司与广告主之间，有可能夺走广告业务时，面对竞争只有更加努力，才能巩固与广告主已经建立起来的代理关系。对此种情况，不能掉以轻心、任其发展，不能过分紧张、视其为异端，更不能怨广告主朝三暮四、不念旧情。

|4.5| 广告主体概说

广告主体是相对广告传播对象这个客体而言的，是广告活动传播的信息内容。商业广告中的商品信息、提供服务的信息；公共关系广告中的企业形象；公益广告中的思想、观念、道德规范；政治广告中的论点宣传、竞选宣传等就是广告主体。

广告主是广告信息的最初发起人和投资做广告的人，他与广告主体是两个不同的概念。我们将其放在这一章，是为了使两者更好地结合在一起。

4.5.1 广告主体的内容和形式

商业广告中的商品信息就是广告主体。在我们能接触到的广告活动中，商品信息占绝大部分。

1.广告主体的内容

在广告中，要向受众传播什么样的信息呢（见图4-13）？

（1）商品的历史、沿革及现状。这部分内容包括商品研制、发明、生产及改进的过程，生产设备及技术革

图4-13　要向受众传播怎样的广告信息

新、革命，制作工艺和技术的发展，原材料的来源及使用。

（2）商品的特性。其内容包括：商品的外观尺寸、花色、款式、包装等；同系列有哪些相关商品及可替代商品；商品属于哪一类（按我国的简单分类，生活用品包括日常用品、选购品、特购品，生产资料类包括原料、辅料、工具和动力等）；商品配套问题，即使用时的一般要求或与特定的生产或生活环境相适应的要求，与其他商品配合使用应注意的问题；商品的生命周期，指商品在市场上的销售历史，一般分法有导入期、成长期、成熟期、衰退期。

（3）商品的功能，主要指商品的功能特性，如规格、大小、用途，与同类商品相比较具有什么优点和突出之处，使用该商品能给消费者和用户带来什么好处。

（4）商品的服务，包括商品销售服务和售后服务。商品销售服务的内容包括代办运输、送货上门、代客包装、仓储、代为安装调试和培训操作人员；商品售后服务内容包括维修、保养、回访、征询使用意见、改进后续商品。

2.广告主体的传播形式

广告信息是用什么形式传播出去的呢？

广告信息是通过广告媒体传播给受众的。广告信息与广告媒体的关系是主从关系和相互依存关系。

（1）传播广告信息不能离开媒体。媒体是广告信息的载体，删除了附载广告信息的媒体，广告的主体内容不能够与受众接触，广告信息也就不能传播。

（2）广告信息是广告形式的主宰。根据媒体的不同，可以把广告分成不同的类别。任何一种广告媒体，都是被用来承载广告信息的，没有广告信息，也就不需要附载信息的媒体。

（3）广告主没有广告信息要发布，便不会进行广告活动，也没有必要去策划用什么媒体。

广告信息传播的形式（见图4-14），大体如下：

广告主或广告代理（有需要发布的信息）—寻找适合的媒体—依据媒体特征，对信息进行编码—媒体发布，受众接触媒体—受众对信息进行译码—受众接受广告主体信息。

广告主或广告代理（有需要发布的信息）
↓
寻找适合的媒体
↓
依据媒体特征，对信息进行编码
↓
报纸　杂志　广播　电视
↓
媒体发布，受众接触媒体
↓
受众对信息进行译码
↓
受众接受广告主体信息

图4-14　广告信息传播模式

在这个过程中，广告信息是活动的主线，传者、媒体、受者是被广告信息这根线拴在一起的。

4.5.2　广告主体在广告活动中的地位

广告是一种信息传播活动，它所传播的就是广告的主体。广告传播过程可以简化为：第一，广告主发布广告信息，这个信息就是广告的主体，处于信息源的位置。第二，信息经过媒体表现出来，媒体是信息的通道。第三，信息传播给众多的接受者，他们是信息传播的归宿。由此可以看出，广告主体在广告活动中的地位。

1.广告主体的基础地位

广告活动过程以广告主发布信息为起始，在此基础上，展开广告的各项活动。

广告主体的内容可以决定广告活动的规模和投资。

2.广告主体的根本地位（见图4-15）

广告这根"大树"的"根"在广告主发布的广告主体上。由于广告主体不同，广告策略、广告主题、广告对象、广告时机、广告地域、广告媒体、广告预算、广告效果都会不同。因此，要使广告活动取得成功，分析研究广告主体就是根本。准确把握广告主体，才能作出相应的广告活动计划。

3.广告主体的主体地位

广告活动要围绕广告主体来开展，不能与广告主体背道而驰。俗话说，"卖瓜的说瓜甜"，"卖什么，吆喝什么"，广告离开了主体信息，就不是广告了，传播出去的话，受众会不知所云、不得要领，广告主进行这种宣传，只能是把钱往大海里扔。

广告主体的内容有时候会被它的形式所冲淡，受众看见广告形式，记住了广告作品中的某位美女

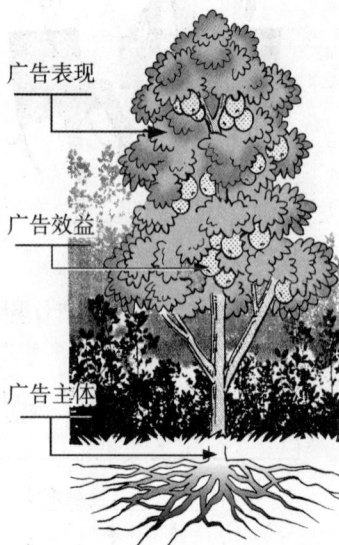

图4-15 广告主体的根本地位

或明星的形象，但没看清或者听清商品名称，记不住这种广告作品传播的是什么商品的信息。这种本末倒置的结果要避免。

4.5.3 广告主体的传播障碍

广告信息在传播过程中，会受到来自不同方面的干扰，如相同商品的信息，不同商品的广告在同地段、同版面、同栏目刊播，受众接受程度、理解程度、使用该商品的感受等。

同一受众，他接触的若干条广告信息，在内容上有相互干扰的；同一媒体（如电视、报纸）上的若干条广告信息间是相互干扰的；每一位受众要与多种媒体接触，不同的媒体又在传播不同的信息，所以，信息间的干扰使受众与接触到的信息的质与量相应减少。

除此之外，受众自身对广告主体信息的感受度不同，也会使广告主体在传播中受到阻碍。

当广告主传播的广告信息与广告受众的"经验范围"相吻合时，两者才能产生共鸣和相知（见图4-16）。比如，广告传播的信息是一种富有营养的食品，而受众是尚未成年的小孩，小孩的生活经历决定了他不懂得

图4-16 经验范围相吻合时产生共鸣（惠氏奶粉）

这种广告主体传播的内容，而他的父母则完全可以懂得这种食品对小孩的帮助。父

母的经验范围与广告信息有较多的吻合，广告传播效果就好。假如小孩父母的文化水平不高，他们的经验范围中，没有广告信息要传播的内容，那么广告信息的传播就会遇到障碍。

为了解决广告信息传播的障碍，广告主和广告策划者、信息编码创意者，在广告活动中要将广告信息分为多个层次进行传播，先传播基础的、简单的，受众容易明白和接受的信息，然后再传播较深层的、情感的、启发性的信息。在实施广告策略时，一般新商品的广告信息传播都是在运用"生活情报型策略"以后，再运用"情感诉求策略"。

｜4.6｜ 广告主体信息传播

广告主体信息要传播给受众，才能产生一定的效益。广告主体信息是怎样传播的呢？我们通过对传播方式的研究，来认识这个问题。一般来说，传播方式分为大众传播、组织传播、群体传播、人际传播和内向自我传播5种。这里介绍几种与广告传播关系密切的方式。

4.6.1 大众传播

大众传播是由一个有组织的大众机构或群体，通过一定的媒体，向广大无法预知的受众进行的信息传播活动。大众传播是目前最具影响力的传播形式，所以，在广告媒体中，大众传播媒体的作用尤其突出。

1. 大众传播的特性

（1）传播的公众性和开放性。大众传播面对的是大量的受众，这些受众由各不相同的和不确定的个人组成。因此，大众传播就具有了开放性。

（2）传播的有限性与难控性。大众传播靠大众传播媒体发送信息，由于大众传播媒体的有限性，传播也受到一定的限制。如某地的报纸，在别的地区的人就难以接收到此种报纸上的信息，某个地方的广播电台播出的信息，别的地区的人就难以收到，没有收音机的人则不可能收到广播媒体传送的信息。因而，大众传播对受众难以控制。

（3）传播的间接性与非人格性。大众传播使信源与信宿相隔离，两者不直接见面，没有面对面的交流，传播的信息中虽然包含感情色彩，但不知道受众能否接受这种情感，当受众反感时，大众传播媒体也可能还在一厢情愿地发布信息。

（4）传播的不平衡与差异性。大众传播信源与信宿之间本身就存在不平衡和差异：信源传播的信息，受众可能不了解，缺少相关经验；信源传播的广告信息已经多次出现，受众早已知晓，他此时并不需要这种信息。

（5）大众传播的连续性与制度性。大众传播是一种连续的传播活动，使用的技术手段使信源和受众之间形成定时定期的沟通，成为一种制度化的传播。如，广播广告定时传播相同的信息，一天两三次，连续播出半个月；有的商品信息，在同一种报纸的同一版面的固定的位置多次出现，有的连续刊出一周或更长时间。

2.大众传播的主要模式

（1）大众传播五要素模式（见图4-17）。

对于广告主体信息的传播，这5个要素构成了广告活动的全部内容，其中每一要素都对广告活动的成功与否产生影响。这5个要素为：

①控制研究能向广告主——信源——提供确定的受众，使广告主能找到需要的受众，产生良好的传播效果。

②内容分析能明确广告主体的内容，为广告策略和广告表现奠定基础。

③媒体分析能为传播广告主体内容制定合理的媒体策略提供依据。

④受众分析有助于正确地把握广告主体内容的接受者的心理及行为特征。

⑤效果分析能检测出广告传播活动的各种效果，判断广告活动的成败，以便继续坚持或是修改、加工。

图4-17　大众传播的5个要素

（2）大众传播心理动力模式。这种模式是以受众个体差异理论为基础，认为媒体信息包含着特定的刺激性，这些刺激性与受众的个性特征有着特定的作用。

（3）大众传播的使用-满足模式。使用-满足模式，像把一句话分成6段，每一段是一个过程。这种模式应用到广告主体信息传播中，强调的是广告如何适应受众的需求。在大众媒体传播过程中，受众获得广告主体内容，最后接受广告的影响而产生购买行为或产生需求的满足。这种模式与现代营销观念是一致的。

4.6.2　人际传播

广告虽然是以大众传播方式为主来进行的，但人际传播对广告效果的影响也不可忽视。美国广告理论家舒尔茨在《广告运动策略新论》中说："在传播有关新产品或新服务的新闻上，人际传播所扮演的角色对广告研究极具重要性。"

1.人际传播对广告主体的作用（见图4-18）

人际传播的目的是影响受众-顾客-消费者实现购买行为，但他们的购买行为不是在接触广告一次两次后完成的，而是要经过好几个阶段，包括对广告主体的认知过程、情感过程和意志过程。人际传播能弥补大众传播的不足，将广告主体信息传播到受众-顾客-消费者中间，对广告的诉求产生良好的影响。人际传播具有直接交流作用，反馈信息及时，更能打动受众-顾客-消费者，是广告活动不可缺少的传播方式。

图4-18　人际传播对广告主体的作用

（1）人际传播是受众-顾客-消费者决定是否购买的最后阶段的重要因素。在消费者购买决策中，最终起作用的，是在售点广告最前沿的人际传播因素。事实证明，朋友、已经使用过商品的消费者、售货员向未使用过商品的消费者传播广告主体的内容，要比大众传播的效果好。

多个研究部门对广告受众购买决定所作的调查表明，"各种传播方式在人们购买行为中所起的作用"项目中，消费者购买家用电器、日用品、食品时，"亲友介绍"所占的比例是较高的。

（2）人际传播的亲和力在消费者的态度改变过程中具有较强的作用。态度是一种倾向性，具有较强的主观心理色彩。通过人际传播能直接了解接受信息者的态度，可及时调整广告传播信源，使受者理解和认同。如在销售现场做演示广告的推销员，可以根据消费者驻足观看、投以好奇目光、愿意听介绍、咨询问题、用心观赏商品等行为，作耐心细致的介绍，促使感兴趣的消费者实现购买行为。

2.怎样更好地利用人际传播

人际传播在广告主体信息传播中虽然不占重要的地位，但它是大众传播的补充，是与大众传播相辅相成的传播方式，充分地利用人际传播，能使广告主体的信息得以有效地传播开去。

（1）正确地认识人际传播与大众传播的关系。正确的行为来源于正确思想的指导。有的专家认为"广告是非人际传播"，我们认为"广告主体信息不能离开人际传播这种有效的方式"。广告活动的"起始"和"见效"两个阶段，实际上也是由人际传播实现的：广告主委托广告代理或者广告主安排企业内部的广告部门开展广告活动，采用的就是当面交谈式的人际传播。在广告活动起始阶段，广告主要向广告操作者们介绍广告主体的内容，再让他们去策划怎样利用大众传播媒体和其他传播媒体。

广告最后产生效果，也要由受广告影响的受众-顾客-消费者完成"商品位移"——商品由销售者转到消费者手中——完成商品与货币的交换，还得靠"两者"的人际传播和交流。

（2）充分发挥人际传播的引导作用。企业在做好人际传播广告活动安排的同时，可以设立若干以广告宣传员进行口头介绍或演示的人际传播方式：经理、技术人员到销售现场与消费者交谈；作者与读者交谈，听取意见；散发广告传单的人与受众交谈，回答对方提问，或主动发问，加强人际传播，将那种发传单的"机械"

的单向传播变为双向传播。

4.6.3　广告主体信息的二次三次传播

广告是做给受众看的或听的。广告主希望广告受众接受广告主体信息后，成为新的信源，再由他们向其他受众传播广告主体信息，广告能产生二次三次传播，能取得比较好的效果（见图4-19）。

1.产生广告主体信息多次传播的条件

（1）信息本身具有能够产生多次传播的特性。"台风将到来"这

图4-19　广告主体信息的二次三次传播

一信息就有多次传播、尽快让所有相关人员都知道的必要。

（2）广告活动开展得生动活泼，能让人们口口相传。某饭店的菜肴做得很好，消费者很满意，这些消费者又会带来另一些消费者。如果有意识地对带来新的消费者的回头客予以优惠，生意会越做越好。

（3）社会文化因素也会对多次传播产生影响。社会活跃，人与人之间关系融洽，人们交往频繁，就会产生多次传播的良好效果。

2.广告主体信息多次传播的过程

广告主发出广告信息，受众接受信息，这是一次传播。某些受众接受信息后，自愿地把这个信息传给另一些人，这是二次传播。二次传播的受众，也可能会把信息再传向新的受众或他不知道已经获取了信息的一次传播的受众，从而形成相互传递信息的情况。广告主发布信息，广告人策划广告活动，就希望出现这种良好的传播局面。

|4.7|　广告主体的闪光点

4.7.1　广告主体存在的价值

广告主体的价值包括客观价值和主观价值。

1.广告主体的客观价值

商品是劳动者为适应社会的需要而生产出来的用于交换的产品，它本身就有存在的价值。提供服务者之所以存在，是由于社会的需要，他们要获得需要者给予的酬劳，才能生存和发展。

2.广告主体的主观价值

人们购买商品，是受需求和动机的驱使，受到消费能力的制约，对广告信息传

播产生的反应等方面综合作用所采取的行为。所以，人们不会对所有商品都需要，对所有商品都买得起，对所有商品都感兴趣，而是选择那些自己认为"有价值"的商品。同样的商品有人喜欢，有人不喜欢；消费水平高的不买廉价商品，收入低的对高档商店望而却步。

4.7.2　广告人的任务是找出主体的闪光点

任何商品都有它存在的价值，不同的受众对这种客观存在的反应是不一样的。比如一支钢笔，有人看中它外观漂亮，有人看中它便于携带，有人看中它价格便宜。人们对客观存在的主观感受不一样，要求生产经营者去宣传商品性能。为商品做广告的广告人，应着力找出商品的闪光点，使它在销售过程中更容易被消费者选择。

1.怎样找出广告主体的闪光点

商品的闪光点是客观存在的，要让消费者看到闪光点，首先为这种商品做广告的人要能识别本广告主体的闪光点，能识宝者，才能向别人推销宝物。

（1）历史发掘法。有的商品在历史上曾有过辉煌的亮点，可以借此使其扬名。如，旧时曾作为皇家贡品的礼品；历史上的名人曾赞赏过这种商品，如"古井贡酒"、"杜康酒"（见图4-20）、"杏花村酒"。

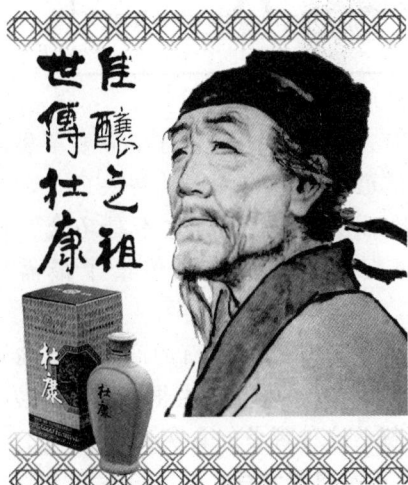
图4-20　找出广告主体的闪光点（杜康酒）

（2）名人晕轮法（见图4-21）。利用名人效应，借名人表达对商品的感受，找到名人与商品的关系作为广告宣传的重点。

（3）比较出新法（见图4-22）。将本商品的过去和现在作比较，突出宣传现在的优点、特点，既不否定过去，又充分肯定现在，使现在的新功能、新特点得以放大。

（4）竞争对抗法（见图4-23）。将本商品的性能与同类商品相比较，找出自己独到的优点，以此战胜别的商品。商场上常说，"人无我有，人有我优，人优我廉，人廉我新"，这就是要找出自己最突出的优点，针对竞争对手做好信息主体的传播。

图4-21　名人晕轮法

（5）抓住时机法。有的商品生产出来后，"生不逢时"，遭遇冷落。但是，当机会来了，又会成为抢手货。传播这种商品的信息时，要抓住时机，恰到好处地把信息传播出去。比如生产草袋的企业，产品积压，

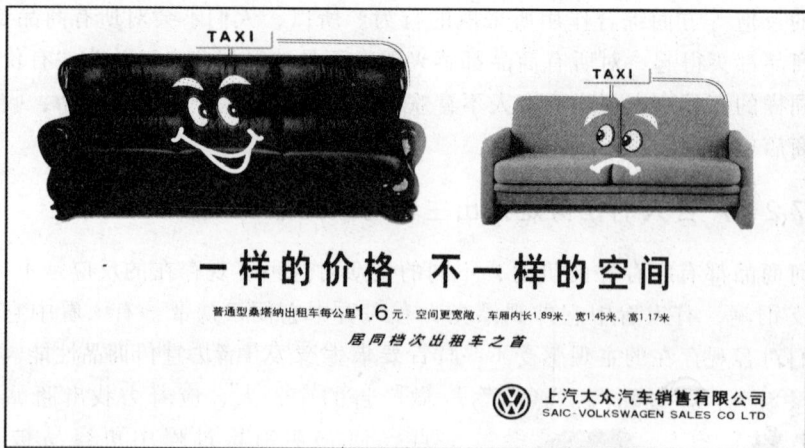

图4-22 比较出新法

图4-23 竞争对抗法

一时卖不出去。此时，可能在什么地方正需要草袋来防洪。当这两者的信道畅通时，问题就解决了。常常听说，"一条广告救活一家企业"，这不是巧合，而是广告人抓住时机把广告主体信息传给了最需要的人。

（6）异地放光法（见图4-24）。有的商品在此地知名度不高，而换一个地方，则能产生很好的影响力。"墙内开花墙外红"就是这种现象的真实写照。

2.怎样利用广告主体的闪光点

（1）实话实说。在宣传商品的闪光点时，最好的方法是实话实说，不虚妄、不夸大，让受众获得实实在在的信息。飞利浦产品的广告词称："让我们做得更好！"爱维斯汽车出租公司的广告词是："在汽车出租行业中，爱维斯只是第二——原来如此，为何仍乘坐我们的汽车？因为我们更为卖力！"这些都是实话实说的典型。

图4-24 异地放光法

（2）巧妙比较。福特汽车的广告文稿这样传达信息："将一辆福特牌汽车和一辆价值2 200美元的奔驰牌汽车并列在一起，也许有人会笑话我们，可是，多数人并不如此想，他们会各买一辆。"

（3）突出优点。在广告主体信息中，只宣传优点，对弱势避而不谈，也是广告常用的技法。

（4）揭露缺点。以揭露伪劣假冒商品来宣传自己的优点，使自己闪光。

4.7.3 把闪光点编译成好的广告

找到了广告主体的闪光点，还得在广告作品中表现出来，使受众能从广告作品中明白商品或服务最精彩的是什么，对广告信息产生浓厚兴趣。

1.把信息的闪光点同受众的关心点结合起来

受众是广告信息的归宿，广告效果要使用"倒推法"，从受众的关心点出发，来决定信息的闪光点是否有价值。

2.广告要站在受众的角度来审视自己的作品

广告是做给受众看的、听的，不能只顾自己"老王卖瓜，自卖自夸"，要让受众看得懂，愿意看，看了不会忘，在需要这种商品时，能想起来购买。

3.广告表现要符合受众的接受心理（见图4-25）

受众对广告信息的意志表现，基础是对信息的认知和情感这两个过程的建立。广告人要研究受众的心理活动过程，一步步把受众引入广告信息表现的目的地。

4.广告信息要在不同的媒体上出现

编排广告时，要按媒体的表现特点安排好各种

图4-25　适合受众心理的广告表现　材料。即使是同一广告主题，因为使用了不同的媒体如报纸和电视，其广告文案一定是有区别的，广告人要使用不同的广告文体把广告信息准确地传递给受众。

思考与练习

一、自测题

1.名词解释

广告主　广告代理者　广告发布者　广告主体　大众传播

2.填空

广告主在广告活动中的地位：＿＿＿＿＿＿＿＿＿＿＿＿＿＿＿＿＿＿＿＿

台湾广告学者对"广告人"素质的要求：＿＿＿＿＿＿＿＿＿＿＿＿＿＿＿＿

大众传播五要素模式：＿＿＿＿＿＿＿＿＿＿＿＿＿＿＿＿＿＿＿＿＿＿＿

3.简答

（1）广告主的条件有哪些？

（2）广告主的责任有哪些？

（3）怎样争取广告主的信任？

（4）广告代理公司怎样巩固与广告主良好的依存关系？

（5）广告主体的内容是什么？

（6）广告主体在广告活动中的地位是什么？

（7）人际传播与大众传播的关系是怎样的？

（8）怎样才能找出广告主体的闪光点？

4.分析

（1）广告主、广告代理、广告发布者在广告活动中的关系是怎样的？

（2）面对受众的利益，怎样处理广告主与广告代理的关系？

（3）广告传播以大众传播为主，为什么还要研究人际传播？

（4）发现广告主体的闪光点，你能再想出几种方法？

二、练习与实践

1.向当地的一家广告公司了解他们与广告主的关系，当广告主否定其广告创意后，广告公司的对策是什么？

2.向当地的一家媒体（报社、电视台、广播电台、网站）了解他们与广告主的关系，将各种关系进行归纳，分别拟出不同的应对办法，写成心得，讨论、发表。

3.将本地的某一家用电器的广告内容与其品质作对比，找出其闪光点，试着对广告语、广告文案作修改，将大家认为最好的广告语和广告文案送到这家电器生产企业负责人手中，请他点评。

4.围绕怎样才能找到广告主体的闪光点，将学习者分成若干个组，分别为若干种本地商品找闪光点。

| 第5章 |

广告媒体

学习目的与要求

学习本章后，掌握各种广告媒体的优势以及局限，从而今后在广告运作过程中，能正确地对广告媒体作出选择。

学习重点

1. 媒体在广告传播活动中的意义
2. 现代媒体的意义和运用
3. 四大传统媒体的优势和局限
4. 媒体组合原则

引例

从美宝莲的广告案例看新媒体的整合营销

前不久，在各大城市的地铁、公交车厢内都能看到"美宝莲"的视频广告——Mabel的约会视频，视频内容根据Mabel的约会对象特质和美宝莲的睫毛膏色彩种类分为"黑色摇滚篇"、"蓝色商务篇"、"绿色书卷篇"、"棕色运动篇"，广告中不忘通过"约会突发状况情境"来传达产品的"防水"特性。

与大家平时见到的电视广告片不同，这是一则互动广告（见图5-1）。第一，它具备所有可以进行"互动营销"的品牌特质——高品质的产品，具有竞争力的功能、质量、价格，完善的渠道、服务等。第二，它具有优秀的广告规划和策划，重视创意和品牌的结合。带给受众更多的启示是对新媒体的运用：Web2.0是新媒体，博客是新媒体，视频是新媒体，手机是新媒体，分众也是新媒体的新运用。新媒体的大家庭越来越壮大，终端也越来越多，交互性越来越强。怎么运用新媒体来为品牌传播服务？答案只有一个：整合营销。

视频广告后简短一条信息就将"接受"过渡为"交互",并巧妙地将"终端"转移至"网络"和"手机",通过POCO网这一以图片兴趣聚合的同好社区平台实现了从传统的"视频单向广播"到一种互动的传播方式。

在POCO网的投票互动平台上,除了可以替Mabel投票选择男友外,还能欣赏"化妆视频",体验"恋爱测试"。选择POCO网这一Web2.0网站投放,除了看重POCO网用户基数大、流量高,用户层年轻、时尚的特性外,更多是为了避开门户、娱乐、视频网站用户分散,人群广泛,互动度相对低的不足。

图5-1　新媒体的整合营销（美宝莲）

这种基于体验的社区互动,与美宝莲整体市场策略和公关计划相结合,与POCO网的受众利益和兴趣点相结合,多种新媒体整合的沟通方式连续性地与用户进行互动,教育并引导受众-顾客-消费者产生购买行动,同时对品牌、产品及服务产生有效认知。

或许,当产品的传播策略已经不是通过简单的购买版面、扩大投放量来达到传播效果的时候,如何花最少的钱去运用和整合尽量多的资源,并通过多种传播方式影响受众,达到传播效果的最大化和最佳化才是品牌选择媒体的最重要依据。"美宝莲"的视频广告——Mabel的约会视频作了成功的诠释。

资料来源　杨佐飞.广告策划与管理:原理、案例与项目实训[M].北京:北京大学出版社,2014.

思考:

1. 目前可供企业选择的广告新媒体有哪些?
2. 美宝莲如何进行新媒体的整合?

|5.1| 广告媒体概说

广告媒体是传播广告信息的工具,是发布广告信息内容的物质载体。没有这个工具或载体,广告信息就无法传播,也就没有了广告。

5.1.1 广告离不开媒体

要想将一则广告信息、一件广告作品传播给受众,必须具有承载传播它的载体。没有这种载体,任何意义上的广告均无法实现其效用。这个广告与受众之间的中介物质就是媒体（见图5-2）。广告媒体,是指用来传递广告信息,向受众传播广告内容的物质。

图5-2　广告离不开媒体

5.1.2　广告媒体的产生和演进

作为广告信息的附载工具，广告媒体具有悠久的历史。伴随着经济、文化、科学的发展，广告媒体也经历了一个由简单到复杂、由原始到现代的历史过程。早期的广告媒体十分简单，如实物广告、叫卖广告，它出自商品本身和卖主之口，这是最原始、最简单的广告形式。叫卖者依照经营方式、经营特点和经营对象的不同，在叫卖的内容、腔调上给予一定的变化，使这种吆喝声逐渐形成一定的韵律节奏，并伴有多种声响，配以不同的器具，如敲木梆子卖油，拨浪鼓卖布，打铜锣卖杂货等。到后来，有人把叫卖的内容编成曲子或采用诗歌民谣形式，有的叫卖广告流传至今。

最原始的商品，来自于生产者的剩余产品。生产者要将剩余产品拿出来与别人交换，获取他需要的别的商品，以物易物是最原始的商品交换。交换者中的任何一方，都以自己的剩余产品做实物标记，这种标记就是以实物作为传播信息的载体，这就是最初的实物广告。

实物广告是被动的、等着需要者到来的广告。在交换者急切需要迅速成交时，他会用自己的嗓子叫出声来，引起别人的注意，以交换者自身为传播载体的声响广告出现了。

当扯着嗓门大喊大叫累了的时候，商品交换者会应用手中的能撞击出声音的器具，打击它，或让它们相互撞击，发出声响，达到引起别人注意的目的。在长期的历史过程中，用什么器具，发出什么声响，传递什么商品的信息，已经在当地被大家认同，约定俗成。这种用器具撞击发出声响的广告便成为一种声响广告被传者和受者接受了。

实物媒体广告、叫卖广告、声响广告后来演变成招牌、幌子等悬挂广告也是传者根据传播广告信息的需要，而产生出的"创意"产品。悬挂广告就是在店铺门前或店旁悬挂旗帜，或悬挂与店铺经营有关的物品，以引人注意。旗帜以酒旗、客栈旗为多。酒旗也叫酒帘、青帘。酒店门前挂酒葫芦，药店门前挂药葫芦等，灯笼也是当时茶楼酒肆普遍使用的悬挂物（见图5-3）。

北宋画家张择端所作《清明上河图》中，有凌空而挂的彩条旗"新酒"，这肯定是酒店的旗帜，在门楼下悬挂"脚店"灯笼，这无疑是旅店的标志。招牌也是古代常用的广告形式。从内容上看，有店名、物名招牌，也有对联招牌；从形式上看，有横匾、竖匾之分；从表现手法上看，有文字的，也有图文并茂的。早期的招牌一般比较简单，但为了在商业竞争中取得广告优势，后来就发展为请

图5-3　广告媒体的产生和演进

名人书写，在招牌的装饰上，也开始演变出艺术图案。

造纸和印刷术的发明和应用，逐渐为广告提供了新的媒体——印刷品。中国发明的造纸术，为广告的发展开辟了广阔的天地。17世纪，现代形式的广告媒体——报纸——出现，头脑机敏的商人很快发现并开始大力使用当时这一最佳广告媒体。接着，另一广告媒体——杂志——相继出现。这样，作为大众传播媒体的报纸、杂志后来居上，成为主要广告媒体。

无线电的发明和应用，使得广播和电视先后出现了。广告主、广告人用这两种大众传播媒体的时间传播广告信息的内容，获得了与报纸、杂志不同的效果。广播电台、电视台的经营者也愿意出售部分传播的时间，播出广告主或广告人需要播出的内容，于是设立相应的部门，将广告编排在广播电台和电视台的其他主体节目中，插播广告也就在广播、电视这两种载体中出现了。随着受众对广播和电视的亲密度的变化，这两大媒体与报纸、杂志在中国被称为四大媒体。进入20世纪90年代后期，我国电视台的广告收入已经超过了报纸的广告收入，雄踞四大广告媒体广告收入之首。

改革开放30多年来，我国经济的快速发展，城市化进程加快，户外媒体充当了传播信息的开路先锋，它们在传播商品、劳务和观念信息的同时，使城市、乡镇亮丽起来，成为现代城市的徽记，成为市民和游客的注目点、记忆点。在连接城市的高速路旁，在火车、长途客车里，乘客能被高杆广告、车厢广告吸引，接受广告主和广告代理商借用这些媒体发布的信息。

电子技术和新产品在传播领域的广泛运用，霓虹灯、灯箱、LED显示屏、投影、VCD、DVD、互联网、手机、电话广告媒体，被广告主和广告代理商充分使用，成为一大类新兴媒体。

人们在运用上天的飞艇，快跑的列车，城市里超大面积LED显示屏等先进媒体的同时，也在注意对人体媒体的开发利用。

5.1.3 广告媒体的基本功能及选择

在广告活动中，广告主必须正确选择和利用广告媒体，才能达到较好的目的。一般来说，现代广告媒体必须具备以下几个功能：

第一，传递、输送功能。作为传递广告信息的运载工具，广告媒体要能准确地传递广告信息，广告主才能依据广告计划来安排广告发布时间，把自己的意图传递给他所希望的对象，让受众看到、读到或听到广告内容。因此，传递、输送功能是广告媒体最基本的功能。

第二，吸引功能。一个广告要发挥其效能，必须拥有一定数量、范围、层次的接受者，这就要求广告媒体具有相应的吸引力，以刺激大众阅读、收看、收听的兴趣，从而引导消费者接受有关信息并激发其购买行为。

第三，适应功能。广告主在传递广告信息、表白自己意图、实现经济目的以及其他方面有着不同的要求，因此，广告媒体必须具有灵活性和机动性，以适应广告主的具体选择和应用。

掌握了广告媒体的基本功能，对铺天盖地存在于消费者生活空间的各种广告媒体，怎样才能尽量少花钱达到尽量好的传播效果？这是广告主竭力追求的目标。

由于媒体的购买费用在整个广告费用预算中占绝大比例，因此，认识和选择广告媒体是十分重要的。从广告媒体一方来看，不同媒体在广告活动中所发挥的作用是不同的。

其一，它们的传播范围和传播对象有差别。如作为大众传播媒体的报纸与非大众传播媒体的橱窗、路牌等相比，报纸的传播范围就要大得多。即使都是报纸，也还有全国性和区域性报纸媒体之分。各个广告媒体的传播对象也有不同，如不同的杂志就有不同的阅读对象。

其二，它们的传播效率不同。电视、广播的传播速度比印刷媒体要快得多，而印刷媒体中又以报纸的传播速度为最快。

其三，不同的媒体的费用也不相同。

从广告客户一方来看，各种不同企业的产品、消费市场、营销目标、经济实力等诸多方面有很大的差别，因此，必须根据广告客户自己对广告媒体需求的具体情况进行选择。

我国2015年颁布的经过修订的《中华人民共和国广告法》，特别强调了对广告媒体发布广告的行为规范和违规的处罚力度，这是规范广告活动、保护消费者的合法权益、促进广告业的健康发展、维护社会经济秩序的必然选择。

5.1.4 广告媒体的多样化

目前广告媒体有数千种，常用的媒体也有数百种，广告媒体虽然正朝多样化的趋势发展，但是在现代广告媒体中，仍然保留着历史富有特色的传统广告形式。传统的广告媒体还不断被赋予新的时代特色，开发出新的功能。随着电子技术和通信

图5-4 广告媒体的多样化

技术的发展, 新的高科技的广告媒体不断出现, 电子报纸、光盘杂志、卫星广告、激光广告、互联网广告、手机广告等, 已经大规模地进入我们日常生活中 (见图5-4)。新的传播媒体是电子计算机、激光光盘以及电传通信各种技术综合的成果。新的传播媒体迅速、准确, 信息量丰富, 反应灵活、速度快, 这是传统的传播媒体无法比拟的。在不久的将来, 人们在起居室里能通过电视收看激光光学和计算机结合形成的三维全息图像的广告节目。还可以收到通过卫星传播的世界各地的商业信息等。总之, 广告媒体发展愈来愈趋广泛, 无论你置身何处, 都无法避开广告的攻势。

广告媒体多样化的趋势虽然发展得很快, 报纸、杂志、广播、电视这四大传统媒体在广告媒体中仍然占有很重要的地位, 是传播广告信息最常见的广告媒体。其他广告媒体, 如人体广告媒体、互联网媒体、邮电广告媒体、电影广告媒体、交通广告媒体、户外广告媒体等也空前活跃。

|5.2| 现代广告媒体

现代广告媒体是与传统的广告媒体相区别的广告媒体。现代广告媒体通过现代科技手段, 表现手法灵活巧妙, 突出感情和形象的作用, 能加深具有不同人文特征的人对广告的理解, 同时突破传统广告的时间和空间的限制, 更快、更直接地传递商品信息, 如人体广告媒体、互联网媒体、邮电广告媒体等。

5.2.1 人体广告媒体

人体广告媒体是指利用人的身体作为广告载体进行的广告活动。人体广告活动有两种: 一种是着衣的, 比如时装模特表演, 或在头上、身上带有商品名称或广告语字样的饰物, 进行表演的广告宣传; 另一种指的是人体表演, 这种表演指的是把油彩绘在身上, 制成各种商品的图案, 也有的将商品直接带在身上, 使人体变成会移动行走的"商品", 这类广告创意新颖, 商品容易被人记住。

5.2.2 互联网媒体

今天, 互联网的触角已伸到世界每一角落。简单地说, 网络是将一定地理区域内的各种数据通信设备连在一起, 加上接口和与之相适应的软件, 即构成了计算机网络。计算机网络的形成解决了计算机单机状态下无法实施共享程序、共享数据和贵重的外设等这一系列的难题。随着计算机网络系统的不断扩大, 现在已实现全世界范围的信息交流，互联网走进了人们的生活。

互联网进入我国后，给企业提供了及时捕获和发布产品信息的条件。我国企业可以利用它抓住商机，获得贸易的主动权（见图5-5）。

5.2.3 邮电广告媒体

邮电广告是指利用邮政和电信设施及工具作为广告载体进行的广告活动。随着我国邮电事业的飞速发展，它与人们的生活联系愈来愈紧密，为推动邮电广告媒体的发展奠定了基础。

1.电话广告媒体

电话被广泛用做广告媒体是近30多年的事情。实践证明，电话广告是很有效的宣传商品的广告。随着我国市场经济的发展，商品竞争愈趋激烈，越来越多的商品要靠推销员主动上门推

图5-5 利用互联网 抓住商机

销，他们可以先通过电话与消费者联络，对商品进行扼要介绍后，再对有意购买者进行面对面的推销。美国一种新式电话交换机的出现，使得电话广告媒体又向前迈进了一步。这种电话广告是在通话之前的空隙，插播一句简短的广告语，如果受话人动作迟缓一点，或恰巧受话人不在，那么打电话的人就要再接受一则广告信息。这样，通话的双方都有接受广告信息的机会。此外，还可以在住宅电话上装有一定通话补偿的装置，使电话广告媒体更能被广泛采用。最近，有些国家加装全免电话费的广告媒体电话线路，鼓励更多的人接受广告信息。利用电话作为广告媒体，既可节省费用又可提高工作效率，同时还能缩短商家与消费者之间的距离，加强生产者与消费者之间，特别是各地区之间的经济信息的沟通（见图5-6）。

图5-6 利用电话作为广告媒体

2.手机群发短信广告

在我国手机拥有率很高的情况下，广告主或广告代理公司，用较少的费用，使用手机短信将商品、劳务和公益事项信息发送给用户，用户对短信的阅读率比较高，因而传播到达率也比较高。

3.直邮广告媒体

直邮广告是通过邮寄直接将信息传达给用户的广告形式，其作用多是为了直接向受众-顾客-消费者推销商品，以取得直接销售或邮寄销售效果。直邮广告在国外应用得十分广泛，在美国，其支出仅次于电视广告、报纸广

告。我国有直邮广告是近30年来的事情，随着市场经济的发展，采用直邮广告媒

体会越来越普遍，直邮广告的前景十分好。

直邮广告针对性强，不受时间、空间、篇幅的限制。由于直邮广告是通过邮寄途径传递信息，因此，它不受地区、民族、国界的限制，只要在法律允许的范围内，可以随时把广告邮寄到各地，而且广告主可以对广告活动进行自我控制。直邮广告使受众-顾客-消费者有充分的时间来阅读、比较和思考，加上现代家庭成员大都外出工作，购物时间相应减少，直邮正好为消费者提供一个方便、快捷、省时的购物方式。信用卡、个人支票、支付宝的流行和普及，加速了直邮广告的发展。

4.电话号码簿广告媒体

电话号码簿广告媒体比较接近于杂志媒体，也有全页、半页之分，也有封底、封二、封三、扉页、插页之别，同时有单独的黄页广告（即服务性广告）。由于电话号码簿常年被使用，所以广告信息也可常年被翻阅，其广告有效期在所有广告中是最长的。电话号码簿广告还有一个功能，就是备查，一旦家庭有什么需要，单位有什么需要，随时可查阅，尤其是黄页广告，服务性强，更是经常被查阅。

5.邮戳广告媒体

邮戳广告是利用邮戳作为广告宣传媒体的一种广告。制作成本低廉，可以随邮件传到世界各地，具有广泛的宣传作用，是一种花钱少、收效大的广告形式。

6.明信片广告媒体

明信片广告媒体指在一般明信片上印制具有明显广告宣传色彩的语言或图案，使其发挥广告的作用。广告明信片具有统一的式样，竖式印刷的上半部为相同邮资凭证图案，下半部为彩色精印的广告文字及图画。明信片广告内容遍及社会生活的各个领域，如汽车、电器、食品、旅游、医药、交通、市政建设等，其覆盖面是极大的。

5.2.4 电影、电视连续剧广告媒体

电影自问世以来，经过一个多世纪的发展，以其丰富的表现力，成为当今世界上拥有最多观众的综合性艺术形式之一。运用电影做广告，是因为电影银幕宽大、影像清晰、音响效果强烈等一系列独特的魅力，很容易使观众受到感染。

电影广告在形式上分为两类：一类是电影放映前插映的广告短片和幻灯片；另一类是电影拍摄时利用商品作为道具进行植入式广告宣传（见图5-7、图5-8、图5-9）。电影广告媒体在传播功能上很有特色，由于观众进入电影院之后，不管是否愿意，都不得不观看正片开映之前的广告，因此，这类广告有较强的强迫性。去看电影的人大多是一些年轻人，而这些正

图5-7 电影《007》中所使用的多功能手表

是化妆品、新型饮料以及其他时尚商品的主要消费对象，只要宣传方法得当，容易取得很好的营销效果。

图 5-8　周星驰利用《长江 7 号》大做文章，让影迷对长江 7 号毛绒玩具爱不释手

图 5-9　《复仇者联盟》公映期间推出 Q 版玩偶——蜘蛛侠、美国队长、雷神以及绿巨人，
深受影迷喜爱

　　另外一种利用电影做广告的方法，是把商品作为电影情节发展的道具直接摆进影片里，让观众不知不觉地接受，这种广告媒体被称为"隐蔽媒体"。最早采用这种手段的是 1982 年《外星人》影片中突出使用某种糖果作为道具，这种糖果在影片上映 3 个月内，销售量上升了 66%（见图 5-10）。于是，各大商家蜂拥而至，纷纷效仿。进行植入式广告宣传对广告主、电影制片商、广告公司均有利。在电视剧制作、播放和电视剧光盘制作过程中，电视剧片头、片尾或剧情中使用的道具，都在模仿电影，使广告信息随电视剧传播。

图5-10　《外星人》最早采用了"隐蔽媒体"的广告

5.2.5　数据光盘广告

图5-11　数据光盘广告

近几十年来，为推介旅游产品、楼房、教学软硬件产品、旅游景区，越来越多地出现了由广告公司制作的随着平面广告一起送给目标受众或作为赠品送给受众-顾客-消费者的单张VCD、DVD光盘。这种媒体既有电视广告视听效果好的优势，又能省下大笔在电视台播出的费用，还能有选择地传播给目标受众或潜在消费者。数据光盘的观众，往往不是一个人而是一家人或几个相熟的人，因而能使广告媒体发挥"费省效宏"的作用。

5.2.6　大型电子显示屏广告

在闹市区的广场前、大楼五六层高的外墙屋面，经常能看到用发光二极管集束做成的几十平方米甚至几百平方米的LED显示屏广告。由不断变幻的广告画面和文案，向路人播放异彩纷呈的广告，吸引路人驻足观看。由于设置在"群众观点"位置，画面大、创意新、色彩鲜艳，这类广告既能产生很好的传播效果，又能起到美化现代城市的作用，因而近年来发展很快（见图5-11、图5-12）。

上述各种媒体在传播广告信息方面，使命是相同的，在传播功能和作用上各有特色，也各有不足，正所谓"尺有所短，寸有所长"。由于时间、空间、对象、范围、特点、费用的不同，各类媒体在广告活动中的效果也不尽相同。我们在实际广告运作过程中，必须对不同类型的媒体进行综合比较，分析判断，正确选择

图5-12　电子显示屏广告

和整合利用。

此外，还有网络广告、微电影广告等。这些现代广告媒体的具体内容，本教材将放在专门章节给予讲述。

|5.3| 四大传统广告媒体

当今世界，广告新媒体不断出现，但传统媒体仍会"留在舞台上"，研究它们仍是我们的任务。

5.3.1 报纸

报纸是大众日常生活中最具有影响力的媒体，在报纸上刊登广告，阅读率较高，是较为理想的平面传播媒体（见图5-13）。

1.报纸广告媒体的优势

报纸的优势可以从其读者广泛，传递信息较快、报道及时，具有新闻性和权威性，便于重复阅读和存查，制作灵活简便、费用较低等几方面体现出来。

第一，读者广泛。报纸发行范围广泛，尤其是综合性报纸，覆盖众多读者阶层。每份报纸都有自己的发行对象、发行区域，报纸印出后通过发行网能准确地送到读者手中。广告信息可传达到购买、阅读报纸的社

图5-13 四大传统广告媒体之一：报纸

会各阶层人士，能给众多受众–顾客–消费者提供相当多的、广泛的机会选择消费商品或接受服务。

第二，传递信息较快、报道及时。由于报纸的主要任务是刊载、报道新闻，要求有较快的传播速度，因而出版频率高，特别是有些报纸，一天要出早、中、晚等几十个版，每份报纸都有自己的发行网，报纸印出之后能够迅速传递到读者手中。一般来说，广告稿在开机印刷前几小时送到报社，即可保证准时印出，为广告活动提供了极大的方便。

第三，报纸具有新闻性和权威性。报纸具有的新闻性、准确性和可信度，是其他媒体无法与其相比的，许多报纸还经常为政府或社会团体发布公告。这在无形中提高了报纸的社会地位，使之更具有权威性，从而能对公众产生强大的影响力，增加读者对报纸的信任程度，能提高读者的信心，对广告功效的发挥有直接的影响。

第四，便于重复阅读和存查。由于报纸用印刷符号来传递信息，刊登于报纸上的广告本身不会消失，不像广播、电视的广告那样稍纵即逝，因而读者可以不受时间的限制，随时都可重复阅读。报纸广告的内容可以较详细具体，令读者能较完整

地了解商品，此外，报纸广告可以方便地作为资料保存，重新核查也较方便。

第五，制作灵活简便，费用较低。报纸广告制作较简易，从文稿到制版见报，程序较少，不需要很复杂的工序和技术，也无须耗费太多的人力、物力和财力。报纸编排灵活，改稿、换稿较方便。广告费用相对较低，对大多数中小企业来说，它们可以选择适当版面，承受的版面购买费负担较轻，投资风险也相对较低。

2.报纸广告媒体的局限性

报纸广告媒体在具有上述优越性的同时，还存在局限性，主要表现在：

第一，生命周期短暂。由于报纸出版频率高，每份报纸发挥的时效性相应减弱，多数读者在浏览一遍当时的报纸之后便将之弃置一边，降低了广告的效能。

第二，阅读广告的注意度低。报纸毕竟是以新闻报道为主，除了广告专页外，各版面较优越的位置不易取得，尤其是全国性的大报的版面位置，更难取得。加之广告内容复杂，种类繁多，而读者每次阅读报纸的时间有限，因此广告极易被忽视。

第三，印刷不够精致，形象表达手段缺乏吸引力。目前我国报纸以单色或双色版面为主，颜色单调；即使彩色版，由于纸张材料和技术设施的局限，效果仍不够理想，图片的效果也较差，因此，通过报纸刊登的图片广告在表现原物形象方面也较模糊，传播精细图片有难度。

第四，由于现代市场经济的市场细分，商品和劳动服务具有分阶层销售的特点，报纸本身不可能遍布社会每一角落、面对社会所有读者，报纸只能对细分后的读者市场产生传播作用。报纸具有覆盖面广、读者层多的特点，在广告主想要对确定的阶层做广告时，采用报纸广告媒体容易造成广告费用的浪费。

5.3.2 杂志

杂志是继报纸之后的第二大平面媒体（见图5-14）。杂志的种类较多，内容丰富，目前在我国种类繁多的杂志中，广告是不可

图5-14 四大传统广告媒体之一：杂志

缺少的内容之一，广告可以刊登在封面、封二、封三、封四、彩色页及照片版面，另外还可以以单张广告及插入传单广告等形式出现。

1.杂志广告媒体的优势

第一，有效时间长，阅读时间不受限制。与报纸相比，杂志更易保存，也更具有保存价值。一期杂志在下一期出版之前，一直可以成为读者的阅读物，故有较强的延时性，加之杂志宜于装订成册，保存的时间也随之延长。同时，杂志的传阅率也很高，多人反复阅读率高于报纸。

第二，广告编排紧凑，篇幅限制较小。杂志广告的编辑往往采取相对集中的编排方式，采取整齐统一的方式编排广告，有利于读者阅读。杂志做广告篇幅多，对广告主和广告设计者而言可采取折页、插页、跨页、多页、变形等方法，编排选择灵活，能够吸引读者。

第三，印刷精美，对读者有很强的吸引力。杂志的印刷技术和印刷质量较高，特别是杂志的封面和彩色插页，在印刷用纸、色彩、图案等方面都十分考究，具有很强的视觉冲击力，因此很适合做表现商品的质地、做工、色彩等方面的广告。

第四，针对性强、读者群稳定。在杂志品种与日俱增的现代社会，杂志内容向专业性、专门化的趋势发展，每一种杂志几乎都有比较明确的稳定的读者对象群，涉及社会各阶层或群体；广告主和广告代理商明确了相应的读者群，有选择性地刊载广告，有利于广告信息的有效接受，特别是在专业性很强的杂志上做针对性较强的广告，可以产生很好的效果。

2.杂志广告媒体的局限性

杂志虽然具有可以同报纸相比的许多优越性，但在实际操作中，杂志的发行量不及报纸，在杂志上刊登广告存在着一些难以克服的缺陷。

第一，杂志广告传递信息的速度较慢。由于杂志出版周期较长，频率较低，因而杂志广告不能像报纸广告那样迅速及时地反映市场变化，不适于做时间性强的广告。

第二，市场覆盖率低。目前我国杂志大多属于专业性较强的刊物，售价高于报纸，因而发行面较窄，市场覆盖率低，易于丧失一些潜在的受众-顾客-消费者群体。

第三，由于杂志版面小，页码多，零星插入的广告难以引起人们的注意，即使是整版广告，也只是报纸广告的几分之一，其规模、气势难以同报纸广告相比。

第四，通过网上销售商品的组织，自办杂志型印刷广告，集中宣传介绍商品，抢占了一些购买行为较专一的受众-顾客-消费者群体的信息通道，减少了正式发行的刊物的广告收入。

5.3.3 广播

广播广告是以电波为载体，靠语言、音乐、声响产生的听觉形象来传播信息（见图5-15）。

1.广播广告媒体的优势

第一，传播速度快。广播广告用电声传播信息，因此对于一些时间性较强的广告，只要手续齐全，即可及时安排录制并通过播音员马上传播出去，而且听众立刻就能收听到，这种传播迅速，是其他广告媒体无法比拟的。

图5-15 四大传统广告媒体之一：广播

第二，价格低廉、制作简便。广播广告同其他媒体相比，单位播放时间内信息容量大，收费标准比较低，因此广告客户也乐意选择广播做广告，尤其是需要反复多次地向公众传递广告信息的时候。受众是农民、牧民、渔民、边远地区的居民时，广播是一个较为理想的媒体。利用广播媒体制作广告十分迅捷，有时还可直播，广播是一种经济实惠的媒体。

第三，传播范围广。广播媒体不受区域限制，只要在发射功率范围内，无孔不入，无所不及，是其他任何一种传播媒体所不能比拟的。据统计，我国仅农村就拥有1.5亿台收音机和9 000多万只广播喇叭，听众之多超过任何其他媒体。家庭轿车数量的迅猛增长，使广播广告获得了新的听众群体；在公共交通汽车、出租车上的听众对广播广告无法选择。这种形势使广播广告新增了发展的空间。

第四，传播时间长，收听的时空限制小。广播的发送时间长，覆盖面大，所以，无论是白天还是夜晚，无论是室内还是街头，无论是陆地还是海上，听众随时随处都可以使用收音机听到广播的信息。

第五，最具灵活性。广播广告播出时不需要较多的道具、设备，所以，制作形式可根据需要，不拘一格，灵活多样。在时间安排上也十分灵活、方便，停止、更改也容易。广告主有可能长期购买广告时间，并以此为基础在较长时间内动态地把握各种信息的发布时机，对突发情况作出迅速的反应。广播广告的这种灵活性是其他媒体难以比拟的。

2.广播广告媒体的局限性

第一，广播广告时效短，记忆较难，无法存查。

第二，有声无形。广播广告运用声音诉求，没有视觉形象，只闻其声，不见其影。听众不能看到商品外观、色彩和内部结构，从这一点而言，不及电视广告。

第三，收听率不是很高，比例失调。从目前情况看，一般商品的主要消费者在城市，在电视的普及率不断提高、计算机网络和手机使用率飞速发展的情况下，广播的收听率在逐步下降。

图5-16 四大传统广告媒体之一：电视

5.3.4 电视

电视在四大传统广告媒体中属于后起之秀（见图5-16）。自它产生之后，很快风靡世界，各国厂商纷纷选择它作为广告媒体。电视很快超过杂志、广播、报纸，跃居第一大广告媒体的地位。

1.电视广告媒体的优势

第一，声形并茂，娱乐性强。电视是以图像和声音作为信息传递的符号，具有视听兼备功能，使信息形象化、实在化、丰富化。电视同时对受众的视觉器官和听觉器官发挥作用，这种功能使传播的感染力大大增强。

第二，传播范围广。电视与广播一样，也是运用电波传递信息符号的。因此，电视传播信息也是十分迅速、及时的，不受空间距离等因素的影响，在电视发射波所及之处，只要有电视接收设备，接上电源即可收看。电视覆盖面广，收视率高，诉求力强，从而使能接受商品信息的受众众多，因此，作为广告媒体的电视，备受广告客户的青睐。

第三，具有一定的强制性。由于电视广告穿插在新闻、文艺、知识性节目中播出，与各栏节目紧紧相连，所以当人们等待一个节目播出之前，不得不收看插播的简短广告，特别是收视率极高的一些节目的前后，更是播出广告的黄金时刻。因为人们为了能及时地收看到自己关心的节目，而不得不被动地接受广告信息，所以这使得电视广告在客观上具有一定的强制性。

第四，传播效果好。凡是能在电视广告中亮相的商品或服务，都能产生很好的传播效果。这就意味着通过电视广告媒体介绍商品，潜在销售成为现实的可能性很大，所赢得的消费者数量和质量会超过其他一些媒体。

2.电视广告媒体的缺点

电视广告媒体虽然具有上述优势，但同时其缺点也是较为明显的。

第一，电视传播信息迅速，但消失也快，尽管观众可能会聚精会神地看，但也有可能稍纵即逝。

第二，观众选择性较低，广告信息不易保存。中央电视台、省市区级电视台、本地电视台等上百个频道，都有许多吸引观众的节目播出，观众对频道的选择，不受广告主和广告代理商的左右。

第三，制作费用、播出费高。电视广告制作费用高，中小企业无力使用这种媒体进行长期的广告宣传。电视广告媒体播出费也很昂贵，特别是一些广告大户互相争夺的黄金时段，播出费令人望而生畏，即使一些企业中标，也要承受经济支出的巨大压力。

|5.4| 广告媒体组合

策划运用广告媒体，不能过于单一，要对各种媒体进行组合，根据各种媒体存在的优点和不足，结合商品的实际情况来进行选择，使广告迅速地收到效果，并将这种效果持久地巩固下去。选择的方式分为一种媒体内部的组合、不同媒体的组合等许多种。

5.4.1 一种媒体的组合

这种组合是运用某一种广告媒体进行广告传播时，在时间、空间变化的组合。比如运用报纸媒体，可用几种报纸在同一天刊登同样内容的广告；又如运用广播广告，可选择不同频道的音乐台和新闻台或交通广播台。怎样进行同一种媒体的组合？方法有很多，常用的有时间组合和空间组合两种。

1.时间组合

选择某一种媒体，确定在一天中不同的时段内，在该媒体上进行广告传播。时间组合多用于广播和电视。在平面广告媒体，如在报纸上，在几天中刊登出同样信息的广告，也是时间组合。

2.空间组合

选择某一种媒体的版面传播广告信息，在不同空间出现系列广告，引起读者注意，让读者产生强烈印象。比如在报纸头版刊出引导性广告，版面虽然不大，但因读者注意度高，可引导读者阅读其他版面的广告，因其他版面广告刊登费较低，购买的版面可以大一些，在此刊登较详细的内容。

对于广播和电视媒体而言，在不同城市、不同地区的播放选择，也是空间组合。

5.4.2　多种媒体组合的好处

多种媒体组合运用，不仅被大中型企业经常采用，也被小企业——甚至小商店——经常采用。这种多媒体组合，是在同一时期内，运用各种媒体，发布内容基本一致的广告。这样，不仅使广告的触及率增加，重复率提高，还容易造成声势，给消费者留下深刻的印象。每一种媒体都有其优缺点，运用单一广告媒体进行广告宣传的效果，远比不上同时或连续运用多种媒体进行宣传的效果。媒体的组合与配套，将广告媒体在一定时间内配套使用，互相补充，相得益彰，会使广告宣传收到理想的效果。美国学者吉·美尔马尼克认为之所以要对媒体加以组合，有如下理由：

（1）到达第一种媒体所未到达的人士之中。

（2）在第一种媒体得到最佳到达率之后，再以较便宜的第二种媒体提供额外的重要展示。

（3）利用媒体所固有的某些价值以扩展广告活动的创作效果（诸如在广播中运用音乐，在印刷媒体中运用长文案）。

（4）当媒体计划以广播、电视作为主要广告媒体时，可以在印刷媒体上送折价券。

（5）协同作用。这是从化学上借用的术语，描述各种成分经混合所产生的总和效果，此种效果远大于各种成分个别效果相加之总和。

广告媒体的组合使用，能够产生额外的传播效果。经研究表明，同一广告内容传播给受众，其各接触三种媒体一次，比接触某种媒体三次的效果要好。两种以上的媒体，向同一受众传播同一内容的广告信息，其效果比一种媒体传播的效果要好。这既是一种相辅相成，也是一种互相补充。

5.4.3 媒体组合的原则

运用媒体组合，不是随心所欲地无目标地操作，它应遵循一定的原则，无论是对同一媒体的不同时间或不同空间的组合，还是对不同的媒体进行组合运用，都要进行精密的构思、策划，采用科学、优化的排列组合方案。在运用媒体组合时，要考虑以下原则：

（1）将广告内容传播给谁，这是媒体组合的基础。针对传播目标对象更能接触到的媒体，进行组合选择。选择媒体时，要充分了解其传播过程的优点和不足，组合时以期能互相弥补，发挥优势。

（2）充分掌握广告推出的产品或其他目标诉求点的物质适应于哪些媒体，以便能相应地选择组合方式。

（3）切实了解竞争对手的情况，在策划组合方案时，以期胜人一筹，优于竞争对手。

（4）熟悉各种媒体的广告价格收费情况，以便根据广告费用支出的预算，对媒体进行组合。

（5）承上启下，要与上次广告活动衔接，保持一定的连续性，为下一次广告活动打好基础。

（6）策划出的媒体组合方案，要有一定的先后顺序和主次关系，从战术上确保广告媒体战略的逐步实施。

5.4.4 媒体组合的运用

同类媒体组合的运用，是把属于同一类型的不同媒体组合起来使用（见图 5-17）。如报纸、杂志同属印刷媒体，但报纸有全国性报纸、地方性报纸、机关报与专业报、企业报之分，有日报、晚报等之别。杂志也是这样，有级别、传播内容、出版周期等方面的不同。运用两种以上不同的报纸或杂志刊登某一广告，就是一种组合。电视是视听两用媒体，但在不同的电视频道播出同一广告，也是一种组合，这种组合被运用的情况较多。

图 5-17 媒体组合的运用

不同类型的媒体组合运用，是经常采用的一种方案。把印刷媒体如报纸、听觉媒体如广播、视听两用媒体如电视等不同类型的媒体有机地组合起来，可以调动目标对象的多种感官，扩大触及范围，争取较好的传播效果。

多种媒体组合，是在不同类型的媒体中进行的，可以把自用媒体和租用媒体结合起来，也可以以租用媒体为主进行组合。

自用媒体和租用媒体的组合：广告主企业除购买媒体的时间或空间，进行组合运用外，还可以利用自用媒体如 POP 广告、霓虹灯、招贴等与之配合，形成声势，使消费者在销售现场能得到提示，产生前后呼应直接促进销售的作用。

思考与练习

一、自测题

1.名词解释

广告媒体　现代广告媒体　邮电广告　人体广告

2.填空

四大传统媒体：_____

五种邮电广告媒体：_____

3.简答

（1）广告为什么离不开媒体？

（2）广告媒体的基本功能有哪些？

（3）广告媒体多样化的发展趋势是什么？

（4）电视广告的优势有哪些？

（5）电影广告在形式上有几种？其各自的特点有哪些？

二、练习与实践

1.在四大传统广告媒体中各收集5则广告内容，并指出其特点。

2.在互联网上找出几则具有不同诉求方式的广告。

3.指出教材中没有列出的现代媒体，至少列出3种，分别说出它们的优点和不足之处。

| 第6章 |

广告费用及广告效果

📖 学习目的与要求

学习本章后，明白广告费的来源，学会测算广告费用的主要方法，了解广告支出的社会和消费者回报，从而使企业有限的广告费能发挥出更有效的作用。懂得广告的传播效果即广告的心理效果是广告信息传播的基础，广告的社会效果是广告的客观效果，广告的经营效益是广告活动的最终目标。熟悉广告传播的特点，了解怎样才能使广告的社会效果更好，充分认识广告经营效益是从哪里来的，懂得测定广告经营效益的几种方法。

学习重点

1.广告费的来源
2.计算广告费的方法
3.广告支出的社会和消费者回报
4.广告效果的内容，相互之间的关系
5.怎样实现广告传播的更佳社会效果
6.广告经营效益是怎样实现的
7.测定广告经营效益的几种主要方法

🔍 引例

蒙牛广告策划之"超级女声"

从2005年3月份开始举办"超级女声"全国五大赛区选拔赛，到当年8月5日全国总决赛六强的产生，湖南卫视推出的这个王牌节目不仅赢得了15万报名选手，更有超过2 000万观众每周忠实地守候在电视机前。但"超级女声"绝不仅仅是个王牌娱乐节目，更是一大单生意。

时任蒙牛副总裁孙先红曾对有关媒体表示："2005年蒙牛计划向市场投放20亿袋印有'2005蒙牛酸酸乳超级女声'的产品，销售额应该在20亿元左右。促销费用占销售额的6%~7%，即超过1亿元。"对蒙牛而言，这1亿元只不过是宣传费，而蒙牛还有更大的野心。

2005年年初，蒙牛提出2006年的销售目标是100亿元，而实现这个目标重要的一点就是"蒙牛酸酸乳"的销售利润。针对这个目标，蒙牛在市场销售推广上，除日常广告之外，还制定了一种销售战略，那就是借助一个大事件来推广其产品，而他们选中的大事件就是"超级女声"（见图6-1）。蒙牛要通过"超级女声"的超级影响力把消费者吸引过来，让"蒙牛酸酸乳"通过这个节目深入人心。蒙牛选择长沙、郑州、杭州、成都和广州这五个赛区，正是要全面打赢这五大城市的销售战，而这五大城市分别辐射蒙牛的华中、华东、西南、华南四大销售区域。

蒙牛高层对"超级女声"给企业带来的收益非常满意，因为在很多地方，蒙牛的销售供不应求的状况很严重。他们认为，这是迄今为止企业宣传和媒体运作结合得最好的一次。

图6-1　蒙牛广告策划之"超级女声"

从湖南卫视公布的2005年广告价格表单价上看，"超级女声"的广告价格是每15秒7.5万元，年度总决赛的报价更是每15秒高达11.25万元，超过了央视一套最贵时段11万元的电视剧贴片广告价格。湖南卫视盈利主要有冠名、广告和短信收益这三大部分。一场接近3个小时的十强比赛直播，湖南卫视就能获得几百万元的广告收入，而一场比赛的短信收入也有100多万元。对于湖南卫视而言，这些倒不是最大的收入，最大的收入是"超级女声"的品牌效益，因为这个品牌提升了湖南卫视整个白天时段的广告收益，这是一笔让业界都很眼红的巨大收益。

"蒙牛乳业"的成功在于他们很睿智地选择了商业合作伙伴——湖南卫视，并借助湖南卫视"超级女声"的影响在各大销售区域投放广告，由此获得了巨大的收益。

善于造势是蒙牛的制胜法宝之一。事实上，靠小打小闹也绝对不可能成就这家成长冠军企业。蒙牛在2005年让人感觉"善于造势"的市场策划活动无疑是"蒙牛酸酸乳超级女声"。这个活动似乎在一夜之间红遍了大江南北，观众群从10岁到70岁。一时间，"凉粉"、"盒饭"、"笔迷"、"玉米"充斥全国，甚至演变成了一场全民追星运动。

作为超级女声的冠名赞助商，蒙牛无疑是成功的。"酸酸甜甜就是我"和"想唱就唱"这两首歌曲把蒙牛酸酸乳的品牌定位和超级女声的流行时尚紧密地联系在

了一起，而超级女声的冠军李宇春的"玉米"们也正是蒙牛酸酸乳的目标消费群。这其中固然有运气的成分存在，但是谁也不能否认，蒙牛这种善于捕捉新闻事件和制造流行时尚的能力，在中国是很少有企业能比得上的。

蒙牛策划水平大幅提升的转折点应该是在航天员专用牛奶上。这场借势造势的"秀"的确计划得十分周详，从《蒙牛内幕》一书中我们可以看到，从2003年4月蒙牛被确定为"中国航天员专用牛奶"厂商到同年10月"神舟五号"飞船发射成功，即使不算前期的准备工作，蒙牛至少也花了半年的时间进行这个项目的策划和实施。成功总是青睐有准备的人，在"神舟五号"发射成功后那些举国狂欢的日子里，我们总是能在各种媒体上看到蒙牛的身影，蒙牛也借助这场精彩的策划获得了大幅度的品牌提升和业绩成长。

而蒙牛酸酸乳的策划，又显然比其他案例技高一筹。因为事件营销本身是需要事件的，捕捉事件的能力甚至比策划本身更重要。酸酸乳却是直接冲着消费者去的，它本身就是流行的制造者。在2004年之前，有谁会认定"超级女声"将红遍中国？有谁会知道湖南卫视这个节目的收视率会比央视春节晚会的收视率还要高？蒙牛的成功绝不是偶然的，它所凭借的是敏锐的市场感觉、对消费者的认知以及制造流行的能力。

资料来源　黄振伟.超级女声背后的财富秘密　蒙牛为什么要砸一个亿[N].财经时报，2005-08-13.佚名.是什么成就了蒙牛？[EB/OL].（2005-09-23）[2015-10-16].http://bbs.tianya.cn/post-develop-64190-1.shtml.

思考：
1. 结合蒙牛广告策划的案例，分析广告策划在企业发展中的作用。
2. 试分析本案例中蒙牛广告策划的成功之处。

|6.1| 广告是付费的自我宣传

"广告是指商品经营者或者服务提供者承担费用，通过一定媒介和形式直接或间接地介绍自己所推销的商品或者所提供的服务的商业广告。"（修订前的）《广告法》对商业广告如是说。这一定义清楚地告诉我们广告不论是宣传企业自己还是推销商品，广告主都必须承担广告费。《中国广告大词典》中将广告定义为"广告是广告主付费，通过媒体向确定的受众传播商品、劳务或观念信息的活动。"它也明确地指出了广告活动需要广告主付出费用才能进行。

广告费从哪里来，对此就得进行一番研究了。

6.1.1 广告费从哪里来

1.广告费来自广告自身

广告是一种特殊的商品，它同一般的商品有着共同之处，也有不同点。共同之处是它们都是用来交换的劳动产品，有着使用价值和价值。所不同的是，一般商品的价值在生产过程中就体现出来了。例如，一件衣服在生产过程中它的质量、款式、花色等就已经体现了。而广告这种特殊商品，它的作品出来以后，并不能体现其价值，它的价值要通过它所宣传的商品交换后才能体现。例如一本书的广告，在广告播出时并不能马上体现广告的价值，只有当书销售以后才能体现出广告的价值。因此，广告作品的优劣直接影响企业的经济效益。一件成功的广告作品能为企业塑造好的形象并带来较高的经济效益，而一件差的广告作品可能给企业带来不良的形象和较低的经济效益。从这个意义上说广告的费用是来自广告自身，来自广告人的智慧和劳动。

图6-2　广告费来自广告主

2.广告费来自广告主

广告经济效益的好坏，是由广告所宣传的商品销售来决定的，因此广告费用的支付不在广告创造效益后支付，而是在广告宣传以前就必须支付，广告费由广告主承担（见图6-2）。

不同的广告，其广告费的来源是不同的。从广告的性质来看，广告分为社会公益广告和商业广告。

（1）社会公益广告的费用由做广告的社会组织或个人承担。一般情况下政府广告由国家行政事业费支出，事业单位则由单位出资做广告。也有的企业或广告公司为了扩大自己在社会上的影响力和知名度，赞助或出资做社会公益广告，这部分广告费由企业或广告公司支付。

（2）商业广告的费用由广告主的企业支付。

6.1.2　广告费用最终由谁承担

广告费用从表面上来看是由广告主支付，而商业广告的支出费用，实际上最终是由消费者承担的。广告是多种劳动集合的产品，是脑力劳动和体力劳动相结合的产品。从广告调查、广告策划到广告设计、广告制作、向受众-顾客-消费者进行宣传，每个环节都凝结了广告人的劳动。这些劳动者的劳动报酬由广告主支付，广告主还要对广告管理人员、广告媒体、广告制作材料等支付费用。广告主将所支付的所有费用打进商品生产成本，通过商品的销售，广告主又将这些费用赚回来。由此可见，实际上广告费用是由消费者承担的。消费者在承担广告费的同时，从广告中获得了信息和实惠，节约了购买商品的时间。

广告是随着历史的发展而不断发展起来的。广告费用的承担方式也是随着历史的发展而不断变化的。

1.从广告发展的历史看广告费用支付的变化

广告费用的支付方式是随着商品经济发展的历史不断地变化的。在原始的商品交换中，广告及广告费用就已经存在，由于交换的目的是为换回所需要的物品，不是为了盈利。因此，消费者不必承担广告费用。在现代商品交换中，交换的目的是为出售自己的商品，从而获得利润，因此广告费用由消费者来承担。

（1）原始社会由于生产力低下，剩余产品很少，人们进行生产的目的不是为了交换，而是为了使用，原始社会后期有了交换，但交换的目的不是为了盈利，只是将自己的剩余产品换回必需的生活资料和生产资料。

有交换就有广告，原始的交换是在实物之间进行的，人们用实物进行交换，以实物作为广告，而广告费则是人们在交换过程中所付出的劳动。由于交换目的是为了换回自己所需的物品，广告的目的也是如此，所以在原始交换中广告费用是由商品所有者承担，不需要由消费者承担。例如，甲地有一牧民需用自己家的羊到市场上换粮食。乙地有一农夫需用自己的粮食到市场上换羊。他们都以自己的商品作为广告，在市场上交换，交换成功后各人将自己换回的商品带回家，广告费也由自己承担。

（2）在现代商品交换中，广告已成为企业和消费者不可缺少的中介。广告公司建立，广告业成为专业化的有偿服务行业，广告主付费给广告公司，由广告公司代理广告。

随着社会生产力的不断提高，社会分工不断发展，商品生产越来越专业化。生产的目的不再是为了自己享用，而是为了出售，商品交换的目的也不再是为了满足自己的需要，而是为了盈利。现代的商品交换，商品市场范围不断扩大，消费者的需求不断变化，而商品生产与市场的距离却越来越远。商品生产者或经营者为了推销商品，让消费者了解自己及自己的商品，需要通过广告对自己进行宣传，所以广告主就必须提前拿出资金支付广告费。因此，从这个意义上来说，广告费用是由企业来支付的。虽然企业支付了广告费用，反过来企业又将广告费用打入商品成本，把广告费用转移到消费者身上。另外，由于广告的广泛应用，受众-顾客-消费者从广告中获得了商品知识和购买商品的信息，给消费者认识商品、选购商品带来了便利，消费者承担广告费用也是一种交换。因此，广告费用是由企业与消费者共同承担的，企业承担广告费用的风险，消费者承担的是购买商品后进入商品中的那一部分广告的费用。

图6-3　广告费的分类

2.广告费的分类（见图6-3）

（1）广告调查研究费。包括调查表设计、印刷、分发费，统计人员劳务费；入户、临街询问调查员劳务费、差旅费；向有关统计部门购买资料的费用；订阅报纸、杂志费用和到图书馆、档案馆查阅资料费用等。

（2）广告策划费。策划人员的智力劳动费，策划文稿撰写、校对、打印、装帧费。

（3）广告创意、设计费。包括广告人员的创意费、广告文案撰写费、设计人员设计费。企业自办广告设计、使用的材料费用；为设计而购买的资料、参考资料费。

（4）广告制作费。广告媒体不同，广告制作费也不同。平面广告制作费包括美工、印刷、制版、照相等环节的劳务费和材料费。广播媒体广告制作费用相对较低。广播广告制作费包括撰稿费，播音员、录制人员、调音人员、导演的劳务费，以及耗材费。电视媒体制作广告的费用，比其他媒体高得多。电视广告的制作费大体包括电视广告文稿撰写、导演改写分镜头剧本、演员、化妆、服装、道具、布景、灯光、场记等的劳务费和耗材费，租用摄影棚及其他设备的费用。

（5）广告媒体费。广告媒体费是广告费用中支出最多的一部分。一般来说，广告媒体费占整个广告活动费用的80%左右。广告媒体费包括报纸、杂志、广播、电视、POP、路牌等媒体使用费，也包括印刷传单广告费，租用气球、大型充气模型费，以及雇用人员费用等。

（6）广告机构办公费。包括企业广告部门人员工资、福利，广告顾问费，推销人员工资、差旅费，广告活动办公费用等。

（7）其他费用。包括广告材料运输费，邮寄费，橱窗广告制作、安装费和其他直接用于广告的杂费。

以上各个项目的广告费，企业可根据自己的条件来考虑哪些费用应该列入，哪些费用不应该列入广告费用开支。

6.1.3 怎样精打细算使用广告费

企业广告费用支出是否恰当，直接影响到企业广告活动的成败，因此企业在使用广告费时要做到精打细算，要有整体战略眼光，将广告费用好、用活（见图6-4）。

图6-4 使用广告费要精打细算

1.企业在使用广告费时，要着眼于长期效益

因为广告效果是积累性的，是企业的一种长期性投资。如果企业广告费投入有短视行为，不但看不到效果，而且还要影响企业的长远销售利益。

2.企业在使用广告费时，要具有一定的弹性

企业在执行营销计划时，由于市场在不断变化，企业在使用广告费时要留有余地，要在一个合理的范围内保持一定的弹性，要能适应各种可能的突然变化。

3.企业在使用广告费时，要具备竞争意识

在现代商品经济中，优胜劣汰是一个不以人们主观意志为转移的客观规律。要想取得经营的成功就必须具备强烈的竞争意识，因此企业在使用广告费时要从市场竞争的实际情况出发，企业可以根据竞争形势的需要随时调整广告费，或者采取正面交锋的对抗策略，或者采取侧面迂回策略等。

4.企业在使用广告费时，必须精打细算，讲求效益

做广告是企业的一项投资，是一种无形的财富，广告的每一笔费用的付出都要有根据，都要讲求实效。

要使广告费用用得合理，用得恰当，要在广告费的使用过程中随时加以核实、检查，及时发现问题，及时加以纠正和调整，避免各种可能的损失与浪费，这样才能保证合理地使用广告费，取得应有的经济效益。

|6.2| 广告费用预算的方法

广告费用预算是指经过详细周密的策划，定出一定时间内从事广告活动所需的总费用。广告费用预算是企业营销计划和广告计划的有机组成部分，是企业活动中的一个重要环节，制定广告费用预算可以使广告活动更为科学化，可以使广告活动得到更加有效的控制，可以更好地评估广告活动。

编制广告费用预算的方法有很多，主要有任意法、定率计算法、竞争对抗法、目标完成法、量入为出法等（见图6-5）。

图6-5　广告费用预算方法

6.2.1　任意法

任意法也称直觉法，是广告主根据过去的经验或直觉，估计花费多少钱能达到预定目的，便决定广告经费为多少。这种方法仅凭广告主过去的经验或直觉，并非精打细算的结果，因此不够严谨，也不够科学。

6.2.2　定率计算法

定率计算法，是以销售额或盈利额的比率为标准来求出广告费的总额。它可分为两类，即比率法和销售单位法。

1.比率法

比率法是指广告主根据某一时期销售总额或盈利总额与广告费之间的比率，求出广告费用预算的总额。它包括两种计算方法：一是销售额百分比法；二是盈利百分比法。

（1）销售额百分比法。具体做法是：按销售额的百分比提取广告费用。根据什么标准来确定其百分比呢？一是按本行业中流行的广告费所占营业额的百分比来确定；二是根据过去或未来的销售额来确定；三是根据总销售额或净销售额来确定。

一般均认为按行业中流行的百分比来确定预算较好。这几种做法的最大缺点是缺乏变通性。广告主一旦决定该比率后，便会照章行事。而市场是变动的，商品在不断变化，客户也在变化，买主的兴趣也在变化。所以尽管这类方法使用方便，但机敏的广告主却很少使用。

（2）盈利百分比法。按照企业商品的利润大小来确定广告费的比率。盈利百分比法的优点是容易计算，清楚明确，不足之处在于容易忽视市场的变化。这种方法使广告费用随商品盈利的变化而变化。当企业利润减少时，便会减少广告费用，不管市场的变化，这会对进一步促进商品销售产生不利影响，对企业的发展也是不利的。虽然此法较简单易行，但由于比较被动，在激烈的市场竞争中并不是最佳方法。

2.销售单位法

销售单位法以销售一定数量的商品作为计算广告费用预算的参考依据。

如果一家厂商计划生产及销售其货物，达到一定数量，则可供广告使用的资金额即可算出。假如销售某件商品的价格为120元，变动成本为68元。其公式是：单价 − 变动成本=贡献，即120 − 68=52（元），如果销售100件商品，所得利润是100×52 = 5 200（元）。可见，只要多卖出1件商品，企业就可多盈利52元，假如这个企业拿出1 000元做广告费，那么需要卖多少件商品才能抵偿广告费的支出呢？

根据上述数字，我们可以用1 000÷52 = 19.2（件），所以只要多卖20件商品就可以收回广告成本了。为了获得较好的经济效益，企业在确定广告费用预算时，必须把销售一定数量的商品作为确定广告费用预算的依据。若销售数量超过预先计划，则延伸生产及配销都是经济的，广告费用亦可被额外增加的销售收入所抵偿；反之，在广告活动尚未结束前，生产有限，销路不佳，也可能缩短广告活动时间，因此而降低每单位之广告成本。这种方法简便易行。但缺点是，如果产品滞销，广告费用预算也就无法确定了。

6.2.3 竞争对抗法

竞争对抗法是根据竞争对手和广告活动来制定广告费用预算。其具体做法是：如果发现某竞争对手的广告费用是100万元，那么这家企业的广告费用预算基本上要与竞争对手不相上下。如果无法估计竞争对手的广告费用，也可在广告形式上与竞争对手一致。按这种方法，广告主实际上就是经由竞争对手为他考虑一切，因为该广告主完全以竞争对手的办法来确定自己的广告费用预算。在广告主发现或估计竞争对手的广告费后，他便以类似或几乎相同的金额作为广告费。

这种做法的缺点是：事实上没有两个广告主或广告能完全一样，没有两家企业经营的情况是完全相同的。竞争对手在安排广告费用预算上也并不见得高明，以他为参照，就难说高明了。另外，这种方法有时会演变成以牙还牙的局面，结果可能会增加无谓的广告费，而弄成两相对峙，两败俱伤。

6.2.4　目标完成法

目标完成法的具体做法是：以销售量，或准顾客数目，或媒介的涵盖程度等为目标，如75%是能为人所接受的涵盖目标，则达到这一目标就成为媒体策划者的目的，假如中央电视台二频道节目的涵盖程度达75%，而八频道只有10%，那么选择中央电视台二频道作为媒体，即可达到预期目标，以此来决定广告费用预算。

由于目标不同，所定的广告经费也不同，这种方法的优点在于具有弹性。它需要一个明确具体的目标，以及达到该目标的计划。但是这种方法在实践中存在一定困难，因为要制定出达到目标的必需预算就已经相当不易，而且经费调整也很困难。

6.2.5　量入为出法

量入为出法是将企业净收入作为确定广告费用的基数，取出固定比例的净收入作为广告费用。量入为出法的优点在于量入为出，企业风险较小。不足之处在于容易忽视未来市场可能出现的变化，造成广告费用的不足或者浪费。投资是一种无形的财富，广告的每一笔费用的付出都要有根据，都要讲求实效。

|6.3| 广告支出的回报

广告支出的回报，也就是广告在传播商品经济信息过程中对社会和受众–顾客–消费者所产生的实际效果。它包括经营效益、社会效果和传播心理效果。对这些效果需要用科学手段和方法进行测定。测定的方法各式各样，但是，对广告效果测定是对广告的整个过程的测定，即对广告活动事前、事中和事后效果的全面测定（见图6-6）。

广告前测定，除了在广告调查中所提到过的商品调查、市场调查、受众–顾客–消费者调查等内容之外，还要深入研究受众–顾客–消费者的购

图6-6　广告效果测定

买动机与购买欲望，广告信息在传播过程中可能引起受众–顾客–消费者什么样的心理反应和可能发生什么作用。

广告中测定，主要目的是检验广告战略和战术计划的执行情况以及计划与实行情况的吻合程度，以便及时发现问题，随时予以纠正。

广告后测定，主要是对广告活动进行之后的经营效益、社会效果和传播心理效果进行综合的评定与检查，以便总结经验，纠正错误，为下一步的广告活动打好

基础。

6.3.1　广告前测定

广告前测定，即广告效果的事前测定，主要是指对印刷广告的文案、广播或电视广告中的脚本以及其他广告形式信息内容的检验与测定，对于这些信息内容的检测，都是在其还没有正式传播之前进行的，它包括三个方面的内容。

1.商品效用测定

商品效用测定是对能够满足受众-顾客-消费者需求与欲望的商品特点的调查与测定，是事前测定的关键环节，它直接关系到广告作品主题的选择，因而也就直接关系到整幅广告作品的成败。

在商品效用测定中，一般采用"邮信"访问测定法、"实验室"实验测定法。

"邮信"访问测定法，一般是将事前设定好的种种不同的商品特性诉求方案以赠券、表格的形式邮寄给被调查者，从寄回的结果中进行综合分析，判定出广告文案的诉求点是否妥当。

"实验室"实验测定法，是按一定的抽样法选取有一定代表性的样本，在实验室中进行测定，测定被调查者对商品不同诉求点的判断与评价。

2.表现创意测定

表现创意测定，是对广告主题的表现构思与设计方案的检验与测定。它的目的是为了鉴定广告创意能否体现广告主题思想，能否具有激动人心的魅力与力量，能否激发起消费者的购买欲望，并从中对创意方案进行选择，同时根据检测的结果，借以发现更为惊人的创意。

表现创意测定，关系到一则广告的主题能否得到充分的体现，一个良好的广告主题必须与优良的广告创意相匹配，才能起到良好的广告效果。因此，表现创意测定也是广告前测定的一个重要内容。

表现创意测定，一般多采用实验法，也可以采用访问法。

3.广告作品测定

广告作品测定，是对即将完成的广告作品或即将发布的各种广告作品方案的事前测定。由于广告作品测定是广告效果事前测定的最后环节和发布前的最终检测，因而对广告效果的影响很大。广告作品测定，可采用访问法、观察法和实验法。一般情况下多在实验室进行综合测定。

6.3.2　广告中测定

广告中测定是在广告作品正式发布之后，直到整个广告活动结束之前的广告效果测定。它的目的是检测广告计划的执行情况，以保证广告战略与战术的正常实施。它虽然不能对整个广告活动的最终效果进行评定，但是它却可以检验广告前测定的结果并预测广告后测定的结果。并为事后测定广告效果积累必要的数据和资料，以保证广告后测定的顺利进行和取得较科学的鉴定结果。

图6-7 广告中测定的3种方法

广告中测定，通常采用销售地区试验法、函索测定法和分割测定法（见图6-7）。

1.销售地区试验法

销售地区试验法的目的是直接检测广告的销售效果。其方法是将销售地区分为试验城市与控制城市，然后将两者在广告活动前后的销售量加以统计比较，便可测定新的广告活动或新的广告相对效果。销售地区试验法的优点是能够比较客观地实际检测广告的销售效果，尤其是对一些周转率极高的商品，如节令商品、流行商品等，更为有效。这种方法的缺点是检测时间长短不易确定，如果检测的时间太短，可能广告的真正效果还未发挥，如果时间过长，市场各种可变因素又不易控制。

2.函索测定法

函索测定法是邮寄调查法的一种。目的是检测不同的广告作品，不同广告文案的构成要素在不同广告媒体上的效果。函索测定法的优点是简便易行，可以在各种印刷媒体上同时进行，而且可以用来比较广告任何构成要素的相对功能与效果。其缺点是只适应于印刷媒体，回函期较长，回函者不一定都具有代表性，因而测定结果的准确程度受到影响。

3.分割测定法

分割测定法也是邮寄调查法的一种，目的是检测同一媒体上不同因素的广告效果。实际上它是函索测定法的一个分支。这种方法的优点是检测的对象比较明确，检测的条件比较一致，回函率较高，因而检测的结果准确率也较高。缺点是愿意承担机械分刊印刷的媒体十分有限，而且耗用的费用也较大，同时也会有竞争广告采用同一种方法，都会影响检测效果。

6.3.3 广告后测定

广告后测定是指对整个广告活动进行之后的效果测定（见图6-8）。广告后测定是整个活动效果测定的最后阶段，是对广告经营效益、社会效益和传播心理效益的最终评定。因此，它是评价和检验广告活动的最终指标，是人们判断广告活动效益的依据。

1.销售效果的测定

广告销售效果的事后测定。一般采取实地调查

图6-8 广告后测定

法。就是根据广告商品在市场上的占有率、销售量及使用情况的记录资料与同期广

告量进行分析比较，以时间序列或相关分析来把握广告的总体效果。

在实际广告后测定中应用较广的有两种方法。

（1）事前事后法。就是实际调查广告活动前后的销售情况，以事前与事后的销售额之差，作为衡量广告效果的指数。这种方法简单易行，但难以除去广告效果以外的其他因素致使销售额增加的部分。为了弥补此法的缺陷，在实际销售效果测定中可以参照广告费比率法和广告效率比率法进行综合测定。

（2）小组比较法。小组比较法是把同性质的被检测对象分为三组，其中两组分别看两种不同的广告，一组未看广告，然后比较看过广告的两组效果之差，并和未看过广告的一组加以比较。通常将检测的数字结果利用频数分配技术进行计算。广告效果指数就是其中一种方法，其公式为：

广告效果指数（AEI）$= 1 / n[a - (a + c) \times b / (b + d)]$

其中，a为看过广告又购买了该商品的人数；b为没有看过广告而购买该商品的人数；c为看过广告但没有购买该商品的人数；d为没有看广告也没有购买的人数；n为被检测的总人数。

假如 $a = 38$，$b = 21$，$c = 53$，$d = 38$，$n = 150$，则

广告效果指数（AEI）$= 1 / 150[38 - (38 + 53) \times 21 / (21 + 38)] = 3.74\%$

这个公式只适用于同一地区、同一媒体的不同广告的效果比较，其他情况不能简单搬用。

2.传播心理效果测定

传播心理效果的事后测定，是建立在广告心理目标——接触率、知名率、记忆率、理解率、好感率及购买意图率等——的基础上，根据广告心理目标的不同要求，采用各种不同的测定方法。

图6-9　广告的心理效应

|6.4| 广告的传播效果

广告的传播效果也叫"自身效果"，是指接受广告信息的受众数量、受众对广告信息所产生的印象，以及他们的心理效应。因此，有人称广告的传播效果为"广告的心理效应"（见图6-9）。广告传播效果最终是以销售业绩的情况来判断的。广告主对传播效果的期望，大体是以广告的接触率、察觉率、收视率、收听率、受众的兴趣与欲望的激发、商品知名度、美誉度等的变化，所产生的间接促销因素，作为判断传播效果的根据的。

广告的传播效果有如下方面：

6.4.1 吸引力和认知性

吸引力是引起受众对广告的注意、充分应用注意的心理的功能，是提高广告效果的重要环节。要提高广告对受众的吸引力，通过以下几点可以达到目的：

1.增大广告传播主体的刺激强度

刺激强度越大，越能引起受众注意。刺激强度绝对值和相对值大，都能产生较强的吸引力。如广告面积大，颜色鲜艳，光照明亮，式样新奇，都能增大吸引力（见图6-10）。

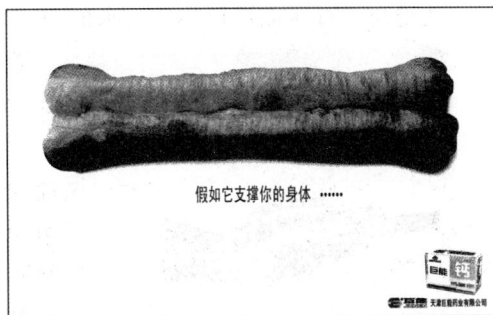

图6-10　增大广告传播主体的刺激强度

2.增大广告传播主体的对比强度

图6-11　提高广告主体信息的感染力

广告信息传播主体各元素的显著对比，往往能引起人们的注意。在一定限度内，这种对比度越大，人们对广告主体所形成的条件反射也就越显著。广告中采用的动静对比、图案大小对比、色调间关系对比、文字语句长短对比，都能对传播产生较好的效果。

3.提高广告主体信息的感染力

有意识地提高广告主体信息各组成部分的感染力，激发受众-顾客-消费者的兴趣，是维持注意的重要方法。广告的新奇构思、诱人的语言、耐人寻味的画面，都能提高广告感染力，使传播效果更突出（见图6-11）。

4.突出广告主体的信息吸引力

所谓突出，是指大、小、巧、色、声、光、电都能用来突出广告主体。平面广告在安排主体信息时，特别看重"黄金分割"这个读者最注意的焦点，也能获得好的传播效果（见图6-12）。

在成功的广告信息传播中，认知性是重要的一个部分。要能取得良好的认知性效果，要注意这些问题：

图6-12　突出广告主体的信息吸引力

第一，广告主题单一、清晰，使受众一目了然。1997年法国戛纳国际广告节的金奖作品是德国奔驰汽车"刹车痕"广告，主题突出，画面清晰，整幅广告没用一个文字，不用一句话，只要熟悉奔驰车"囚人"标识的人，都能看到画面中的这辆白色跑车，是奔驰系列新款车。所以，不同国家的受众一看便能懂得广告诉求的内容。

图6-13　广告画面要留有适当的空白

第二，广告画面要留有适当的空白，使受众能轻轻松松看广告。金龟车广告中的广告主体，只占画面的几十分之一，留出大块空白，反而使观众的注意力集中到车上，能把小车看个明白，还能想象出"空白"就是广阔的汽车行驶的空间（见图6-13）。

第三，广告所用字体要让人能读懂和看明白。广告上的字体最好用黑体，庄重、易读，传播效果好。

第四，要站在受众的角度来介绍广告的内容。受众接受广告信息的水平差距很大，广告人不能埋怨受众不理解，相反，应该把复杂化为简单，由熟悉推向陌生，由近及远地介绍广告主体信息，让受众从有用的知识传播中对商品产生兴趣。

6.4.2　说服力和行动率

广告的实质是诉求，它要说服受众接受传播的信息。受众能否接受，能接受多少广告信息，那就要看广告诉求的说服力了。广告诉求说服力强，广告的传播效果就好，反之，则不好。增强广告的说服力，要做哪些方面的事呢？

1.广告诉求要符合受众接受信息的心理

对不同的受众，不同的时间，不同的地域，广告诉求要有所变化，以此适应受众的心理需要。

（1）同一商品信息对不同的受众，要采用不同的诉求。有一个洗衣机广告，抓住一家人对洗衣机的不同需要，让广告演员说出不同的话（见图6-14）：家庭主妇说"买容量大的"，她的丈夫说"买没噪音的"，他家的老父亲说

图6-14　同一商品信息对不同的受众，
要采用不同的诉求

"买省电的"，他的孩子说"买漂亮的"，接着介绍这种洗衣机容量大、静音操作、省电、外形美观，同时满足了一家四口人的不同需求。"要想皮肤好，早晚用大宝"的电视广告中，演员、教师、女工、记者采用了不同的广告诉求语言。

（2）不同的时间，广告诉求也应有所不同。消费者对食品、饮用水、服装、文具等商品的需要是有时间性的，广告诉求要提前进入受众的心里。例如，衬衫的销售广告要在春天开始做，裘皮大衣的广告要在秋天开始做，文具的广告应在开学之前的假期中做，其效果才好。

（3）不同的地域，广告诉求也应有所不同。生活在不同地区的人们，对广告的诉求有不同的感受度，要有针对性地对他们进行说服。沿海地区与内陆地区，城市与乡村，南方与北方，国内与国外，因为人们生活的环境不同，经济条件不同，对商品的需求会有较大差异，在对其做广告时，要找出这些不同，"投其所好"才能增强说服力。

2.广告诉求要抓住信息主体最精彩的内容，使受众产生极为深刻的印象

（1）此商品与彼商品的不同点是什么？它的优势是什么？广告诉求要将最能打动受众的信息告诉他们。但要切记，不能采用比较广告贬低同类商品，只能在广告诉求中巧妙地运用语言、画面等元素的组合说服受众（见图6-15和图6-16）。

图6-15 抓住信息主体最精彩的内容（奔驰汽车）

图6-16 抓住信息主体最精彩的内容（笑料爆棚）

图6-17　放大受众的关心点

（2）此商品的现在和过去有什么不同？广告主改进商品出于什么考虑？广告诉求要如实地向受众介绍广告商品现在的质量、性能、价格、服务，与该商品过去的质量、性能、价格、服务有什么不同；广告主进行改进是使质量更好、性能更全、价格更低、服务更周到，还是只从某一个方面作出了努力。

（3）把广告信息中受众最关心的地方放大出来让受众看清楚、听明白。广告诉求时，不能只顾广告主的要求，"老王卖瓜，自卖自夸"，而应该把商品本来就具有的闪光点巧妙地、有机地与受众-顾客-消费者的关心点融合起来，使受众-顾客-消费者想了解、愿了解、了解后就能记住（见图6-17）。广告主体信息，是受众认为最重要的、他们最关心的那些地方，如果自顾自地唠叨，反而会引起受众的反感。

广告的行动率是受众在接受广告的信息后所采取的行动比例。广告的行动率多体现在广告的经济效益之中。

6.5　广告的社会效果

6.5.1　广告遵守道德规范受欢迎

广告的社会效果首先是广告活动必须遵守道德规范。道德的范围比法律规定的范围广，能守法者，不一定就符合道德的要求。因此，广告的社会正面效果应该从遵守社会道德规范和促进精神文明的发展抓起。

1.表现社会美德的广告能被受众愉快地接受

由于商品的竞争，为商品进入市场服务的广告随之卷入竞争，广告活动的策划者、设计者们，为让广告能产生良好的社会效果，会把广告费、广告活动投向有益于表现社会美德的广告作品中（见图6-18）。中华牙膏的广告，肯定了勤俭节约、废物利用，回收旧牙膏皮的"四十年风雨岁月，'中华'在我心中"不但能

图6-18　表现社会美德的广告受欢迎

引起中年人的回忆，还对现在的青少年有所教益。

2.广告主投资公益活动，对社会的影响力会超出商业广告

企业投资公益活动，为社会做善事，做好事，会受到社会的普遍尊重和欢迎。贵州恒霸药业公司生产治疗烧烫伤药物，当从报纸上看到外地出车祸有若干人被汽油烧伤的消息后，何秀蓉董事长派出医务人员，带上医药品，及时赶到，无偿地投入抢救病人的活动，经当地报纸报道，其广告效果比硬广告要好得多。广告主投资希望工程、修桥、铺路、广施良药，都能得到社会公众的认同，使其对广告商品产生好感。

3.广告业投资市政设施，做永久性公益广告，能产生极好的效果

时下许多城市在建设卫生文明城市的活动中，接纳了不少广告公司投资的市政设施建设，既美化了城市，又给广告公司提供了广而告之的场地与机会（见图6-19）。

图6-19 广告主投资公益广告（黑松汽水）

6.5.2 广告能助人解难

广告主做广告，主观愿望是迎合消费者需要，将商品推销出去，客观上能产生各种社会效果，帮助人们解决难题就是一种良好的社会效果。

1.广告解释商品的功能，客观上起到了帮助受众-顾客-消费者正确使用商品的作用

如药品上的说明——主治、用法、忌用等——可以使非处方药在家庭中得以正确使用，为患者及亲属排忧解难。

2.人们从广告对商品的介绍中，可以判断自己的需要，选择自己最需要的商品，避免购物不当，造成浪费（见图6-20）

消费者想买洗衣机，不知哪一种好，他首先接触到的各种洗衣机的信息多来自广告。他从广告中初步认识哪种洗衣机有什么性能、自己准备买哪种类型的洗衣机，然后将钱准备好，再到商场看货选购。如果他的亲朋好友中有人已经用过某种商品，他对

图6-20 解释商品的功能，帮助消费者正确使用商品

此商品有一定的好感，会到商场指名购买；如果全凭广告印象，他也会到商店选择广告印象最深的那种牌子。这些广告为受众-顾客-消费者节省许多时间，让他足

图6-21　告知消费者维修等信息，解决社会难题

不出户就了解商品，等于送货上门让消费者挑选。

3.广告诉求中告诉消费者维修保养知识、地址、联系人，客观上是解决社会难题

人们在使用商品过程中，难免会弄坏商品，或商品自然老化，或零部件损坏，以至整机不能用。消费者此时的怨、气、恨如果能得到及时解决，就会消除社会的不和谐因素。大件的家用电器的说明书广告、维修卡广告都附有全国各大城市维修点、维修点电话，甚至联系人的电话，这就能使消费者放心购买和使用（见图6-21）。

┃6.6┃ 广告的经营效益

6.6.1　广告经营效益是从哪里来的

广告经营效益是为了推销某种商品或服务所耗费的广告费用，与通过广告活动的开展所增加的销售收入之间的对比关系。广告经营效益反映了广告促进商品或劳务销售利润增加的程度。

广告要使企业经营获得好的效益，千万不能忽视和偏废以下这几方面因素。

1.商品货真价实，服务周到，令消费者满意（见图6-22）

广告主和广告经营单位都应该明确这样一个不容置疑的问题：广告的经营效益，不是策划出来的，而是商品或劳务本身就具有的，只有商品或劳务本质上能满足消费者的某种需要，经过策划，找准了商品或劳务的"闪光点"与消费者需要的"关心

图6-22　商品货真价实，服务周到，令消费者满意

点"结合,广告策划的经营效益才会充分显现出来。

受众通过对商品广告的了解接触商品使自己成为消费者之前,他们对商品关心的问题有如下一些:

(1)商品或劳务的质量,与同类商品相比其质的保证、量的保证是什么?

(2)商品的功能能为消费者解决什么问题?消费者为什么要购买它?

(3)商品的价格能否被消费者接受?同类商品的价格是多少?本商品与其他同类商品比较,价格不同的原因是什么?

(4)生产商对消费者的承诺能否兑现?保证体系能否让消费者信得过?

(5)售后服务是否周到、准确无误?消费者的后顾之忧能否彻底消除?

图6-23 周密的策划,成功的创意

以上这些问题都有明确的意见了,消费者对商品放心了,也就为广告活动的经营效益奠定了最牢靠的基础。反之,伪劣、虚假商品企图通过广告获取经营效益,也可能一时会得逞,但最终一定会从高效益中跌下来,产生负效益。

2.周密的策划,成功的广告创意,能产生良好的广告经营效益(见图6-23)

(1)广告要吸引受众的注意,重要的内容是广告文案的标语、标题、正文和企业标识等图形,而不是经理、厂长的照片。

(2)广告语开头第一句就要让受众知道广告内容与他有关,在他脑海中留下"嗨,这是给我的!"这种强烈印象。

(3)在准备采用什么资料和怎样编排广告版面时,要考虑受众是谁,他们会怎样看这些广告资料和版面,他们最希望看到的是什么。

(4)受众只有在发现广告中有他关心的问题后,才会继续看下去,才会想知道给他们的优惠是什么,他们能得到什么好处,或得到提醒千万别错过机会。

(5)广告中的任何许诺都必须有实在的证据支持,受众才会相信,没有充分的证明,不要胡乱吹牛。

(6)广告中必须有一个引人注目的焦点——标题、标语、插图——吸引受众的注意,让他按视觉导向把广告看完。

(7)让自己像跟受众面对面说话一样,以朋友身份告诉他一些有益于他的事。

(8)广告应该容易看清和便于阅读,尽量少用或不用小号字体,不用草书体。在白底上出现黑字或深色字,少用反白字;尽量不在插图上重叠文字,因为它们会使读者什么都看不明白。

(9)广告要取得好的经营效益,应该着眼于服务,而不是商品产地,过分突出公司名称、商号、经理名字反而会引起理智型消费者的反感。

(10)广告策划、创意水平会如实地反映一个公司的形象。广告做得糟糕的广告主不可能获得良好的经营效益。

6.6.2 广告效果的测定方法（见图6-24）

广告经营效益是实打实的，看得见，测得到，从销售中能算得出来的。

在6.3节中，我们介绍了广告效果测定分为广告前测定、广告中测定和广告后测定。在广告后测定中，介绍了事前事后法和小组比较法两种在实际中应用较广的方法。这里再介绍另外三种方法。

1.销售试验测定法

这是在设法控制住影响经营效果的其他因素，在其都相同的情况下，测定广告活动的经营效果采用的方法。

图6-24 广告效果的测定方法

具体方法是，在被测验地区选择若干家出售同样商品的零售商店，他们过去和现在的促销手段都是可以控制的。在其中几家做售点广告，其他几家不做售点广告，然后看他们各自的不同经营效果，计算出增加广告费用后，其经营效果与广告费用的比率。

这种方法还可以在不同媒体上使用，比如不同地区使用不同的广告媒体，再来测量经营情况，可以总结各种不同媒体对广告信息传播的不同效果，可以为进一步开展广告活动提供经验。

2.销售增长率计算方法

（1）用销售量的增长幅度来估算广告的效果。这是一种较简便、较实用的方法。计算公式是：

$$A=(S_2-S_1)P-R$$

其中，A表示广告效益；S_2表示本期广告活动开展后的平均销售量；S_1表示广告活动开展前的平均销售量；P表示每销售一件产品的利润额（金额）；R表示广告费用。

当A>0时，广告效果是正值，说明广告有效果，A值越大，效果越好。A<0时，情况正相反。

（2）测算同一商品不同时期的广告效果。计算公式是：

$$B_2-B_1=(X_2/N_2)\times100\%-(X_1/N_1)\times100\%$$

其中，B_2表示第二次广告活动效果；B_1表示第一次广告活动效果；X_2表示第二次广告活动开展后增加的销售额；X_1表示第一次广告活动开展后增加的销售额；N_2表示第二次广告活动的费用；N_1表示第一次广告活动的费用。

其结果为正值时，说明第二次广告效果比第一次好；反之，则说明第二次广告效果没有第一次好。这样，可以从广告活动开展的效果中总结经验教训，修正以后再开展广告活动。

（3）广告费比率计算公式：

广告费比率=广告费支出／销售收入×100%

（4）每百元广告效益计算公式：

每百元广告效益=［做广告后的销售量（百元）–做广告前的销售量（百元）］／广告费用（百元）

（5）全部广告效率计算公式：

全部广告效率=广告效益总额／广告费用总支出×100%

6.6.3　测定广告效果要注意的因素

广告的效果是企业形象、商品、价格、销售渠道（包括广告、人员推销、公共关系和特种推销在内的促销组合）等多种因素共同产生的，因而要正确认识这种效果，在测定时，要注意以下因素（见图6-25）。

第一，广告经营效益是整体的。广告只有和整个市场营销组合统一起来，才能发挥作用并取得好的效果。

第二，广告经营效益具有迟效性和即效性。广告活动开展后，对于经营活动有时能产生即时的效果，特别是售点广告所起到的作用是突出的，但多数广告，特别是大众传播媒体广告起的作用是迟效的、间接的。

图6-25　测定广告效果要注意的因素

第三，商品质量和数量对广告经营效益会产生影响。商品质量好、销售量大，广告的经营效益会逐渐向好。

第四，服务态度和服务方式会影响广告经营效益。企业的服务态度好，口碑好，声誉高，广告信息传播出去后，经营效益一般会好。服务方式如能为消费者提供便利，也会促进销售，一般消费者愿意在本地购买家电产品的原因就是其服务方式更贴近他们。

第五，要促进广告经营效益，还要看商品的市场饱和度。如果商品在市场上已趋于饱和，使再大的劲也难以说动消费者购买闲置商品，因而，广告活动前要调查受众–顾客–消费者的需求，调查商品的市场占有率，分析未来市场，找准潜在消费者，才能获得较好的效果。

思考与练习

一、自测题

1.名词解释

广告效果　广告传播效果　吸引力　广告费用预算　目标完成法　比率法　量

入为出法　竞争对抗法

2.填空

提高广告传播吸引力的方法：_____

广告业自律的特点：_____

受众对商品关心的问题：_____

广告费的大体分类：_____

广告事前事后法测定公式：_____

广告费比率计算公式：_____

广告效率比率计算公式：_____

3.简答

（1）广告传播效果、社会效果、经营效益的关系是怎样的？

（2）广告传播的特点有哪些？

（3）怎样才能获得更好的广告社会效果？

（4）广告经营效益是从哪里来的？

（5）广告费来自什么地方？

（6）广告费最终由谁承担？为什么？

（7）怎样精打细算使用广告费？

4.分析

（1）你认为广告的哪种效果最重要？为什么？

（2）广告公司的广告代理收入由谁支付？最终由谁承担？

二、练习与实践

1.选一条受欢迎的广告，分析其受欢迎的原因，在小组内发言，由专人记录。

2.除本书中介绍的广告效果的测定方法以外，从别的资料和社会实践中，再找出一些其他的方法。

3. 到一家企业了解该企业广告费开支情况。

4. 到一家媒体广告部门了解广告费收入情况。分组分别到不同媒体单位，最后汇总当地不同媒体的广告收费标准。

| 第 7 章 |

广告受众

学习目的与要求

学习本章后，了解广告受众的特点，熟悉广告受众的需要，掌握广告受众的细分，懂得做广告为什么要研究受众心理，了解受众心理活动的过程和个性心理特征的内容，熟悉广告人的责任，树立围绕受众的需求开展广告活动的坚定信念。

学习重点

1. 广告受众细分对广告信息传播的意义
2. 做广告要认真研究受众心理
3. 面对受众，广告人的责任有哪些

引例

打开"败家娘儿们"的钱袋子

第 6 个"双 11"呼啸而至，随之而来的是各种疯狂的数据刷新和剁手族们秒杀后的快乐或抢不到心仪商品的懊恼。

马云带着背后千千万万个"败家娘儿们"又创纪录，天猫和淘宝一天销量冲到 571 亿元，连带着京东、苏宁、国美、唯品会等大大小小的电商平台都号称销量比去年同期翻了几番。马云却说他已经对数字没有太大的期待了，反倒是郑重宣称，今天的天猫已经不需要低价，而是要提供更多的新产品与新服务，如果仅靠打折、靠低价，是不能持久的，天猫正在发生变化（见图 7-1）。

尽管面对马云的信誓旦旦，网上满屏吐槽，认为低价依然是天猫生存的基础，但不可否认的是，从成交额前十位的数据来看，品牌本身的作用正在凸显，传统的线下品牌华为、海尔、杰克·琼斯、优衣库、魅族也罢，成名于淘品牌的天猫品牌韩都衣舍也好，或者是自称网络品牌的小米，都正在为天猫注入大量品牌基因。这些品牌已经成为天猫与消费者之间那个更紧密的连接点，而不仅仅是低价。

其实，天猫一直在寻找价格之外更有效的连接点。进入2014年以来，从《舌尖上的中国》播出时同步推出"舌尖"食材，到《爸爸去哪儿》热播时配套推出"爸爸"单品，而在《女神的新衣》大热时，观众已经可以在看到喜欢的衣服时当场下单，秒变女神。及至"双11"活动，天猫更是与各大时尚品牌及国际知名品牌携手共秀，让"尚天猫，就购了"成为购物狂们边喊着剁手边在支付宝上转账的心理满足点。

图7-1　马云："天下没有难做的生意"

2014年，明星真人秀充斥荧屏。从《花儿与少年》到《花样爷爷》，从《爸爸去哪儿》到《奔跑吧，兄弟》，从《十二道锋味》到《明星到我家》……观众看到去掉神秘面纱的明星，也与自己一样，有着平凡的开心、接地气的苦恼，甚至些许的尴尬，会不由自主代入进去，享受着与明星或偶像心在一处的感受。明星凭借自身的魅力，将节目紧密地与观众连接起来。

购物，某种程度上已经成为一种减压方式。买买买，人类最低成本的治愈方法，甚至调侃："买买买可以保持情绪乐观而积极，买买买可以维持出色的个人形象，买买买可以激励挣钱（或激励老公挣钱），买买买可以促进一个国家的经济发展，买买买可以维护一个国家的和平稳定，是这个世界上最完美最积极的情绪治理方案。"

在已经从"买不买"转到"买买买"的时代，你的产品只要能与消费者连接起来，就可以大行其道。

小米成为年轻一族的标签，华为硬件、软件相得益彰，海尔形象高端大气上档次，魅族自称技术流，优衣库、韩都衣舍成为快时尚前沿，杰克·琼斯标榜时尚男性代言人……

那么，问题来了：您的产品能在什么时间点或情景点连接到消费者？您的产品能长一张明星脸让消费者心甘情愿买单吗？哪怕是像"APEC蓝"那样短暂的美好引发一场欢乐的吐槽也行啊。

"双11"期间，一张网友恶搞的图片在各个群里让男人们又爱又恨：马云身着时尚女装，臂挎精致女包，腕戴奢华女表，喜笑颜开地宣称：我是"败家娘儿们"创始人。

谁都看到了"败家娘儿们"那鼓鼓的钱袋子，可那"败家娘儿们"愿意为谁打开她们的钱袋？

资料来源　王巧贞.打开"败家娘儿们"的钱袋子[J].销售与市场，2014（12）.

思考：

作为广告传播的受众，会对什么样方式的传播感兴趣？"双11"对你产生了什么样的影响？

|7.1| 广告受众概说

广告受众是接受广告信息传递的对象，包括广告的听众、观众和读者。广告受众在广告活动中意义重大，他们是广告诉求的对象，广告活动要以他们为中心来安排。成功的广告能调动广告受众的购买欲望，把他们由被动的宣传对象，变为主动的购买者、消费者。

7.1.1 广告受众的特点

1.成员广泛（见图7-2）

广告要面对社会全体成员，电视广告可以被愿意看的所有观众接触到，报纸广告可以被愿意读的读者看到，广播广告可以被愿意听的听众知晓，其他大众媒体也一样，面对社会全体成员。目的是广而告之的广告，希望受众越多越好，越广泛越好。这里的"多"指数量，"广泛"指社会的各阶层人士。

图7-2 广告受众的特点

2.成员复杂

广告受众可以分别属于不同的社会阶层，不同的民族，不同的性别、年龄、职业、性格、气质，有不同的经济收入，有不同的文化水平。广告媒体不能选择受众，而受众却可以选择媒体、选择广告的内容。

3.分布面广

广告受众的分布面，在传播网的覆盖下，要有多广，就可以有多广。卫星电视可以覆盖亚洲东部，中央电视台播放广告，全国各地都能收到。国际互联网络广告，其传播范围可以达到150多个国家和地区的几亿用户，而且这个用户群还在以每年增加7%的速度不断扩大。

4.经常变动

在广告传播这一活动中，作为广告信息传播的终端，受众是变动着的社会群体，特别是大众传播媒体，它不能专门对某些固定不变的受众进行传播广告信息的活动。

5.各自独立

在广告传播活动中，面对同一信息，受众是以自己的眼光看广告的，各个受众会有不同的接受效果，他们分别是相对独立的个体。

6.难以确认

谁看到了电视广告，谁听到了广播广告，谁看到了报纸广告，一般来说，是难以准确地认识的。广告主是确定的，而受众本来就是社会的各种成员，不应只确定在已知的对象之中。

由于受众具有以上这些特点，我们的广告信息传播要更好地满足受众的需要，我们就必须重视受众，研究受众，使广告传播更有效。

7.1.2 广告受众的需要

需要是个体在一定的生活条件下，感到某种欠缺而力求获得满足的一种内部状态，是人的机体对延续和发展生命所必需的客观事物的需求和欲望的反映，是机体对自身或外部生活条件的需求在人脑中的反映。

受众的需要是多种多样的，对需要可以从不同的角度进行分类，一般说来，可以按需要的产生和需要对象的性质来分类。

1.生物性需要和社会性需要

按需要的产生和起源划分，可以把需要分为生物性需要（也称为生理需要）和社会性需要。

（1）生物性需要是指与保持人的生命安全和种族延续相联系的一些需要，如饮食、睡眠、性、御寒、避痛等。

（2）社会性需要是与人的社会生活相联系的一些需要，如劳动、交往、文化生活的需要等。

生物性需要的来源是生理的需要；社会性需要根源于人类的社会生活，随着生活条件的不同而有所不同，各种不同的人对社会生活的需要也有所不同。

2.物质需要和精神需要

按需要对象的性质不同，需要可以分为物质需要和精神需要。

（1）物质需要是指人们对物质对象的需求，如对衣、食、住有关物品的需要，对生产工具和日常生活用品的需要。物质需要既包括生物性需要，也包括社会性需要中的物质部分。

（2）精神需要是指人对社会精神生活及精神产品的需要，如对知识、文化艺术和欣赏美的需要，对物质产品中精神价值的需要。

3.马斯洛的需要层次说（见图7-3）

美国人本主义心理学家马斯洛，提出人类需要普遍层次理论，认为人的需要有5个层次，这5个层次按其重要性排列出从低级需要（生理性）到高级需要（社会性）的次序。

人的需要5个层次在同一时间里表现为不同等级，只有在低级的需要得到满足后，高一级的

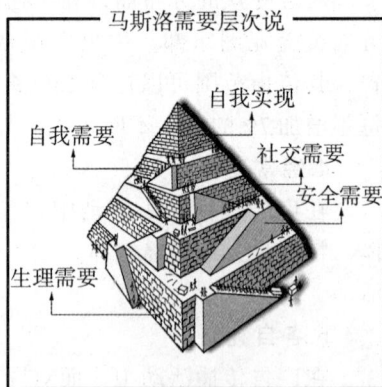

图7-3 马斯洛需要层次说

需要才能成为所追求的对象。同一层次的需要，由于受众的国家、民族、地区的不同，具体内容也会有所不同。这种差别产生于满足需要的条件，即经济发展的水平和社会文化现实的不同。

7.1.3 广告受众的细分

图7-4 不同媒体针对不同的受众

社会全体成员都可以作为广告的受众，但是，没有一种媒体能使社会全体成员都成为广告主传播信息的受众。广告主要选出一种或几种媒体作为载体，使受众的数量最多，传播效果最好；广告主要使最希望得到广告传播信息的受众能有效地获得这些信息，那就要对广告受众进行分类、排队，选出媒体、信息、受众的最佳组合。

1.不同媒体针对不同的受众（见图7-4）

以印刷媒体为例，《中国青年》杂志与《建筑》杂志的基本读者群是不一样的，自费订阅《人民日报》和《新民晚报》的读者，有各自不同的需要。

出租车驾驶员一天要听几个小时的广播，对广播广告的商品较熟悉；离退休人员一天要在电视机前观看几个小时，他们熟识电视广告的内容。每种媒体都有自己的基本受众群体，我们要从媒体的特点中去判断基本受众是些什么人，然后为使广告信息能有效地传播给这些受众，选用最恰当的媒体。

2.不同的信息选择不同的受众（见图7-5）

家庭主妇对军火交易信息不感兴趣；正在求知识读书的青年对投资修铁路不会热衷；学龄前儿童只对他们喜欢的食品、玩具、娱乐方式产生记忆，对股票信息根本不会去认真地看一眼。人们只对与过去的经验有联系的，对未来生活将产生影响的，能激发起他们的动机的信息出现注意、感兴趣和产生记忆。因此，不同的信息要选择不同的受众，才不至于找错对象，浪费传播的时间，浪费广告费用，浪费受众的时间。

图7-5 不同的信息选择不同的受众

3.广告受众的细分（见图7-6）

广告受众的性别可以分为男性和女性。

广告受众的地域不同，可分为本国、外国；沿海、内地；高山、平原；城市、农村；中心城市、远乡僻壤等。

图7-6 广告受众的细分

广告受众的年龄不同，可以分为老、中、青、少。

广告受众的职业不同，可以分为工、农、兵、教、医等。

广告受众的文化程度不同，可以分为文盲、小学、中学、大学等。

广告受众的经济收入不同，可以分为高、中、低收入。

广告受众的性格不同，可以分为内向型、外向型。

广告受众的气质不同，可以分为胆汁质、多血质、黏液质和抑郁质。

广告受众的消费行为不同，可以分为冲动型、从众型、理智型等。

这些细分，目的是使广告主能找到最需要这种信息的受众，使广告主花钱购买的媒体上刊载的广告信息，能"对号入座"。

在广告促销中曾出现消费者不领情的情况。

那是1971年，日本一家公司看见供暖器有利可图，便设计生产了一种"翠绿牌"供暖器。考虑到各类顾客消费水平的差异，公司设计了3种不同的机型投入市场，价格不等。3种机型的质量与功能相差并不太多，考虑到这一点，该公司将推销重点放在了价格最低的那种，并做了大量配套的广告。

然而，出乎该公司意料之外的是，最畅销的反而是价格最高的那种机型。原来，虽然3种机型在质量上并不存在多大差别，但在顾客心里，却是价格越高越保险。4.9万日元和7.9万日元都不是特别大的数目，既然如此，又何必要贪那点便宜去买一个不够"保险"的产品呢？幸好"失之桑榆，收之东隅"，3种机型都是同一家公司的产品，否则的话，损失就难说了。

研究消费者心理，是做好广告的基本功。

|7.2| 广告受众心理

7.2.1 做广告为什么要研究受众心理

1.广告是做给受众看的、听的、读的，因此要研究受众心理

广告是传播信息的活动，受众是信息传播的对象，只有瞄准对象，了解对象的心理，才能使信息传播活动有效。

广告主做广告是一种主观的宣传，如果不了解什么是受众喜欢的，什么是受众厌恶的；不了解受众此时此地的心情；不了解受众能否对广告传播的信息产生信

任，广告主花钱做的广告就会被浪费掉。

有一则洗衣机广告，画面是一位家庭妇女在用手搓洗衣物，那汗水一甩三瓣（见图7-7）。广告语这样讲："这样的苦日子，你还能熬多久？"广告的信息传达的目的是动员家庭妇女买洗衣机。可是，广告策划创意人员忘了一件事：这样苦熬着用手洗衣的妇女，在家庭中的地位可能不高，她家当家管钱的可能是她的丈夫。这种鼓励那些过"苦"日子的家庭主妇"造反"的广告语，她丈夫能容忍吗？如果买洗衣机，这位丈夫肯定会选择别的牌子。这一则广告不是把受众赶去买别的牌子的商品了吗？

图7-7　洗衣机广告误导消费者案例

2.受众的社会广泛性决定了不同受众的不同需要，这就给研究他们的心理提出了重要的课题

图7-8　卖杏失败广告案例

有一则由于不了解受众需求，几次也没把生意做成的事例是这样的：有一位自产自销卖杏的老农民，他挑了一担杏到城里沿街叫卖（见图7-8）。这时，有一老妇人要买杏，说："老哥，你的杏是酸的还是甜的？"卖杏农民想："老太婆怕吃酸，我就说是甜的吧！"他的话刚说完，老妇人说："我媳妇怀孕了，她想吃酸，这杏是甜的，我就不买了。"第一笔生意没做成。老农挑担继续往前走，见一中年妇女要买杏，问他杏的酸甜时，他想："说甜的，她一定不买，不如说酸的。"话刚出口，这妇女说："酸杏谁吃？"转身就走了。老农两次没做成生意。似乎长了点"见识"。第三位来买杏的人，是一位壮汉。壮汉问："你这杏的味道怎样？"卖杏农民不假思索地回答："我这杏啊，又酸又甜。"壮汉听后，连连摆手，说："这是什么杏？我吃杏，要么是酸的，要么是甜的，这又酸又甜的，我才不买。"

卖杏老农三次没做成生意，就是因为他不了解广告受众的需求心理。

在开展广告活动时，不能用一种模式对待所有的受众，而要从确定的受众出发，研究目标受众的心理，首先满足他们的心理需求，才能让他们将需要的商品买走。

7.2.2 受众心理活动过程

受众心理活动过程，是指受众接受广告信息，产生购买行为的心理活动全过程。这个过程包括认识过程、情感过程和意志过程。

1.受众的认识过程（见图7-9）

受众接受广告信息，产生购买行为的心理活动，首先是从对广告信息的认识开始的。这个过程就是受众对广告主体个别属性的各种不同感觉加以联系和综合的反映过程。这个过程主要是通过受众的感觉、知觉、记忆、思维等心理活动来完成的。受众的认识过程是购买行为的重要基础。

受众一般是借助视觉、听觉、嗅觉、味觉、触觉来接受各种广告的信息的，这些信息通过神经系统，从感觉器官传递到脑部，再产生对广告信息个别的、孤立的和表面的心理反应。在感觉的基础上，受众还会对广告信息进行综合整理，对广告信息包含的许多不同特征和

图7-9 受众的认识过程

组成部分加以解释，在头脑中反映出商品的整体，这是认识过程中的知觉过程。受众借助认识、保持、回忆和再认等记忆过程，把过去生活中感知过的广告信息、体验过的情感或经验，在头脑中重复反映出来。通过思维，受众进一步认识广告信息的一般特征和内在联系，全面地、本质地把握商品的品质。

图7-10 受众的情感过程

2.受众的情感过程（见图7-10）

受众对于客观现实是否符合自己的需要而产生的态度体验，就是受众从感知广告信息开始到实现购买心理活动的情感过程。情感过程是受众心理活动的一种特殊反映形式，它贯穿于从广告信息传播到产生购买行动的评定阶段和信任阶段，对广告效果产生重要的影响。

受众的情感，可以通过其神态、表情、语气和行为表现出来，喜、怒、哀、欲、爱、恶、惧七情，是受众基本的情绪表现形式。

受众的情感，其表现是不可胜数的，我们可以从情感表现的程度上，体会出它们之间的不同。一般来说，受众的情感可以分成积极的、双重的和消极的三大类。

做广告要努力激发受众的积极的情感，

克服他们的消极情感，在他们在"积极-消极"、"消极-积极"两种情感之间徘徊时，要加大广告的宣传力度，使他们变消极为积极。

广告诉求要打动受众的心，调动受众的情感储存，使广告信息与受众原有的美好的回忆相互融合，就能激发受众对广告主体信息的积极情感。

3.受众的意志过程（见图7-11）

意志过程是受众为了实现一定的目的，在接受广告信息和购买活动中表现出来的，有目的、自觉支配调节自己行为的心理活动。

受众的意志过程有两个基本特征：

其一是明确的目的。在接受广告信息后，受众心理由认识过程、情感过程进入到意志过程，已经出现了要达到某种目的的欲望，这种欲望正指导受众去行动。

其二是排除干扰与克服困难。受众的意志过程，通常是排除干扰和克服困难的过程。受

图7-11 受众的意志过程

众从接触广告信息到决定购买该种商品，要排除客观的各种同样信息的干扰，选定这种商品；要克服主观的各种不利于确定购买这种商品的想法，为此作出一定的努力。

从以上3个过程的出现、发展、变化、产生结果，可以看出，受众心理的认识过程、情感过程、意志过程是密切联系的。认识过程是基础，它是产生情感和建立意志的必由之路；情感是认识的结果，也是意志的基础；意志的出现有赖于认识和情感，又能促进认识过程和情感过程的发展和变化。

7.2.3 受众个性心理特征

个性心理特征是在受众个人身上经常表现出来的稳定的心理特征的总和。个性心理特征使受众具有一定的意识倾向性，所造成的鲜明的个体差异，可以通过受众在能力、气质和性格方面的差异表现出来。

1.能力

能力是一种直接影响个人行为的活动效果，使活动能顺利完成的心理特征。能力从受众接受广告信息到顺利完成购买这一过程中，表现为对广告信息的理解（译码），对商品知识的正确把握，对商品质量、价格的确认这些问题的"难与易"、"快与慢"、"深与浅"、"牢固与易逝"方面的差异。

受众的能力通常分为一般能力和特殊能力。一般能力是在多种活动中都必须具备的带有共性的基本能力，如观察力、记忆力、抽象思维能力等。特殊能力是某些专门性的活动所必需的能力，即某些专业技术能力，如对颜色的分辨力、烟酒食品

的评鉴力、写作能力及对广告作品的分析批判力等。

受众首先要具备对广告信息的识别、分析力,看懂广告、理解广告内容,才能产生对广告信息的兴趣。广告信息的表现,要针对广告目标受众的能力,不能好高骛远、脱离目标受众的接受能力。

在广告信息传播活动中,观察力、记忆力、思维能力及识别力、评价力、决策能力强的受众,对广告能较快地产生积极的反应。

图7-12 气质的4种类型

2. 气质

气质是人的典型的和稳定的心理特征,主要表现为个体心理活动动力方面的特点。气质的基础是高级神经活动的类型。古希腊的希波克拉底把人的气质分为胆汁质、多血质、黏液质和抑郁质四种类型。苏联的巴甫洛夫根据大脑皮层高级神经活动的基本过程的三个特性,将人的神经活动分成4类(见图7-12):兴奋型——强而不平衡型;活泼型——强而平衡,兴奋性高,活泼好动;安静型——强

而平衡,反应较慢,灵活性较低;沉静型——弱型。

在受众的实际生活中,纯粹属于某一气质的人是极少的,由于生活环境及受教育程度不同的影响,绝大多数人以某一类型气质为主,兼有其他类型的一些特点。

对待广告信息的传播,受众的反应速度以及精神状态都会不同程度地将其气质反映出来。

3. 性格

性格是个人对客观事物的稳固态度和习惯化了的行为方式,它是个性心理特征最主要的组成部分,是个性心理特征的核心,贯穿在个性的全部外部表现之中。

在受众个性心理特征中,能力标志活动的水平,兴趣反映活动的倾向,气质影响活动的方式,而性格则决定活动的方向。

外向友善性格的受众,他们喜欢将自己对某种广告信息的认识和理解告诉别人,从而自觉或不自觉地为广告作义务宣传。勇于冒险性格的受众,接受新事物快,勇于尝试新商品,可以借助他们为新商品做活广告。思想开放性格的受众,心胸开阔,愿意接受不同来源的信息,容易接受新商品和宣传新商品。领导型性格的受众,容易用自己对广告的看法影响其他人,广告创意要调动这些人对广告的兴趣,通过他们去带动一大批消费者。

研究个性心理特征,我们就能从实际出发,针对受众的不同个性心理特征策划、设计、制作广告,选用受众喜闻乐见的媒体,达到更好的信息传播效果。

|7.3| 广告人的责任

广告人在开展广告活动的过程中，既要对广告活动的投资者负责，又要对广告受众负责。这两者的关系怎样才能处理好？这是广告能否成功的关键问题之一。

7.3.1 对广告主负责

广告人从事广告活动，从广告主那里接受企业的目标和营销目标，策划出广告目标，为广告主提供智能服务，对广告主负责理所当然（见图7-13）。

1.对广告主的企业形象负责

广告人在广告策划、创意、设计和发布等广告活动中，要为广告主的企业形象着想，使每个细节和操作都能服从于、服务于企业整体形象的树立。不能在广告活动中顾此失彼、获得局部利益而损害了整体形象。

2.对广告主体信息负责

在广告活动中传播的广告信息，除了遵照《广告法》的规定，"广告应当真实、合法，以健康的表现形式表达广告内容，符合社会主义精神

图7-13 广告人要对广告主负责

文明建设和弘扬中华民族优秀传统文化的要求。广告不得含有虚假或者引人误解的内容，不得欺骗、误导消费者"。除这些最根本的规范以外，广告人还应将最好的广告主体信息的"编译"给受众，让受众能最简捷、最直接地看懂、读懂和听懂广告的内容。

3.对广告费用负责

广告人在广告活动中的一切费用都是广告主提供的，广告人的劳动报酬是广告费中的一小部分。由此，广告人不仅要对自己的广告代理费负责，更重要的是为广告主的整个广告费用负责，策划花钱少、效果好的广告活动。

7.3.2 对受众负责，为受众服务

广告人对广告主负责与对受众负责相比较，对受众负责是根本，是基础，因此更重要（见图7-14）。

1.广告人对受众负责与对广告主负责的辩证关系

无论从哪个角度讲，广告人都应该对广告主负责和对广告受众负责。对这两者负责应该是一致的，不矛盾的。但在实际运作中，广告人直接从广告主那里获得劳务报酬，许多广告人只认广告主，唯广告主是听，对广告主负责，而忘却了广告主

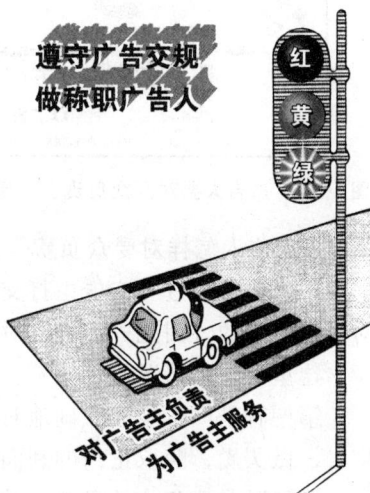

图7-14　广告人要对受众负责，为受众服务

的广告活动最终要讨得受众的欢心，赢得受众的信任，激发广告受众的欲望，才能使受众自愿地掏钱买商品，受众成为消费者，广告主才能得到利润，也才有下一轮广告费的支付能力，广告人的酬劳也许就在受众掏出的购物货币中。

广告人要摆正全心全意为受众服务，对受众负责的位置，只有真正地对受众负责，才能是对广告主负责。广告人面对广告主的实现营销目标的要求，不能做对不起广告受众而去讨好广告主的策划和创意。

2.广告人怎样对受众负责

广告人是通过与广告主打交道，为广告主做广告，而后才谈得上为受众服务和对受众负责的。因此，广告人对受众负责也是在与广告主打交道中实现的。

这里有几种情况：

第一种是广告主能正确地对待广告受众，把他们视为应该真诚服务的对象，做广告，做买卖，赚取正当的利润。

第二种是广告主不熟悉《广告法》，不熟悉广告运作规律，只希望广告人能为他的商品打开销路，具体怎样运作，他们不过问。

第三种是广告主本来就企图让广告人为他的不正当商业行为做广告，蒙蔽、欺骗受众。

面对不同的广告主，广告人都应当坚持全心全意对受众负责。

首先，要向广告主宣传《广告法》，与广告主一道遵守广告道德，向广告受众奉献遵守"广告应当真实、合法，以健康的表现形式表达广告内容，符合社会主义精神文明建设和弘扬中华民族优秀传统文化的要求。广告不得含有虚假或者引人误解的内容，不得欺骗、误导消费者"的广告。

其次，要说服广告主把广告受众的利益放在至高无上的地位，不能玩花招、欺骗广告受众。

再次，要敢于直接向广告主指出他的不法行为，不受广告主的利益诱惑，不改变对受众的尊重与真诚。不用原则做交易，这应该是广告人的最高原则。

最后，在与广告主打交道的时候，广告人除坚持自信、自尊、自重的同时，要尽量讲究方法地向广告主灌输"广告受众第一"的道理和实践，使广告主同广告人"心往一处想，劲往一处使，事往一处干"。

7.3.3　围绕受众需求开展广告活动

广告不仅要对广告受众负责，更要为受众服务（见图7-15）。为受众服务着重要做好激发他们的动机和推动目标的选择两方面的工作。

1.激发动机

受众的需要在多数情况下是潜藏着的，广告活动的任务是激发受众潜在需要。广告人在进行广告调查，开展广告策划时，要针对受众的潜在需要做好广告的诉求，采取两种途径激发受众的需求。

第一种是调动受众的积极性，克服其消极性。广告宣传要激发受众本来就存在但现时未表现出来的需求心理，打动他们的心，使他们的潜在需要被调动出来。同时克服他们自然产生的对广告信息的抵制情绪，使他们在愉悦的心情中接受广告信息。

图7-15 围绕受众需求开展广告活动

第二种是充分发挥理智需要和情绪需要的作用。受众根据商品的质量、价格、功能、体积、外观形象来选择，这是一种理智的行为；凭借个人愿望、自尊、惧怕、爱慕和身份、地位等主观标准来选择，这是情绪的表现。在广告宣传中，要做到既合理，又合情，注重情与理两者的结合。

2.推动目标的选择

受众的需要有着各不相同的适宜目标，这些目标是被激励行为所追求的结果。人的全部行为几乎都要受到目标的指引，可见目标的重要性。个人选择目标以他个人的经验、体会、文化流行和价值观，以及他有无可能接近目标为基础。在进行广告宣传时，广告人要想方设法使受众选择自己宣传的商品，把自己宣传的商品作为目标，广告的一切活动都以推动这一目标选择的实现为内容。

思考与练习

一、自测题

1.名词解释

广告受众 生物性需要 社会性需要 物质需要 精神需要 心理活动过程 个性心理特征

2.填空

马斯洛需要层次说的五个方面：_____

受众心理活动的三个过程：_____

受众个性心理特征的三个方面：_____

气质的四种类型：_____

3.简答

（1）广告受众的特点有哪些？

（2）广告受众细分的具体内容是什么？

（3）做广告为什么要研究受众的心理？

（4）广告人怎样处理好对广告主负责和对广告受众负责的关系？

（5）怎样才能围绕受众把广告活动开展好？

4.分析

（1）广告受众在广告活动中的重要意义有哪些？

（2）在对广告受众负责的具体工作中，广告人怎样才能维护广告受众的利益？

二、练习与实践

1.广告人在对广告主负责和对广告受众负责发生矛盾时，应该怎样正确对待和处理这对矛盾？

2.试分析自己家庭成员在广告受众细分中的位置，他们对广告媒体、内容的选择是否与这种细分相符。

第8章

广告定位

学习目的与要求

　　学习本章后，懂得广告定位的内容、性质和意义，掌握广告主目标定位、广告主体闪光点定位、广告受众关心点定位的理论，并能在广告实践活动中试用，了解广告调查的内容和方法，熟悉广告准确定位的要求。

学习重点

1.广告定位的内容、性质和意义
2.广告主目标定位、广告主体闪光点定位、广告受众关心点定位
3.广告定位的产生

引例

雪铁龙·毕加索新款车型上市

　　产品：雪铁龙MPV新款车型。

　　概述：直接与市场领先者Renault Scenic竞争。作为一个成熟市场的后来者，雪铁龙要在全欧洲范围内推出这款家用轿车，迅速赢得消费者对产品的认知和市场份额。由于MPV类别已经由竞争者建立起来，雪铁龙·毕加索承担着跟风的风险，这些就是挑战所在。

　　目标：以最节约成本的方式迅速取得产品认知度，使消费者立即产生兴趣和尝试的愿望。消费者以一到两个孩子的家庭为主。他们需要一款现代、经济的车以满足交通的需求，同时要求车子能反映他们的个性。追求生活品位是这个群体的共同特点，他们对这类车型的性能很熟悉，因此不需要对他们进行产品教育。

　　策略：在汽车市场上，之前从未有过以著名艺术家的名字来命名的主流车型。将车贴上"毕加索"的标签使它显得与众不同。

在广告代理商的参与下,从产品设计到上市活动,在推广理念上,赋予产品更多的艺术和品位的内涵,这是产品在沟通策略上的原创性和革新性。在为该产品上市推出的系列广告中,提出了"以灵感做材料,用想象力创造"的广告口号(见图8-1)。正是由于产品本身和传播推广所含的艺术元素,使雪铁龙·毕加索能够在美术馆这样的艺术领地和

图8-1 雪铁龙·毕加索——以灵感做材料,用想象力创造

其他非传统媒体进行推广,从而加强了对目标群体的传播力度。

结果:跟踪调查显示,通过一系列产品展示和广告发布,产品认知度在欧洲主要市场达到第一或第二。上市后6个月内,雪铁龙·毕加索以88 000辆的销售成绩在法国位居第三位。

该案例获得法国艾菲奖(广告运作实际效果奖)。

资料来源 李志刚.广告学原理与实务[M].重庆:重庆大学出版社,2005.

思考:

(1)雪铁龙·毕加索家用轿车采用了什么样的产品定位与广告定位策略?

(2)简述该款车上市的策略与预期的目标的关系。

(3)广告代理商对产品设计到上市推广做了哪些有意义的工作?

|8.1| 广告定位概说

定位,是确定某物(人、事)的位置,使之恰如其分。美国艾·里斯与杰·特劳特合著的《广告攻心战略——品牌定位》中说:"定位从产品开始,可以是一件商品、一项服务、一家公司、一个机构,甚至于是一个人,也许可能是你自己。"可见定位涉及面是极其广泛的。"定位已成为广告及营销人员中流行的行话。不只在美国,也遍及世界各地。教师、从政者、主播都在使用这个词语。"

8.1.1 广告定位的内容

定位在广告活动中,具有特定的内容、性质和意义。广告定位从广义上来说,是确定此次广告(或系列广告)活动的位置,使之在当时当地能恰如其分。从具体的意思来说,是通过广告调查、广告策划、广告设计、广告制作、发布广告后,广告主体信息在受众心中获得一个适当的位置。这个受众认可的位置十分重要,是广告成败的关键。广告定位正确是广告活动成功的基础,定位出现了偏差,就会导致

广告失败。

1.广告定位的主体

广告信息是广告定位的主体。广告定位是通过一系列的广告活动，将广告主体信息恰如其分地确定下来，使广告要宣传的这一信息真正地在受众的心中明确起来，让受众能从众多的同类商品广告中指认出这一商品，在选择购买时，能根据自己的需求，指名购买广告定位成功的商品。

美国爱维斯（Avis）出租汽车公司的规模仅次于美国出租汽车业中的"老大"赫兹出租汽车公司。爱维斯在20世纪六七十年代一连13年亏损。逆境中爱维斯公司开展了一场卓有成效的广告策划活动，而其中最为成功的就是为公司本身确立恰如其分的位置：

"在出租车行业中，爱维斯不过是第二位，那么为什么还租用我们的车？因为我们更加努力呀！"

在迫不得已的情况下，爱维斯开始承认自己是第二位，就在这以后，奇迹出现了：在这次定位以后的第一年，爱维斯第一次盈利120万元，第二年盈利260万

图8-2 广告定位的主体（七喜饮料）

元，第三年500万元。爱维斯的成功要归于成功的广告定位。广告主体信息传递的是自己的位置——赫兹是第一，自己只是第二。正因为在争不了第一的时候，尽量与第一建立关联，产生对比，让受众在选择时，会不知不觉地倾向第二。

美国的"七喜"汽水（见图8-2），现在已是赫赫有名的饮料了，它也是在连续10年亏损之后，转向"七喜"（Seven Up），非可乐（the uncola），"七喜不含咖啡因，现在不含，永远不含。"这种定位，将广告主体的是非界线划出来，让受众去选择，引导他们在可乐——咖啡因饮料之外——去选择：不是可乐，就是七喜。

这两例成功的定位，在广告信息主体上挖掘出它们的位置，它们的特征，信息主体并没有改变，由于改变了过去的广告定位，它们的存在价值就发生了根本变化。

2.广告定位的客体

广告定位是为谁定位？是为广告主吗？是为广告主体吗？回答，是，也不是。回答"是"，是因为广告定位是为广告主服务的，成功的广告定位能为广告主带来效益；成功的广告定位能使广告主体信息传播更有效，能挖掘出它的价值，使受众更了解广告主体，接受广告主体。回答"不是"，是因为广告定位的归宿仍然是受众，能给广告主送来利益的，是广告受众变成了商品的消费者，变成了劳动服务的

享用者；广告主体信息要与受众的需求相一致，与受众的社会生活文化经验相融汇，才能产生作用。因此，广告定位最终是为受众而定位，这是广告活动的客观存在，不以广告主的主观愿望为转移（见图8-3）。爱维斯汽车出租公司、七喜汽水获得的效益是谁给的呢？当然是广告受众，是商品和劳务的消费者。

广告定位的产生，正是在同类商品让人眼花缭乱时，为了让"自己"能被消费者"一眼认出来"，被消费者"看中"并被指名买走才应运而生的，是竞争的结果。大卫·奥格威在《一个广告人的自白》中说："每一则广告都应该看成是对品牌形象这种复杂形象在作贡献。"这种贡献就是对广告主、广告主体的"独特的销售建议"，广告定位要告诉受众购买

图8-3　广告定位最终是为受众而定位

这种商品和享受这种劳动服务与购买别的商品和享受别种劳动服务有什么不同，能得到什么独特的好处，从而通过实现广告目标，实现企业的营销目标，乃至推动企业目标的实现。

在进行广告定位的时候，我们仍然要坚持受众第一、消费者第一的信念，千万不能动摇这个信念。心中有受众的广告人才能在进行广告定位时，把握住这个关键问题。

8.1.2　广告定位的性质

现在，广告定位已经成为广告策划中的一项重要内容，要使广告活动成功，进行广告策划时，一定要正确地开展广告定位。

广告定位在广告策划中具有如下的性质：

1.基础性

广告定位是广告策划的基础。广告主体的定位找准了，也就为广告策划这幢高楼打下了坚实的地下基础；如果定位错了，广告策划就会偏离广告目标越走越远，花的钱离开了目标，会带来广告主不希望出现的负面效应。

大众汽车厂出口美国的甲壳虫汽车，既小又短而且其貌不扬。它面对美国汽车制造商追求更长、更低的车型，在广告中毫不含糊、清楚地说出自己定位的广告（见图8-4）：

"想想还是小的好！　Think Small！"

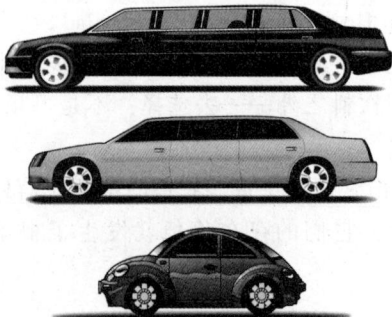

图8-4　广告定位的基础性（大众汽车）

这一句广告标题多么简单、多么直率!一经刊出,立即产生了两种作用:其一是说明了甲壳虫汽车的位置;其二是说服潜在消费者对大车不以为然。在这个基础上开展的一系列广告活动策划都取得了成功,此后在甲壳虫汽车最走红的那些年里,开这种车几乎成为一种特定的生活方式,它说明使用此车的车主在这个广告中愿意接受广告的诉求。

其实,车型小并不是从甲壳虫汽车开始的,甲壳虫汽车抓住了"小"的定位,批评了那种车越大越好的不正确看法,鼓励不慕虚名、实事求是,对自己的生活地位充满自信的人,不应在生活上追求奢华,因为汽车不过是一种简单而实用的交通工具。

2.侧重性

广告定位不仅是广告主形象的定位、商品的定位,重点还应放在寻找广告信息在受众、在消费者心中的位置。广告定位对企业形象、商品名称、价格、包装、功能未作丝毫变动,所做的工作,仅仅是找准了广告主、商品最突出的特点,找准了受众为什么要关心广告主或商品的某一点,将二者结合起来,将企业或商品客观存在的、受众又最需要的那一点说出来。在《广告攻心战略——品牌定位》一书中,两位美国作者提出了"乘虚蹈隙"理论:"寻找空隙,然后加以填补"。寻找谁的空隙?当然是寻找受众的空隙,甲壳虫汽车在"越大越好"中寻找到"小"的空隙,广告促销策划才获得成功。

3.品牌性

广告定位是品牌的定位。在广告定位时,把满足受众需求融入某一品牌中,在已经抽象为符号的品牌中,体现受众最关心的需求点。过去,购买茅台酒的消费者,往往不是直接的享受者;他花钱买这种名酒,是慕品牌之名而来,购买去孝敬老人、长者,或亲朋好友。品牌不仅是一个抽象化的符号,还是一个位置的代表,定位就是要争取占有这种能存在于受众心中的位置。

IBM是世界上最具实力的电脑公司,在广告受众和消费者心中,IBM就意味着电脑(见图8-5)。当IBM向复印机市场进军时,却遭到了失败。原因就是在受众心中"施乐"这一品牌已经占据他们的"心理空隙",当"施乐"进入电脑市场时,同样也遭到了失败,因为人们准备购买电脑,头脑中首先出现的符号是IBM,而不是施乐。

4.首创性

广告定位要尽量争取"第一"。广告定位所要建立的品牌位置,必须第一个进入受众的心理空隙,以此为基础来建立广告活动的"大厦"(见图8-6)。在《广告攻心战略——品牌定位》中,里斯和特劳特说:"你需要把第一件事物作为铭记于

图8-5 广告定位的品牌性(IBM)

图8-6　为"品牌形象"寻找受众关心点

心不能消除的信息，那宣传不是一般的信息。它是一种心智……一个没被别人品牌所擦亮的心智。"对于受众，凡是第一个进入其心中的品牌（符号），总是留下深刻印象的，这种潜意识，会不自觉地引导受众的消费行为。

"第一"不仅仅是指产销量第一，还是各种各样的第一。比如，第一家使用"绿色食品标志"、第一个采用新检测技术、第一个获得质量认证、第一位登陆某国市场等这些受众信任的真实情况，能占领他们目前心目中尚且没有接收的某种信息的"第一"的位置。

8.1.3　广告定位的意义

定位观念的提出和逐渐被接受并不断扩大，是广告业发展的内在要求。对于广告而言，广告定位意义重大。

1. 广告定位是广告策划的基础，因而也就成了广告活动基础的基础

广告策划要找到"独特的销售说辞"，为"品牌形象"寻找受众的关心点，并以此进行广告活动的主题策划、策略策划、媒体策划乃至广告经费策划。如果广告定位不准，在此基础上建筑起来的屋宇，必定会歪斜，甚而坍塌。贵州鸭溪酒和湄窖酒的产品定位在广告宣传中出现了过高和过低的问题，导致花钱做广告买来反宣传。

2. 广告定位加强了广告活动中的市场观念

广告定位要以受众及消费者的需要为重点，使广告主体信息这根"痒痒挠"去触动受众及消费者心理的"最敏感部位"，争取获得市场最好的反应；广告定位还要站在市场竞争的前线，针对竞争对手的弱势，突出自己的优势，打出"第一"这张王牌；广告定位不仅能发现受众及消费者的潜在需要，还能培养、激发、刺激消费者的潜在需要，不断满足受众及消费者不断增长的物质和文化生活方面的需要。

3. 广告定位能有效地提高广告的作用，使广告"费省效宏"

广告定位理论创立者里斯和特劳特说："寻找空隙，你一定要有反其道而想的能力。如果每人都往东走，想一下，你往西走能不能找到你所要的空隙。"甲壳虫汽车定位实在，正好嵌入消费者心智的空隙中。"想想还是小的好"已成了广告经典之作（见图8-7）。在这则广告中，策划创意者没有铺陈，只有实话，没有华丽，只有朴实，这种经济实惠的"伟大的简单"策划创意的定位才使本来追求"越大越好"者幡然醒悟。

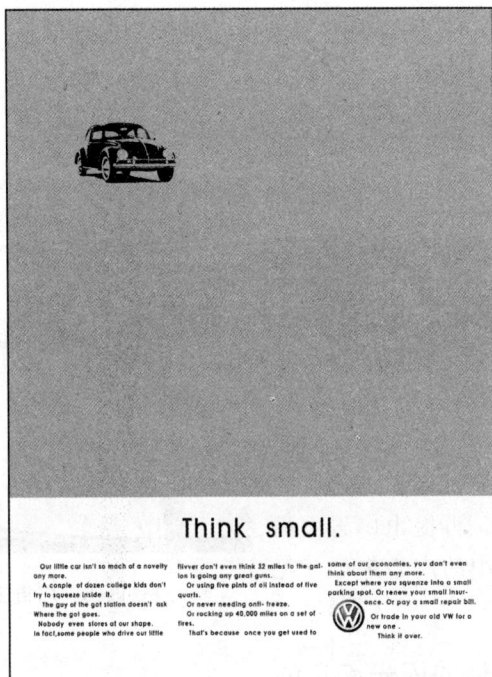

图8-7 广告定位能有效地提高广告的作用

|8.2| 广告定位的前提条件

广告定位很重要,那么,怎样给广告定位呢?首先要搞清哪些是广告定位的前提条件。

8.2.1 广告主的目标定位

广告主开展广告活动,总有自己的目标,这些目标大致有以下这些:

(1) 提高企业知名度,为推销新商品取得好的效益。

(2) 激发受众的需要,推动潜在消费者的购买动机。

(3) 向受众详细介绍新商品的特殊功能,以引起受众的兴趣。

(4) 创造一种大家都喜欢新商品的氛围,产生二次传播效果。

(5) 提高新商品在消费者心中的美誉度,并将这些收集起来,再传播出去。

(6) 指导消费者挖掘商品中未发挥作用的那一部分功能。

(7) 巩固企业的商品在市场中的占有率,抵制同类商品对自己的市场份额的挤占。

(8) 有针对性地向竞争者发起反击,夺回失去的消费者。

(9) 反复强调本商品的不可替代性,改变人们因为不了解商品而产生的疑虑。

(10) 借用重大政治活动、重大节日、重要人物的影响,宣传企业和商品。

(11) 企业组织社会公益活动,进一步提高企业和商品品牌的知名度和美誉度。

（12）企业又推出一种比原来销售的商品更优越的商品，而将两者的关系告诉受众。

（13）介绍企业实力、设备、技术力量、科研成果、社会影响，建立或巩固企业在社会上的地位。

（14）迅速将现有库存商品在短期内销售出去。

（15）针对对自己企业的商品有害的伪劣、假冒商品，开展有力的打击措施。

（16）为满足消费者的需要，一切从消费者出发，开展宣传。

广告人在为企业寻找广告定位时，应该首先重视这些企业目标，进行认真研究，排出轻重缓急，再提出广告主最需要确定的企业目标中的广告定位（见图8-8）。

图8-8 广告主的目标定位

8.2.2 广告主体的闪光点定位

1961年，罗斯·李维斯（Russer Reves）提出在广告宣传中要有独特的销售重点，他主张在制作广告时，应该把重点放在以下内容：第一，必须包含特定的商品效益；第二，必须具有独特的、唯一的、与众不同的特点，即创意竞争对手从未采用过的创意；第三，必须有利于促进销售。我们把这些有关商品、提供劳动服务所能带给受众及消费者的"特定"、"唯一"、"与众不同"、"对手从未采用过"、"有利于促进销售"等视为广告主体的闪光点。广告定位就是要高举这个闪光点，照亮潜在消费者通向广告主体的购买之路，指引受众及消费者一步步接近广告主体（见图8-9）。

里斯和特劳特向读者介绍的一种商品——奶球——的定位，耐人寻味，从中可以看出抓住广告主体的闪光点，广告定位就有了把握（见图8-10）。

图8-9 广告主体的闪光点定位

奶球是史维哲·克拉克公司的产品，是装在一个小小的黄棕两色盒中的糖果。这种涂有巧克力的奶油糖与糖棒相比，一盒奶球会吃得久一点。

经过周密、详细的调查，研究者发现一条糖棒不太耐吃，一个小孩只要2.3秒的时间就可以将一条5角美金的赫西糖棒吃完。而这时在美国吃糖的人当中，存在着一种对糖棒强烈不满的暗流。"遇到买糖棒，我的零用钱就用不了太久。""不是我吃得愈来愈快，便是糖棒变得愈来愈小。"

奶球的广告活动策划者们找到一个方法，使竞争者花数百万美元为糖棒做的广告为奶球所用：在30秒的电视广告中，对"奶球耐久的定位"作了淋漓尽致的渲染，使原来吃糖棒的10岁左右的小孩转向吃奶球。电视广告不但扭转了走下坡路的奶球的销售趋势，在以后的销售中，克拉克公司所卖出的奶球的纪录不断被刷新。

这是广告主体闪光点定位的典范。里斯、特劳特在介绍完产品定位后，仍然不忘提醒读者："如果从奶球的范例中可以学到一项重要的教训，它就是这样的，定位难题的解答通常是在潜在顾客的心智中，而不是在产品中找到的。"

图8-10　广告主体的闪光点定位（奶球）

8.2.3　广告受众的关心点定位

不同的受众有不同的关心点，众口难调使广告人伤透了脑筋。再伤脑筋的事，也应该在广告定位中解决，找准了一般广告受众的关心点，抓住了受众层面及目标消费者群体的关心点，广告定位也就好办了（见图8-11）。

图8-11　广告受众的关心点定位

里斯和特劳特在为长岛银行和泽西联合银行做广告定位时，通过了解"长岛银行业务情况"、"绘制潜在顾客的心智图"进而得出了"如果你住在长岛，为何将你的钱送往纽约市？"的广告主题。他们指出："将你的钱存在靠家近的地方才有道理。不是存在一家纽约市的银行，而是存在长岛银行，它才能为长岛服务。""问问你自己，你认为谁最关心长岛的未来？"这些广告语使长岛银行的广告受众关心点定位十分突出明白，在广告活动实施后的调查中，得到的结果是："由于广告公司的协助，引入广为社会接受的定位概念……大家马上满足地接纳了这项广告活动。"

面对泽西联合银行的定位，他们则是通过"寻找可行的银行业务定位"，找出泽西联合银行"规模庞大的短处"，终于替泽西联合银行的发展找到了一个定位策略——"办事快速的银行"，将这个主题印刷成广告的两个标题："快速能赚钱"，"银行不应当使人久等"。这个满足受众及顾客关心点的定位，使泽西联合银行的知名度在一年内提高了两倍，营业收入与利润上升，一年后收入达3 000万美元，比前一年增加了26%。

|8.3| 广告定位的产生

广告的正确定位不是天上掉下来的，也不是广告策划创意人员头脑中自然生出来的，它是广告实践的产物，它是经过艰苦劳动产生出的思维成果，它是广告人和广告主一道通过集体智慧"熬炼"出来的"灵丹妙药"。

8.3.1 广告调查

广告调查是与广告活动有关的部门单位（广告主、广告公司、广告媒体、广告管理部门、广告教学、广告科研）为了完成广告活动目标所作的一切调查（见图8-12）。

1.广告调查的范围

广告调查的范围十分广泛，包括从生产者到消费者这一商品或劳务转换的全过程，凡是与广告活动有关的市场营销因素以及其他一切环境因素都应该在时间、条件允许的情况下，纳入广告调查的范围之中。

图 8-12　广告调查

2.广告调查的内容

广告调查的主要内容有：

环境（政治法律环境、社会文化环境、经济技术环境、竞争环境）调查。

市场（消费者市场，市场场地容量，市场商品品种、数量、价格、供货方式）调查。

消费者心理（个性心理、群体心理、购买模式、消费模式及地域、民族、社会群体心理状态）调查。

商品（生产、工艺、原材料、能耗、性能、特点、优劣势）调查。

媒体（传统媒体、现代媒体、周期、刊费、影响面、可信度）调查。

广告信息传播通道（信源、编码、信道、译码、信宿、传播方式）调查。

广告效果（心理效果即传播效果、社会效果、经济效果）调查。

3.广告调查的主要方法

进行广告调查，其方法有很多，主要有访问法（个别访问、集体访谈、电话访问）、问卷法、观察法、实验法等。主要方式有重点调查、典型调查、综合调查、专项调查、普查（在一定范围内进行）、抽样调查等。

里斯和特劳特正是在调查"长岛银行业务情况"后"就发现了一大堆的坏消息"。他们从大量的问卷调查中，找出规律，借着正式的定位调查而绘制出潜在顾客的心智图，为长岛银行找到了定位。实施长岛定位策略15个月后，他们又作了

一次同样的调查。调查证实长岛银行的定位在原调查的每项属性上都有改进。比如"分行众多"的得分由原调查的5.4变为7.0,"资本雄厚"由原调查的第六位(最末一位)变为第一位。

8.3.2　广告研讨

对经过调查得来的资料,要进行认真的研究讨论,去粗取精,去伪存真,由此及彼,由表及里,从中找出能反映规律的定位,这就是广告研讨。广告研讨不是一个人关在屋子里就能完成的,它应该是集体作业,集中大家的正确意见后得出来的符合事物本质的结果。

图8-13　灯光需要者态度不同

广告定位的实质是"寻求空隙",寻求受众和潜在消费者心理的空隙(见图8-13)。在广阔的市场中,广告策划创意人员能够找到许多"空隙"为广告主体进行有效的定位。这些空隙可以通过市场划分法找出来,先把市场按一定的标准分成若干个子市场,再用归纳法从中选出几个有"空隙"可占的市场,市场定位就能准确。

1.价格空隙

价格是商品或劳务的价值的货币表现。运用价格空隙可以选高、中、低3种定位。商品质量好,功能优越,别的商品不可替代,受众乐于接受,消费者层选定收入较高者,可以选高价位,以确定商品的价值。Joy牌香水声称自己是"世界上最昂贵的香水",劳斯莱斯汽车称自己的一辆车价可买别的几辆车,它们反而被有钱人争着购买。有的商品取低价位能换取求廉消费者的注意并吸引他们购买。

2.性别空隙

万宝路香烟原来以女性为诉求对象,销路不好,改用两位牛仔为模特,从配方到广告诉求定位在男性身上,销路大开。以性别来划分市场也不要受制于常规。如香水,人们以为是女性的专用品,但世界上销售量最大的一种香水却是男人们用的"查理牌"。正如前面说到的,当人人都向东走的时候,你要成功应该向西进发。

3.年龄空隙

许多商品对消费者都有年龄的要求,小孩喜欢大大泡泡糖、津威、乐百氏奶,年轻人喜欢牛仔裤、T恤衫,老年人对保健品信息感兴趣。

4.经济收入空隙

经济收入不同的受众对广告信息的兴趣是不同的,住在贫困地区的低收入的农民对34寸、43寸的大背投彩电、液晶显示屏电视机还不会产生购买兴趣,高收入的消费者不会买劣质的便宜货。找准了经济收入的空隙,能有效地将商品定位在适当的消费者层面上。

其他的空隙还有文化程度、生活区域、国家社会政治环境、流行时尚等。

经过这种种分析后，广告人就能找出既适合商品闪光点，又符合消费者关心点的准确定位。

8.3.3 广告准确定位的5项要求

广告定位要获得成功，必须注意以下5点（见图8-14）：

第一，目标——广告应该做什么？这是定位的方向，弄清了方向，一步步朝着方向走，总可以达到目的地；方向错了，花钱多，费时间，只能越来越偏离目的地。

广告应该做的事，是找准受众这个信宿，把广告主体编成广告受众能顺利译出的广告作品，迅速地将广告

图8-14 广告准确定位的5项要求

主的信息传播出去。广告活动不能代替其他促销活动，广告只能做广告能做的事，这就是广告的定位。

第二，受众——谁是广告接受者？谁是广告主体的消费者？通过市场细分划类，把此种商品的需要者从整个市场中找出来，使广告活动只针对他们说话，让他们愿意听、听得进去、记得住商品，能激发他们的购买欲，广告的任务就算完成得很好了。

第三，好处——消费者为什么要买你的商品？

广告定位要具有"独特的销售建议"。其一，要向消费者提出一种建议，一种忠告，一种承诺，告诉他如果购买了这种商品将会获得什么样的利益。其二，这种建议是别人未曾提出过的，独具特色的。其三，这种建议必须对千百万消费者有极大的吸引力，并可以引起潜在消费者的注意。

第四，依据——要受众相信确有益处的理由是什么？

广告定位是从大量事实中抽象出来的概念，它的依据是事实，是通过广告定位调查得来的经过选择、分析、归类的事实。这些真实的材料能让受众确信，广告定位有可靠的社会基础，绝对不要凭空臆造出材料去做广告定位的依据，这样做的结果只能是自欺欺人，受众一定不会对这种定位表示好感。

第五，语气和态度——商品"个性"是什么？

准确定位，一定要让受众明白广告主体是什么。传播广告主体信息时语气要实在，态度要诚恳，不能"蒙"受众。比如"买一赠一"。赠什么？质量、价格如何？为什么要赠送？修订后的《广告法》第八条规定："广告中表明推销的商品或者服务附带赠送的，应当明示所附带赠送商品或者服务的品种、规格、数量、期限和方式。"又比如"降价销售"。为什么降价？降多少？如有质量问题又怎么办？消

费者对这些信息是特别感兴趣的。商品的个性特点必须在广告宣传中介绍清楚，不要含糊其辞，不要模棱两可，不要让受众去猜。受众越能够准确译码，广告传播的效果就会越好。

思考与练习

一、自测题

1.名词解释

定位　广告定位

2.填空

广告定位的性质：_____

广告调查的主要内容：_____

广告定位要寻找的主要空隙：_____

广告准确定位的要求：_____

3.简答

（1）什么是广告定位的主体？

（2）什么是广告定位的客体？

（3）广告定位的意义是什么？

（4）广告主开展广告活动，大致目的有哪些？

（5）广告调查的方法主要有哪些？

4.分析

（1）广告主体闪光点定位的意义是什么？

（2）广告受众关心点定位的意义是什么？

二、练习与实践

1.用自己已经掌握了的定位知识，为本地某一商品定位，并与原来的定位作比较，找出过去定位不准的原因。

2.以受众的身份，对电视、报纸中的广告定位进行评论，指出其成功与失败之处。

第9章

广告AE

学习目的与要求

学习本章后，懂得广告人岗位职务规范，广告公司广告人在广告活动中扮演的角色；明确广告人的任务和工作原则，特别要牢牢树立受众第一的原则，在处理广告主与受众之间的选择问题的时候，要毫不犹豫地站在维护受众（消费者）合法权益的立场；熟悉广告人的素质要求，为今后能成功地开展广告活动打下基础。

学习重点

1.广告AE在广告活动中扮演的角色
2.广告AE牢记受众第一的原则
3.广告AE素质要求包括哪些内容

引例

AE：你得几个"A"？

AE是广告公司对于客户主管的称呼。关于AE，奥格威曾记下在飞机上听到的这样一段对话：

"你做哪一行的？"

"工程师，你呢？"

"我在一家广告公司当AE。"

"你写广告？"

"不，是撰文者写的。"

"一定是很有趣的工作。"

"并不是很轻松的工作，我们做很多的研究。"

"你们做研究？"

"不，有研究员帮我们做这些事。"

"那你们是负责找客户？"

"不，这不是我的工作。"

"那什么是你的工作？"

"行销。"

"你们替客户做行销？"

"不，他们自己订行销计划。"

"那你是主任咯？"

"不，过一阵子我才会当主任。"

这真是一段沉闷而又滑稽的对话。对话人似乎从一开始就在谈论广告公司的AE，可说来说去，AE还是水中月、雾里花——糊里糊涂看不清。

如商品有高、中、低档一样，AE与AE之间的差别实在是很大很大。有些AE在广告公司里的地位相当高，而有些AE在广告公司里始终只是个跑龙套的角色，这主要是由他们所承担的工作与职责决定的。据说在以前，AE所领的薪水要比代表客户、职位相当的产品经理高。但是他们承担的责任也多，不仅要负责广告策划推广的工作，还要负责整个行销企划，并且要能引导公司内各个部门尽可能地配合协作完成工作。

现在如果AE仍然具有这样的能力，能够担得起这样的工作，那他在公司里的地位必定炙手可热。可惜的是，现在的大多数AE在广告公司里只剩下协调的功能，成了客户与广告公司各部门之间沟通的传话筒。

很多时候，我们谈到AE，总是联想到递烟、倒茶、喝酒、吃饭，没完没了的应酬，没完没了的电话，没完没了的差旅，似乎是很风光。其实，如果真的做一段时间的AE就会发现，一边吃东西一边观察客户的表情、揣摸客户的心态，绞尽脑汁寻找业务的切入点，再好的美味也尝不出来了。而当女朋友打电话来约会一起晚餐，偏偏客户正在公司，应酬就不是一件愉快的事了。而仅仅做好了这些，远远不能算是一个成功的AE。你还得能够做得更多更好。

首先要让自己成为一个专家，不仅是广告行业的专家，还必须是你所主管的客户所属行业的专家。只有让自己成为专家，才可能在这个行业中立住脚。

你必须对广告有足够的研究，能够拿出很好的广告策划提案，并且能很好地将它推销给客户。你必须对广告创作有准确的判断力与丰富的表述力，你不能总指望着公司的创作人员创作了广告再去对客户阐述广告。你必须对客户需要的是什么，以及公司能给予客户什么了如指掌，并且尽力协调，使双方各得其所、恰到好处。

你还必须对你主管的客户的情况知道得比谁都全面，消息更灵通。你必须关心任何与你的客户有关的知识与信息，管一行就得进入这一行。比如你正主管着一个生产空调的客户，你就要学习压缩机、通管、模糊技术之类的产品知识，去车间看看空调的生产过程、检测过程。留意电视、广播、报纸、期刊上有什么与客户有关的有价值的信息，将它们记录下来、剪贴起来，及时提供给客户，加强与客户的沟通与联络。这样一行一行地做下来，相信你已经成百事通了。

如果可能，让自己尽量显得有人情味些。公司与公司之间当然是以利益关系为重，但代表客户跟你打交道的是具体的办事人员，也是你跟客户最高阶层沟通的桥梁。桥梁建不好，怎么能跟客户良好地协作呢？要知道，对于领导来讲，最需要的是有效的建议；对于办事员来讲，或许更需要尊敬与诚意。客户可不是傻子，真把他们当朋友还是想糊弄糊弄，他们心里都有数。吃饭、喝酒、唱唱卡拉OK，送小礼品当然是加强友谊的办法，但如果能在客户代表独自在异乡过中秋时送上几块月饼和一些水果，那就更好了，恐怕他一辈子也忘不了这个中秋。

图9-1　一个人的成功85%来自于沟通

打电话是很好很方便的沟通方式，要让你的电话充分发挥作用。多打打电话表示一下关心，既暗示客户，你时时在为他们服务，又可以随时了解客户的状态，收集客户的信息，掌握客户的心理，从而时时把握住对客户的主动权。沟通实在是做AE最重要的素质之一。卡耐基说得好：一个人的成功，85%来自于他的沟通能力，只有15%源于他的技术（见图9-1）。

永远对客户的业务守口如瓶，相信你够聪明。千万不要在一个客户面前谈论另一个客户的业务，这会让客户联想到也许在其他的客户面前，你也会这样谈论他的业务。遵守商业机密，也是严守私人秘密的一个方面——有谁会喜欢一个窥探、传播他人隐私的人呢？

与客户接触难免会遇到一些争执，意见不统一时争执，看法不一致时争执，利益相冲突时争执。AE要懂得什么是主要矛盾，并且紧紧抓住。在次要的非原则的问题上不妨让一让步，小牺牲有时可换来大利益。

还有，千万不要替你的客户做主。你可以提建议，出点子，但决定权在客户手中。要知道，产品是客户的，广告是客户的，广告费也是客户的，最后承担结果的还是客户。广告公司永远只是在火边上提个灭火器的人，客户是无法替代的，无论是客户的利益还是风险。

图9-2　一个真正的AE，需要具备五个"A"

有种观点认为，一个真正的AE，需要具备五个"A"，即Analysis, Approach, Attach, Attack, Account（见图9-2）。第

一，Analysis即分析。这包括广告的产品、广告主、目标市场、目标消费者、竞争对手等各方面的情况。第二，Approach是接触。对内与广告作业人员（策划、创意、媒体、公关人员等）协作，对外与广告主的高层人员与现场作业人员协调。第三，Attach就是和广告主的联系程度如何，距离、分寸要把握得恰到好处。第四，Attack是指攻击性。一般讲，在广告创作方面，广告公司要比广告主更了解怎么去做；AE是广告公司的代表，假使AE受广告主操纵，就不可能做出真正有风格且具销售力的广告，所以AE必须采取主动，必须向广告主提供商品计划和广告策划等等。上面四点都能实行的话，最后的目标——利益（Account）亦必增加，而AE的价值也正在这之中充分体现出来了。

请问，你得几个"A"？

资料来源 叶茂中.广告人手记[M].北京：朝华出版社，2011.

思考：

对照"你能得几个'A'"思考如何定位自己今后的求职方向。

|9.1| 广告AE概说

为了提高广告从业人员的素质，逐步实现广告业的专业化、社会化，提高广告行业的服务水平，中国广告协会制定了《广告行业岗位职务规范》，对广告行业内部从事不同工作的人员的岗位职务规范作出了要求。

9.1.1 广告公司广告业务人员岗位职务规范（见图9-3）

图9-3 广告业务人员岗位职务规范

1.政治素质

拥护党在社会主义初级阶段的基本路线，热爱中国共产党，热爱祖国。遵守国家颁布的《广告法》及有关政策、法规。开拓进取，廉洁奉公，热爱广告工作，全心全意为人民服务，遵纪守法、诚实、守信誉、有较强的责任心。

2.文化素质

具有高中以上文化程度或同等学力。

3.业务知识

熟悉广告管理法规和有关经济法规，了解国际、国内及本地区广告发展动态和基本情况，具有市场学、公共关系学、广告心理学、社会心理学、工商企业管理等基本理论和专门知识，了解广告策划、广告设计的基本知识和各种媒体的特点。

4.工作能力

能按照广告法规和有关的方针、政策、法规，独立地开展业务活动，如实地向工商企业宣传本公司、本单位的业务能力及所能提供的服务，宣传正确的营销观念，根据企业商品情况和企业的要求，为企业的广告宣传提出合理的建议，能够为本公司、本单位拓展业务。

9.1.2　工商企业广告AE岗位职务规范

1.政治素质

拥护党在社会主义初级阶段的基本路线，热爱中国共产党，热爱祖国。遵守国家颁布的《广告法》及有关政策、法规。开拓进取，廉洁奉公，热爱广告工作，全心全意为人民服务，遵纪守法、诚实、守信誉、有较强的责任心。

2.文化素质

具有大专以上文化程度或同等学力。

3.业务知识

掌握经济学、市场学、广告学、决策分析、工商企业管理理论、计算机应用、商业心理学、公共关系学等专门知识，掌握《合同法》、《广告法》等经济法规知识，掌握本企业商品生产技术基础知识及商品性能、用途、型号等业务知识。

4.工作能力

能根据市场信息和商品情况制定正确的销售方针、销售策略、广告计划和广告预算。能审查广告内容，正确地签订合同，并能定期检查合同完成的情况，发现问题及时修正。

9.1.3　广告AE是广告公司的前哨战士

广告从业人员是由广告公司正副经理、媒体单位广告部门正副经理（主任）、广告公司部门经理（科长）、媒体单位广告部门科长、广告策划人员、广告设计人员、广告市场调查人员、广告文稿撰写人员、广告公司的广告业务人员（AE）、广告审查人员、工商企业广告人这几种岗位的人员组成。这些人员中，广告公司的广告AE是最初参与某一次具体广告活动的人员，它扮演着广告公司从事广告业务活动最基层的第一线人员的角色（见图9-4）。

图9-4　广告AE是广告公司的前哨战士

第一，广告AE要比其他广告人员最先与广告主接触。广告ＡＥ要以自己敏锐的经营感觉，发现新客户，寻找新客户，主动到广告主那里去宣传本公司的业务能力及所能提供的服务，为本公司拓展广告业务。

第二，广告AE要向广告策划、设计、文案撰稿，乃至公司部门经理、总经理介绍对客户的认识，将自己对客户的了解、理解和对掌握到的情况的分析如实地说出来，帮助他们完成广告活动中所各自承担的任务。

第三，广告AE在广告活动进行中还要不断地将广告主的态度、广告在社会各界人士中的反映，与参与广告活动的其他人员及时交流情况，使他们调整和完善广告策略能够有足够的事实依据，让广告主获得更为满意的广告效果。

9.1.4 广告AE是广告公司对外的窗口

1.广告主首先从与广告公司的业务员（AE）的接触中认识广告公司

干练、熟悉广告业务、能正确处理广告公司与广告主关系的广告ＡＥ能获得广告主的好感，广告业务将会顺利地进行。办事拖拉、不守时、对广告一知半解、不尊重广告主的广告AE不会赢得广告主的信任，广告业务在进行中也很难取得共识。面对这样的广告AE，广告主一定会把广告业务委托给别的能胜任的广告公司去完成。

2.广告主可以从广告AE身上看到广告公司的形象，了解广告公司的水平

广告AE的活动不仅是个人行为，它往往被广告客户视为广告公司的意图的体现。广告AE熟悉广告法规、廉洁奉公、诚实、守信，会给广告客户留下良好的印象。广告AE为谋个人私利，为违法广告张目，为不法广告主组织广告业务，不仅会损害消费者的利益，广告主的形象最终也会受损，广告公司也会在违法违纪广告中负连带责任，受到经济和形象方面的损失。高水平的广告公司应让高水平的业务员去与广告主接触，这样才能让广告主从广告AE身上了解到广告公司相应的水平。

|9.2| 广告AE的任务

9.2.1 搜集经济信息

广告AE在整个广告从业人员中是最活跃的、活动半径最大的，是实际操作中眼观六路、耳听八方的人，他们应随时随地都对新的情况和信息有浓厚的兴趣。

1.未接触具体客户前对经济信息的兴趣

在没有同具体的客户洽谈广告业务前，广告AE就要自觉地、主动地把进入自己视野的，将来有用的信息进行分析、归纳，以备今后使用（见图9-5）。

（1）广告公司所在地的重点企业是哪些？其经济形势怎样？哪些正在日渐兴旺？发展的原因是什么？哪些正在苦苦跋涉？目前的困难是哪些？本广告公司能为日渐兴旺或苦苦跋涉的企业做些什么，以使它们越来越好，或使它们摆脱困境。有了这些企业的前期资料，如果要为这些企业开展广告活动服务，广告公司就不至于对其一无所知。

（2）广告公司所在地的最突出的、最有特色的地方生产的商品是什么？生产规模有多大？能给消费者带来的目前尚未"点明"的利益是什么？过去和目前的广告

图9-5 广告AE的任务：搜集经济信息

宣传还有什么不足之处可以改进？对本地产商品的市场占有最具威胁的是什么商品？采取什么对策才能"站稳脚跟"、"迈出大步"，走向更广阔的市场？

（3）本广告公司所在地的其他广告公司现在正在做什么？它们的特色是什么？弱点有哪些？它们的广告活动无懈可击吗？如果本公司承办这桩业务，将如何进行会比别人的效益更高一些？

广告AE在市场经济的海洋中游泳，不停地"蹬腿"、"划水"，随时随地都在"使劲"，有目的地收集各种信息，为以后争取到客户做好各种知识、资料、信息方面的准备。

这些信息的来源有当地的大众传播媒体刊播的消息，如调查报告、广告；也有当地受众的街谈巷议，如批评或赞扬；也有来自官方或社会组织的统计资料，如年报、年鉴；也有自己的亲身感受或对企业、商品、竞争对手的直觉。

前面提到的"当地"可以根据广告人的水平、广告公司服务的范围、广告公司的业务成绩，定在本县、本市、本地区、本省、国内、世界市场的某地区（如东南亚、北欧等）。

2.在与客户的广告服务活动过程中重点关注经济信息

在与客户的广告服务活动过程中，更应加强各种信息的掌握、分析和判断，使广告业务能顺利开展，这里的重点是有关经济方面的信息。广告主策划开展广告活动，一般不止同一家广告公司接触，他也要"货比三家"，看哪一家广告公司最有能力实现自己的目标。这时的广告业务正在洽谈之中，策划人员、设计人员、文案人员还没有到位，因此，主要看广告AE的水平了。

如果广告AE对广告主的情况熟悉，说话、办事能取得广告主的认同，就能打下抓住广告业务的基础；如果广告AE对广告主一无所知，必然出现"话不投机半句多"的局面，广告业务就会被别的广告公司的业务员揽过去。如果广告ＡＥ事先对广告主的情况不甚了解或知之不多，此时，就应该加快速度，尽快进入角色，争取在短时间内熟悉广告主，赢得广告主的信任，并以此体现广告公司的能力和办事效率。

当广告活动开展后，与广告主接触较多的仍然是广告AE，他还需要不断地搜集广告主的各种信息，及时地传递给策划、设计、文案人员，适时、及时地调整广告活动方式和策略。

3.广告活动结束后要继续搜集信息

广告活动在此阶段虽然已经结束，广告AE搜集信息的工作并不能结束，他要为广告活动效果搜集反馈意见，参与广告效果调查，同时对竞争对手此时的广告活动也应有所了解，为下一轮广告活动的开展做好资料准备。

广告公司总希望与广告客户建立起良好的长期合作的关系，彼此熟悉，可以为广告活动做长期的战略性策划。如果办一桩广告活动换一家广告公司，或完成一次广告活动再也不进行合作的广告主与广告公司，对于双方来说都是一种损失。国际上成就突出的广告公司都有长期合作的较为稳定的广告客户。广告AE在两者之间的穿针引线、密密缝制必然会起到重要的作用。

9.2.2　寻找广告客户

广告AE在搜集到经济信息后，要进行分析、归纳，发现新的广告业务的开拓对象，主动上门，争取到新的客户（见图9-6）。

1.顺势发展，寻找新客户

广告公司为某一企业完成了广告活动，取得了较好的效果，受到该企业的好评，广告AE要顺势将广告业务发展至与该企业关系密切的集团公司内的其他企业。例如，贵州商业广告有限责任公司为老来福药业公司进行某一种新药的广告销售策划，赢得了广告客户的充分信任。老来福药业公司将广告公司介绍给他们正在筹建的"刺梨产品开发总公司"，此时，广告AE就要扩大自己的活动半径，顺势发展新的客户。

图9-6　广告AE的任务：寻找广告客户

2.从不称职的广告公司手中夺来客户

在广告AE的广告活动事前调查中，发现有不尽如人意或受到受众批评的广告，要乘机主动上门与广告主接触，毛遂自荐，在实事求是地分析前段广告效果不佳的原因后，简明地道出本广告公司过去的业绩，能重新为这家企业做些什么，说服企业接受该广告公司的建议和意见，让有可能成为新的广告客户的企业权衡利弊，在重新选择广告公司时，首先考虑该广告公司。

3.有目标地主动上门，承揽广告业务

广告AE在分析掌握了新广告客户企业的情况后，有准备地上门，说服广告主，将广告业务交给本公司来做，这一活动是新广告AE上任的第一课。

广告AE未出发之前，要准备以下这些资料：

（1）广告主企业的名称、地址、隶属关系、发展历程、主要商品、原材料供给、销售途径。

（2）广告主决策人的姓名、性别、年龄、性格、爱好、能力、所学专业、家庭基本情况、广告意识、社会对其的评价、与企业其他负责人的关系、他的主要社会关系、能对他产生影响的人。

（3）企业主要商品的质量、价格、功能与同类商品比较，有什么特点和缺点。

（4）受众对企业和决策人及商品的评价，知名度、美誉度与同类企业、决策人及商品比较。

以上这些问题，应尽量多掌握，掌握得越多，在与广告主的决策人谈业务时，就越主动，就会同广告主有更多的共同语言，就有可能把广告主正筹划要开展的广告业务拿到手中，或调动广告主对做广告的兴趣，把本来不准备做的广告也带动起来，说服广告主增强广告意识，为企业和商品宣传投资做广告。

9.2.3 巩固业务关系

已经揽到的和正在进行的广告业务，还不能说就十分牢靠了，也许会被别的更强的广告公司的业务员将此项业务抢走。正如本广告公司的业务员寻找新广告客户一样，别的广告公司的业务员也要加入争取广告客户的行列中，各公司的业务员要在广告业市场上一试高低，各显身手。胜者除了本公司的实力、知名度、过去的辉煌业绩以外，还要看广告人的水平的高低。

要巩固与广告主的业务关系（见图9-7），下面几方面的问题应引起重视：

图9-7　广告AE的任务：巩固业务关系

1.广告公司竭诚为广告主服务，不是应付，更不能懈怠

接受广告业务后，广告AE将有关的资料交给策划人员、设计人员、文案人员后，应继续保持与广告主的热线关系，掌握广告活动发展的进度，随时将广告主的要求和意见转告给有关人员；解决广告主在广告活动开展过程中产生的各种问题，自己不能解决的，要及时反映给相关人员，并督促他们尽快解决；在与广告主的频繁接触中，不断地向他们介绍广告理论，增强他们的广告意识，在此基础上与广告主产生对广告活动的共识。

2.广告公司与客户要建立各项相关的制度来规定和约束双方的责任、权利、义务关系

广告公司与客户要建立严格的广告承接、验证、内容审查、签订合同、财务往来的相关制度，使之彼此信任，相互支持，共同为实现企业营销目标、企业广告目标而努力，使广告公司之"毛"生长在健康、丰盈的企业这张"皮"上，并为这张"皮"的存在和发展起到"毛"应该起到的作用。

3.广告AE要正确对待广告主提出的要求

广告AE对于广告主提出的合理合法的要求，要尽快回答和解决；对只能解释、无法解决的问题，要仔细地解释清楚，让广告主心悦诚服，口服心服；对广告主提出的不合理，也不合法的要求，要讲究方法，作出解释，说明原因，并在此基础上，增强广告主遵守广告法规的意识，动之以情，晓之以理，让广告主不要再钻走不通的死胡同。

4.广告AE要不断提高自己的广告业务水平，以优质的广告服务加强与广告主业已建立的良好关系

巩固与广告主的关系，基础是向广告主提供优质的服务，为广告主赢得应有的效益，使广告主认为离不开广告公司的支持与帮助，这时的广告公司与客户的关系才会在更高层次上实现合作、互助、信任、理解，共同获得最好的经济和社会效益。广告AE是广告公司人员中重要的一员，应该用自己的努力为广告主服务，使广告主与广告公司建立起来的良好的关系继续保持和发展下去。

|9.3| 广告AE的原则

广告AE在广告活动中，除应遵守广告法则以外，在为广告主服务中还应遵守若干原则（见图9-8）。

9.3.1 受众第一原则

广告AE与广告主的接触较策划人员、设计人员、文案人员要多，因而很容易不自觉地站到广告主一边，唯广告主的意愿为意愿，而忽略了广告活动的宗旨是受众第一。唯广告主的想法和做法是从都是极其不应该的。

图9-8 广告AE活动中应遵守的原则

本书1.1节在介绍现代市场营销理论时绘出了一幅"以消费者为中心"的图，企业的营销、促销、广告活动都要以受众-顾客-消费者为中心。

在9.2节讲解"广告受众——广告客体"这一问题中，就明确提出"广告活动也应以受众为中心"。

在7.3节，广告人的责任中提出："广告人在开展广告活动中，既要对广告活动的投资者负责，又要对广告受众负责，这两者的关系怎样才能处理好？是广告能否成功的关键问题之一。""广告人……为广告主提供智能性服务，对广告主负责理所当然。""广告人对广告主负责与对受众负责相比较，对受众负责是根本、是基础，因此更重要。"这是因为广告人要全心全意为受众负责，才是实实在在的对广告主负责。广告得到受众的喜欢，赢得了信任，才能使受众自觉、自愿地掏钱购买广告

主的商品或接受广告主的服务，广告主才能得到利润。广告 AE 对受众负责，也就是对广告主负责。

9.3.2 广告主第一原则

广告 AE 以受众为第一，但是也不能背离广告主的意志，按自己的意愿去进行广告活动，而必须把广告主的利益也看成是消费者的利益来看待。广告公司为广告主服务，广告主是广告公司的"衣食父母"，广告公司以"消费者为中心"开展营销活动，广告主就是广告公司的服务"中心"。

在处理广告公司与广告主之间的利益关系时，广告 AE 要把广告主的利益放在第一位。如果太看重自己的利益，只顾自己，会损害广告主的利益，自己的利益最终也保不了，只有广告主获得了计划中的利益，广告公司也才有酬劳，广告主会继续与这家广告公司合作。

由此可以总结出：在处理广告主与广告公司的关系问题上，广告 AE 要牢固树立广告主第一的原则；在处理受众与广告主的关系问题上，广告 AE 要牢固树立受众第一的原则。

9.3.3 忠诚、守信原则

广告 AE 在开展广告活动中，要坚持忠诚、守信原则，具体表现在以下几方面：

1.为广告主的服务要全心全意，不能三心二意

广告 AE 接触面宽，活动范围大，对已经谈定的广告主要集中精力为其服务，不能冷落了业务量不大的中小企业广告主或私营企业、乡镇企业的广告主。在未正式签订广告代理合同前，广告主和广告公司都在各自的利益上讨价还价，这是允许的，双方一经取得一致意见，用合同形式确定下来，广告公司一方要认真履行，广告 AE 要以自己的劳动努力实现合同的规定。

2.为广告主保守商业秘密

在进行广告活动中，广告 AE 会接触广告主的企业、商品、市场、竞争对手等商业情报，有许多是为了广告策划、创意的需要，广告主提供给广告公司的，这是广告主对广告公司的信任。广告 AE 了解和掌握这些情报后，切忌在与其他的广告主接触时，有意无意地传播不应该说出去的商业秘密。这也是广告 AE 的职业道德要求，是广告 AE 工作是否成熟老练的标志之一。

3.广告 AE 要有极强的时间观念

在广告活动中，时间就是金钱，时间就是胜利，为广告主赢得了时间，就有可能获得效益，如果因广告业务的服务水平不高，失去了时间机会，再也难以挽回，广告主会受到经济损失，广告公司和广告 AE 也应负一定的责任。

守时是一种美德。广告 AE 经常要与其他人约定见面时间，一经约定，一定要如期赴约，不能因为自己不守时，耽误了广告主或其他人应办的事，广告 AE 外出赴约，代表公司的形象，所以时间观念尤为重要。

|9.4| 广告 AE 的素质要求

在富兰克林·罗斯福眼中，广告人是仅次于总统的职业。毫无疑问，广告人的地位对素质、能力是有其特殊要求的（见图 9-9）。

广告 AE 是广告人队伍中的"列兵"，是最基层的"战士"。"不想当将军的士兵不是好士兵"，广告 AE 在广告活动的开展中也会成长进步，争取成为广告人中的"将军"。美国著名的广告大师——大卫·奥格威从大饭店厨师干起，做过挨门挨户推销灶具的推销员，当过广告文案撰写员，在调查专家盖洛普研究所做过调查员，当过农民。从社会最底层干起，丰富的阅历是他成功的基础。

图 9-9　广告人的地位对素质、能力有其特殊要求

9.4.1　正直、坦诚，不耍小聪明

广告 AE 出卖的是自己的智力，因而也极容易靠耍小聪明而成功。耍小聪明不应该是广告 AE 的本质，应该被广告人摈弃。

广告 AE 的正直、坦诚表现在既要对受众说真话，不在广告中用花言巧语使受众受骗上当；又要敢于对广告主说真话，诚恳地指出广告主企业和商品的不足之处，不文过饰非，不为不该做广告的广告主摇唇鼓舌。面对广告主的诱惑，能坚持原则，按广告法规办事。广告 AE 千万不要因为眼前的小利，把自己绑在不守法的广告主的"战车"上，这样会与违法的广告一起受到法律的惩处。

9.4.2　平易近人，善与人处

广告 AE 应该有主见，但不固执；有个性，又能从善如流；敢于表态，更能倾听别人的意见；坚持正确意见，又能放弃成见；不自以为是，不居功自傲，在集体操作中充分发挥自己的能动性，为铸就成功的广告，献出自己的聪明才智。

广告 AE 的聪明在于，他能从别人那里学到自己尚未掌握的知识、理论和实践经验，因此，在与人相处的过程中，发现别人的长处，学习别人的长处，才能使自己聪明起来。广告 AE 还要有发现问题的本事，发现问题是一种进步，解决问题后就意味着广告 AE 的成熟。

9.4.3　兴趣广泛，知识渊博

广告 AE 每天都会面对新问题，都要回答新问题，因此不断地学习、不断地充实自己的知识储存十分重要。

广告 AE 的知识储存越丰富，越能将眼前的广告业务与多方面的知识"网点"发生联系，从而结成一张新的广告活动"网"，使广告主获得优质的、高智力的服务，现学现卖往往不能保证质量。

9.4.4　会动脑子，善于思维

广告业是知识密集、技术密集、人才密集的高新技术产业，广告公司是出售智力的公司，广告人是工商企业广告主的智囊，不会动脑子，不善于思维的人，不能在广告公司任职，不能成为广告 AE。

广告 AE 既要善于运用形象思维，又要有很强的逻辑思维能力，能驾驭和处理好两种思维的统一。广告既是信息的艺术传播，又是信息的科学传达。广告的艺术形式的表现需要形象思维，是广告主体的本质表达，如要打动受众的心，开启他们的兴趣大门，还需要逻辑思维的判断、推理和论证。优秀的广告创意只能是善于思维的结果。广告创意的思维方法有好几百种，在《创意思维法大观》中介绍的 104 种思维方法是广告人现在和以后在广告业务岗位上提升能力的基础思维方法。

9.4.5　吃苦耐劳，热情努力

广告业是苦差事，广告人没有节假日，只要睁开眼睛，就要注意观察能看到的一切，从中寻找与广告有关的东西；只要大脑能思考，就得想与广告有关的问题，有时，广告难题会挤进梦乡，在梦中解决；"三句话不离本行"，广告 AE 应该成为广告迷。

接受了广告业务，广告人要夜以继日地加班加点地工作，争取在最短的时间内完成任务；在社会公众的节假休息日，广告人应该抓住这个机会做广告；没有接到广告业务，广告人要搞调查，寻找新的客户，更不能休息；广告活动都做过了，还得收集反馈信息，了解广告效果，为新一轮广告活动的开展做准备。

广告业是难度极大的行业，对广告人的学识、人品、修养、体魄都有极高的要求。上海商学院章汝爽教授说："有些人毕生孜孜以求也未能达到这种境界。但无论如何，既然投身于广告事业，就应该抱着'高山仰止，景行景止，虽不能至，心向往之'的态度鞭策自己。而对于网罗了各方面专业人才的广告专业代理公司来说，则完全应该以此准则来要求自己公司的成员，至少在他们的广告成品中应该多少能综合体现这种人员素质因素。也只有这样，才能不断提高自己企业的形象，赢得公众的信赖。"（引自《广告专业技术岗位资格培训辅导材料》第一辑）章教授的话，鼓励我们为成为合格的广告人去孜孜不倦地追求。

思考与练习

一、自测题

1.填空

广告 AE 的任务：_____

广告 AE 的原则：_____

广告 AE 的素质要求：_____

2.简答

（1）广告公司广告 AE 岗位职务规范有哪些要求？

（2）工商企业广告 AE 岗位职务规范有哪些要求？

（3）受众第一和广告主第一是在什么情况下体现出来的，二者有矛盾吗？理由是什么？

（4）广告 AE 的素质要求有哪些？

3.分析

（1）为什么要把受众利益放在第一位？

（2）今后要做合格的广告 AE，现在应该从哪儿做起？

二、练习与实践

1.你接触过的广告公司和工商企业的广告人的岗位规范合格吗？差距在哪儿？什么原因造成的？

2.开展"我应该是一个什么样的广告 AE"讨论。让大家各抒己见。

3.请广告公司或者工商企业的广告 AE 介绍他们的任务是什么，怎样才能完成任务？当广告 AE 离开后，组织讨论"如果是我担任这个角色，我会怎样去完成任务"。

第 10 章

广告创意

学习目的与要求

学习本章后，明白创意的概念、原则、特征和类型这些关于广告创意概述原理性的问题；准确领会广告创意的程序、创意的要求和广告大师概括的创意的过程，以及广告创意实践者总结的创意过程；明白广告创意"三点一线"的道理；在解决广告创意的运用时，会使用广告创意的思维方法，建设和运用自己的创意储备仓库，在写作创意说明与进行创意脚本创作时，与广告主进行创意沟通，在创意团队中协同创作好创意。

学习重点

1. 学会运用创意思维的方法，试着做一两次广告创意
2. 总结自己学习创意的体会和与别人的经验做对比，找找自己的不足
3. 注意观察生活中需要创意的"三点一线"实例，体验"三点一线"对创意的意义

引例

员工比顾客重要——海底捞服务创新营销

第一，与众不同的观念，创意产生崭新结果。

海底捞是一家以经营川味火锅为主、融汇各地火锅特色为一体的大型跨省直营餐饮品牌火锅店，成立于1994年，全称是四川省海底捞餐饮有限股份公司，在北京、上海、广州、郑州、西安、简阳等城市开有连锁门店。

在低附加值的餐饮服务业，虽然家家都在喊"顾客至上"，但实际效果并不理想。而海底捞专注于每个服务细节，让每个顾客从进门到出门都体会到"五星级"的服务：停车有代客泊车；等位时有无限量免费水果、虾片、黄豆、豆浆、柠檬水

提供；有免费擦鞋、美甲以及宽带上网，还有各种棋牌供大家娱乐；为了让顾客吃到更丰富的菜品可点半份菜，怕火锅汤溅到身上为顾客提供围裙，为长发的顾客递上束发皮筋，为戴眼镜的顾客送上擦眼镜布，为手机套上塑料袋，当饮料快喝光时服务员主动来续杯；洗手间也有专人为顾客按洗手液、递上擦手纸巾；要求多送一份水果或者多送一样菜品，服务员也会爽快答应。服务员不仅熟悉老顾客的名字，甚至记得一些消费者的生日以及结婚纪念日。

服务员"五星级"的体贴服务使得每一位顾客在内心深处感到海底捞提供的服务超过了他们以往的品牌体验，以致变成回头客和忠诚顾客，甚至帮助海底捞到处宣传，最终变成口口相传，形成了良好的口碑，其实这就是品牌传播的本质与真谛：能够让客户主动为企业宣传，像病毒性营销一样，这样的企业才是真正的营销高手。为什么海底捞的员工那么努力工作，并愿意在工作之中付出情感？原因就在于管理者首先对员工付出了情感，给予他们多方面的照顾和信任。从海底捞的店长考核标准可以了解到，其经营理念中根本找不到很多企业最为重视的营业额和利润，只有顾客满意度和员工满意度两个指标（见图10-1）。

第二，服务好员工，让他们没有后顾之忧。

要让顾客感受到某种情感并被强烈打动，企业家及其团队不可能无中生有，必须要真真切切地具备真诚服务的热情。海底捞的管理层认为：要想顾客满意必须先让员工满意，让员工首先感到幸福和自由，再通过员工让顾客感到幸福。客人的需求五花八门，仅仅用流程和制度培训出来的服务员最多只能算及格。海底捞的每位员工是真心实意地为顾客服务，而这份真诚则是源于海底捞

图10-1 海底捞推出的营销理念深受员工欢迎

的董事长张勇将员工当作家人般对待。张勇认为："人心都是肉长的，你对人家好，人家也就对你好；只要想办法让员工把公司当成家，员工就会把心放在顾客上。"

因此提升服务水准的关键不是培训，而是创造让员工愿意留下来的工作环境。在整个餐饮行业，海底捞的工资只能算中上，但隐性福利比较多。员工住的都是正式小区或公寓，而不是地下室，空调、洗浴、电视、电脑一应俱全，可以免费上网，步行20分钟内到工作地点。

工作服是100元一套的好衣服，鞋子是名牌李宁。不仅如此，海底捞还专门雇保洁员给员工打扫宿舍卫生，员工的工作服、被单等也全部外包给干洗店。公司在四川简阳建了海底捞寄宿学校，为员工解决令人头疼的子女教育问题，还将资深员工的一部分奖金每月由公司直接寄给家乡的父母。

第三，给员工放权，让他们创新。

要让员工主动服务，还必须信任他们、给他们放权。海底捞的普通服务员都有免单权，只要员工认为有必要，都可以给客人免费送一些菜，甚至免掉一餐的费用，当然这种信任，一旦发现被滥用，就不会再有第二次机会。要让员工感到幸福，不仅要提供好的物质待遇，还要有公平公正的工作环境。海底捞几乎所有的高管都是服务员出身，没有管理才能的员工任劳任怨也可以得到认可，如果做到功勋员工，工资收入只比店长差一点。海底捞还鼓励员工创新，很多富有创意的服务项目都是由员工创造出来的，因为他们离顾客最近。海底捞让员工能够发挥自己的特长，从而在工作中获得乐趣，使工作变得更有价值。

第四，员工比顾客重要。

海底捞良好的品牌体验营销背后是企业的人性化管理，堪称劳动密集型企业尊重和信任员工的典范，善待并尊重员工，让他们有归属感，以一种"老板心态"而非"打工者心态"来工作。企业成员之间的信任和尊重营造了愉快舒心的企业文化，促使员工变"要我干"为"我要干"，变被动工作为主动工作，充满热情、努力让顾客满意的员工成为难以模仿的海底捞的核心优势，成就了网络笑谈中的"地球人已经无法阻止海底捞"式的优质服务。

海底捞的董事长张勇说："餐饮业是低附加值、劳动密集型的行业，怎么点火、怎么开门并不需要反复教育，最重要的是如何让员工喜欢这份工作，愿意干下去，只要愿意干，就不会干不好。""标准化固然重要，但是笑容是没有办法标准化的。"能把看似别人干不好的干好，把别人干得好的干得更好，这就是能力。在海底捞工作的员工比其他的餐饮企业，甚至比很多其他行业的著名企业的品牌忠诚度都要高，他们快乐工作、快乐生活、快乐成长。他们这些大多来自农村没有多少文化和学历的人，深知只要努力工作就能获得大多数城市人过的生活，这就是他们工作的动力，而这动力的来源就在于海底捞的激励机制。所以，在海底捞，员工第一，客户第二。

资料来源 张计划.情感营销成就海底捞［EB/OL］.（2011-09-15）［2015-10-21］.http://www.chinavalue.net/Management/Blog/2011-9-15/834532.aspx.

思考：

（1）为什么海底捞把员工看得比顾客重要？

（2）海底捞的种种服务创新为什么很多的企业没有做到？

（3）海底捞的成功是否可以复制？其他行业的企业能从中学到什么？

（4）请分析"地球人已经无法阻止海底捞"的微博营销策略。

|10.1| 广告创意概说

10.1.1 广告创意的概念

1.广告创意的内涵

美国广告创意专家格威克（Alber Szent Gyorgri）认为："创意就是你发现了人

们习以为常的事物中的新含义。"大卫·奥格威(David Ogilvy)指出:"要吸引消费者的注意力,同时让他们来买你的产品,非要有很好的特点不可,除非你的广告有很好的点子,不然它就像很快被黑夜吞噬的船只。"奥格威所说的"点子",就是创意的意思。美国最权威的广告杂志《广告时代》总结出:"广告创意是一种控制工作,广告创意是为别人陪嫁,而非自己出嫁。优秀的广告创意人员深谙此道,他们在熟悉商品、市场销售计划等多种信息的基础上,发展并赢得广告运动,这就是广告创意的真正内涵。"

"创意",从字面上理解,是"创造意象之意",从这一层面进行挖掘,广告创意是介于广告策划与广告表现制作之间的艺术构思活动,即根据广告主题,经过精心思考和策划,运用艺术手段,把所掌握的材料进行创造性的组合,以塑造一个意象的过程。简而言之,广告创意即广告主题意念的意象化。

2.广告创意的前提

广告主题是广告定位的前提,广告定位是广告创意的前提。广告主题、广告定位先于广告创意,广告创意是广告定位的表现(见图 10-2)。广告主题要回答广告诉求"说什么",广告定位所要解决的是"做什么",广告创意所要解决的是"怎么做",只有明确说什么、做什么,才可能发挥好怎么做。一旦广告主题及广告定位确定下来,怎样表现广告内容和广告风格才能够随后确定。由此可见,广告主题、广告定位是广告创意的开始,是广告创意活动的前提。

广告主题、广告定位是指企业从消费者需求出发,把整个市场按照不同的标准分为不同的部分或购买群,并选择其中一个或几个市场部分,作为目标市场进行广告调查、确立广告主题、选择广告媒体、撰写广告文案、实施广告行为的系统广告营销传播策略。

广告主题、广告定位的正确与否直接影响整个策划的最终成败,它是最能体现策划者策划水平和策划能力的关键环节。谁能挖掘到目标受众–顾客–消费者的潜在需求,提炼准确的广告主题,确定恰当的定位,谁就能在激烈的竞争中取胜。广告主题、广告定位是现代广告理论和实践中极为重要的观念;是广告主与广告代理公司根据社会既定群体

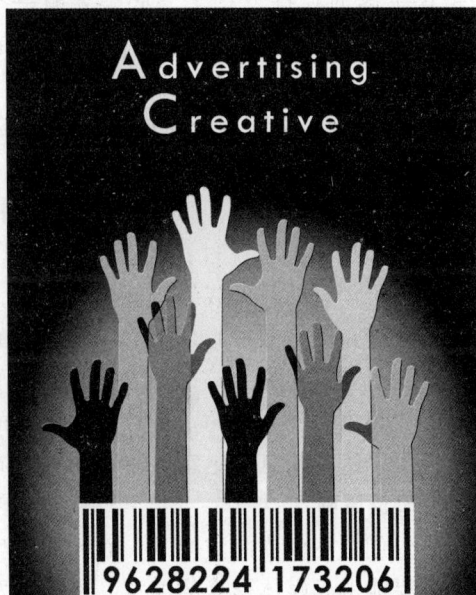

图 10-2 广告创意是广告定位的表现

对某种产品属性的重视程度;是把自己的广告产品确定于某一市场位置,使其在特定的时间、地点,选用某种营销组合方式,对某一阶层的目标受众–顾客–消费者出售,以利于与其他厂家产品竞争。广告主题、广告定位的目的就是要在广告宣传

传播中，为企业和产品创造、培养一定的特色，树立独特的市场形象，从而满足目标受众-顾客-消费者的某种需要和偏爱，为促进企业产品销售服务。

10.1.2 广告创意的原则

创意是用旧元素进行新组合。詹姆斯·韦伯·杨（James Webb Young）称此原则为"万花筒"，一个装了彩色玻璃碎片的筒，每转一下就会变成新的搭配，显示出新的花样，而且有成千上万种搭配。广告灵感亦是新的花样。有创意的头脑就是花样制造机，将品牌信息与从大千世界中提炼出来的知识和经验相结合。创意是驾驭关联的能力。在有些人的眼中，每件事都是独立的，而对于有创造力的人来说，这些独立的事是知识链上相互连接的某一环，因此，培养发现事物关联的能力并使之成为习惯就非常重要。广告创意是突破常规的创造，但在进行广告创意过程中仍必须遵循一定的原则。

1. 独创性原则

依据国际惯例，广告创意属于知识产权的范畴，应具有创造性。广告是一种充分运用想象力、直觉力、洞察力，以任何一种有效的方式，用全身心的智慧和思维来进行说服和说明的过程。因此，广告创意是广告诸要素中最有魅力的部分，作为一种原创性的劳动，广告创意最终的劳动成果应该具有独创性，或者是创意思想的独特，或者是表现手法的独特，或者是传播方式的独特，或者是销售主题的独特，总之，必须要有一个个性鲜明、与众不同的主题。广告界有句名言："在广告业里，与众不同就是伟大的开端，随声附和就是失败的根源。"它揭示了广告创意最根本的一项素质。世界上著名的广告公司和广告人都无不将保持创新的活力放在首位，通过不断的创新来开掘灵感之源，启发创意的思维。

2. 促销原则

大卫·奥格威曾说过："我们做广告，就是为促进销售，否则，就不做广告。"我们说广告创意的目的或终极使命是促销，但广告并不等于销售。它只是一种旨在促成消费受众产生某种心理上的、感情上的或行动上反应的一种说服过程，或者说是一种信息传达过程。广告创意是与广告的目的和主题相一致的，既需要想象力，又不能让想象力漫无目的。创意人利用他的想象力，挖掘他的想象力，使他的主题或他所要传达的信息更生动、更可信、更有说服力。

3. 印象原则

广告创意不仅要简洁明了，而且还要生动逼真，给媒体受众留下深刻印象。广告作品要能引起媒体受众的注意，进而激发他们的好奇心，产生购买欲望以达到促销的目的。广告创意的内容要以媒体受众能理解为限度，让媒体受众去理解晦涩难懂的广告，只会浪费广告主宝贵的资金。

4. 科学合理原则

广告创作活动充满了不同事物、现实与虚幻、真理与荒诞、幽默与讽刺、具体与抽象之间的碰撞、交融、转化、结合，并且需要发挥策划人的想象力，用最大胆、最异想天开的方法去创造广告精品。但是，广告的本质是一种产品，而产品属性决定创意想象力和创造力不是无节制的、荒谬的，它还必须遵循一定的规律，掌握一定的分寸，必须科学、合理。

10.1.3　广告创意的特征

广告创意要以新颖独特为生命，唯有在创意上新颖独特才会在众多的广告创意中鹤立鸡群，从而产生感召力和影响力。在广告"爆炸"的时代，没有特色、没有亮点的广告不会有任何感召力和影响力，起不到广而告之的作用。广告创意是原创性、相关性和震撼性的综合体。所谓原创性是指创意的不可替代性，它是旧元素的新组合。相关性是指广告产品与广告创意的内在联系，这种联系既在意料之外，又在情理之中。

广告创意的特征之一是要以情趣生动为手段。广告创意创造优美的意境，能将媒体受众带到一个妙趣横生、难以忘怀的艺术境界中去。

广告创意必须形象化，形象化是广告的另一特征。广告创意不同于绘画，不同于文学创作，广告创意是以真实为基础的艺术创造。

10.1.4　广告创意的类型

广告是艺术和科学的融合体，广告创意的表现类型（见图10-3）主要有以下几种：

图10-3　广告创意的表现类型

1.情报型

情报型是最常用的广告创意类型。它以展示广告产品的客观情况为核心，表现产品的现实性本质，以达到突出产品优势的目的。

2.比较型

这种类型的广告创意是以直接的方式，将自己的品牌产品与同类产品进行优劣的比较，从而引起消费者注意和认牌选购。在进行比较时，所比较的内容最好是消费者所关心的，而且是在相同的基础或条件下的比较，这样才能更容易地刺激起消费者的注意和认同。在进行比较型广告创意时，可以是针对某一品牌进行比较，也可以是对普遍存在的各种同类产品进行比较。广告创意要遵从有关法律法规以及行业规章，要有一定的社会责任感和社会道德意识，避免给人以不正当竞争之嫌。

3.戏剧型

这种广告创意类型既可以通过戏剧表演形式来推出广告品牌产品，也可以在广告表现上戏剧化和情节化。在采用戏剧型广告创意时，一定要注意把握戏剧化程度，否则容易使人记住广告创意中的戏剧情节而忽略广告主题。

4.情节型

这种类型的广告创意是借助生活、传说、神话等故事内容的展开，在其中贯穿有关品牌产品的特征或信息，借以加深受众的印象。由于故事本身就具有自我说明的特性，易于让受众了解，使受众与广告内容发生连带关系。

5.证言型

这种广告创意是援引有关专家、学者或名人、权威人士的证言来证明广告产品的特点、功能以及事实，以此来产生权威效应。在许多国家对于证言型广告都有严格限制，以防止虚假证言对消费者的误导。其一，权威人的证言必须真实，必须建立在严格的科学研究基础之上；其二，社会大众的证言必须基于自己的客观实践和经验，不能想当然和妄加评价。

6.拟人型

这种广告创意以一种形象表现广告产品，使其带有某些人格化特征，即以人物的某些特征来形象地说明产品。这种类型的广告创意可以使产品生动、具体，给受众以鲜明的深刻印象，同时可以用浅显常见的事物对深奥的道理加以说明，帮助受众深入理解。

7.类推型

这种类型的广告创意是以一种事物来类推另一种事物，以显示出广告产品的特点。采用这种创意，必须使所诉求的信息具有相应的类推性。

8.比喻型

这种类型的广告创意以某种情趣为比喻产生亲切感。如牙膏广告语："每天两次，外加约会前一次。"比喻型的广告创意又分明喻、暗喻、借喻三种形式。

9.夸张型

夸张型广告创意是基于客观真实的基础，对产品或劳务的特征加以合情合理的渲染，以达到突出产品或劳务本质特征的目的。采用夸张型的手法，不仅可以吸引受众的注意，还可以取得较好的艺术效果。

10.幽默型

用诙谐、幽默的句子做广告可以使人们开心地接受产品。例如杀虫剂广告："真正的谋杀者。"采用幽默型广告创意，要注意语言应该是健康的、愉悦的、机智的和含蓄的，切忌使用粗俗的、令人生厌的、油滑的和尖酸的语言。

11.悬念式

悬念式广告创意是以悬疑的手法或猜谜的方式调动和刺激受众的心理活动，使其产生疑惑、紧张、渴望、揣测、担忧、期待、欢乐等情绪，并持续和延伸，以达到为解释疑团而寻根究底的效果。

12.意象型

意象即意中之象。它是由一些主观的、理智的、带有一定意向的精神状态的凝结物和客观的、真实的、可见的、可感知的感性象征的融合，是一种渗透了主观情绪、意向和心意的感性形象。意象型广告创意是把人的心境与客观事物有机融合的产物。在意与象的关系上，两者具有内在的逻辑关系，但是在广告中并不详叙，给受众自己去品味"象"而明晓内在的"意"。可见，意象型广告创意实际上采用的是超现实的手法去表现主题。

13.联想型

联想是指客观事物的不同联系反映在人脑里而形成了心理现象的联系。它是由一事物的经验引起回忆，产生另一看似不相关联事物经验的过程。联想出现的途径多种多样，可以是在时间或空间上接近的事物之间产生联想、在性质上或特点上相反的事物之间产生联想、在形状或内容上相似的事物之间产生联想、在逻辑上有某种因果关系的事物之间产生联想。

14.抽象型

广告创意中采用抽象型的表现方法，是现代广告创造活动中的主要倾向之一。这种创意一旦展示在社会公众面前，从直观上难以使人理解，但一旦加以思维整合之后就会发现，广告创意的确不凡。

总之，广告创意并不局限于以上所列的类型，还有解说型、宣言型、警示型、质问型、断定型、情感型、理智型、新闻型、写实型等，在进行广告创意活动时均可加以采用。

|10.2| 广告创意的程序

Creative 创意需要 **新思维**

创意需要开拓新思维，有时，把平凡的东西重新组合，变成另一种不平凡的事情，这也是高明的创新！

引人注目
独特新颖
表现主题
简明易懂
传达感情

图 10-4 广告创意应符合 5 个基本要求

广告创意结果是灵感的精髓，是主观意象对外界环境刺激的反应。广告创意的最终形成需要表面上看起来很短，实际上是很悠长的酝酿，这就是创意的过程，这个过程往往因为太快而被忽略。广告创意不仅需要关注灵感产生的过程，还要掌握其思维方法。

10.2.1 广告创意的要求

广告创意是整个广告活动中的一个组成环节，除了必须遵循广告的真实性、心理性、实效性、艺术性、合法性等基本原则外，还应符合以下 5 个基本要求（见图 10-4）：

1.表现主题

广告主题是确立广告定位的基础，它是达到广告目标的最基本要素。广告创意必须以广告主题为核心，紧扣广告主题，符合广告定位，要始终考虑广告创意将引起什么效果，能达到什么目的，是否与广告目标相吻合。

脱离广告目标和广告主题，盲目追求新奇怪异、花哨噱头，是广告创意的一个误区。从广告对象出发，最终又回到广告对象上来，促成广告目标的实现，是广告创意的根本任务。走入误区的广告创意，不仅会浪费大量的人力、物力、财力，有时还会有损受众的利益，甚至给社会和公众带来不同程度的伤害。

2. 引人注目

引人注目是实现广告目标的第一步。一个好的广告作品首先应该在众多同类广告互相竞争的环境中引起受众的兴奋和注意，这是广告创意的首要任务。

广告信息的传播，首先需要引起人的注意，否则再好的广告也无意义。广告中的注意因素与兴趣因素密切相关，广告创意要积极利用吸引注意的技巧去引起受众注意。

要充分认识到广告作品仅仅表现广告主题而毫无创意，那么即使在形式上完美无缺，实际上也没有多大价值，因为它不能使受众产生足够的兴趣。还应当注意的是引人注目的意义因人而异，任何广告创意不可能让所有公众都引起注意并产生兴趣，所以在广告创意过程中，一定首先要关注你的目标受众。

3. 独特新颖

广告创意对独特新颖有相当高的要求，一是独特性，它不能模仿抄袭也不能类同相似；二是恰如其分，它必须能为受众所接受。独特新颖是引人注目的一个重要条件，它符合人们求新求变、标新立异的审美心理，是广告创意所刻意追求的。同样的主题，不同的创意将会产生截然不同的效果。

广告创意除了要区别于同类广告作品外，还要适应时代的要求，体现时代的特征。现代科学技术和现代艺术的发展，现代商品生产和商品市场的发展，现代生活水平、生活方式、消费观念和审美情趣的发展等，都是广告创意构思不可忽略的要素。

4. 简明易懂

对于广大公众而言，接受广告信息通常处于被动状态。一般情况下，大部分人都会远离广告，如果你试图将大量的广告信息一下子塞给受众，那么将会引起受众的反感而最终受到排斥，因此仅仅引人注目还不够，紧接着应当让受众了解广告的信息内容。广告创意简单明了，切中主题，突出重点，易于认识，是迅速有效传达广告信息的重要原则。"多则惑，惑则迷，迷则乱，乱则空"。这句话对于广告创意可谓是一言中的。

广告创意要求构思巧妙、出人意料，但不是挖空心思摆迷魂阵，让人捉摸不透难以理解。相反，好的广告创意应让人一看就懂、回味无穷。如果你的创意需要受众花费大量的心思去解读，甚至难以苟同，那么作为受众只能是不屑一顾。

5. 传达感情

广告是艺术与科学的结合，广告创意要通过艺术构思和艺术形象的诱导来使人们对广告的传播产生愉悦感和乐趣。充满情感的广告创意具有强烈的生命力和感染力。

感情表现于情调与情趣之中。情调是一种同感觉、知觉等相联系的情绪体会；情趣是对于内容与形式本身所产生的乐趣。在广告信息内容的传达中注入浓浓的情感因素，可以打动受众，感动受众，从而使受众在强烈的感情共鸣中达到非同一般的广告宣传效果。把情感传达作为广告创意中的一个构成要素，已是当今广告创作中的一个主要趋势。

10.2.2　广告大师概括的创意的过程

广告创意的过程先是战略，即受众-顾客-消费者想要听什么；再是执行，即广告应该表现什么。这是两个不同的构成部分，都必须非常出众，而且缺一不可，它们是广告方案成功的基础。

詹姆斯·韦伯·杨是全世界公认的广告泰斗（见图10-5），1974年，他被授予美国广告人的最高荣誉"美国广告杰出人物"。他在《创意的生成》一书中提出了产生广告创意的方法和过程，其思想在我国广告界影响深远。他认为广告创意产生的过程如下：

1.原始资料的收集阶段

原始资料包括特定资料和一般资料。所谓特定资料就是与产品有关的资料以及那些拟计划销售对象的资料。广告的构成是在万花筒般的世界中所产生的新花样，因此有必要广泛浏览各学科中的所有资讯，而这些都是一般资料。收集特定资料是目前的工作，而一般资料的收集则是一个广告人终生的工作。

2.资料品味、消化阶段

原始资料收集之后的下一步就是对这些资料加以处理，咀嚼、品味和消化。先对一件事物反复地看，然后用不同的看法、见解来观察它。再把两件事物放在一起，看它们如何配合，寻求相互的关系，以使每件事物都能像是拼图玩具那样，综合后成为一个新的组合。

图10-5　广告泰斗：詹姆斯·韦伯·杨

3.加以深思熟虑的阶段（即孵化阶段）

詹姆斯·韦伯·杨的第三阶段是说"你要完全顺乎自然，不做任何努力。你把题目全部放开，尽量不去想这个问题"。在这一时期，创意产生的速度明显放慢，因为产生创意的典型速度是在刚开始时最快，以后随着时间的推移而逐渐减慢。

4.实现创意阶段

经过酝酿之后，创造性思路如"柳暗花明"似的豁然开朗。它常以突发式的醒悟偶然性地获得，无中生有式的闪现或戏剧性的巧遇为其表现形式。在这一阶段，要对孵化阶段所获得的构想进行检验和求证，利用科学的分析和对比方法，检验构想的合理性和严密性，因为并非每一个构想都是完美无缺的。

创意的产生要经过足够的前期积累，这种积累越丰富，思维碰撞产生的火花越多，创意产生的机会就越多，这种积累对个人来说是一项与时俱进的长期工作。

10.2.3 广告创意实践者的创意过程

在接受广告创意的任务后，创意人不完全按照广告大师总结的"四步创意法"去生产创意，而是按照图10-6所示过程产生创意。

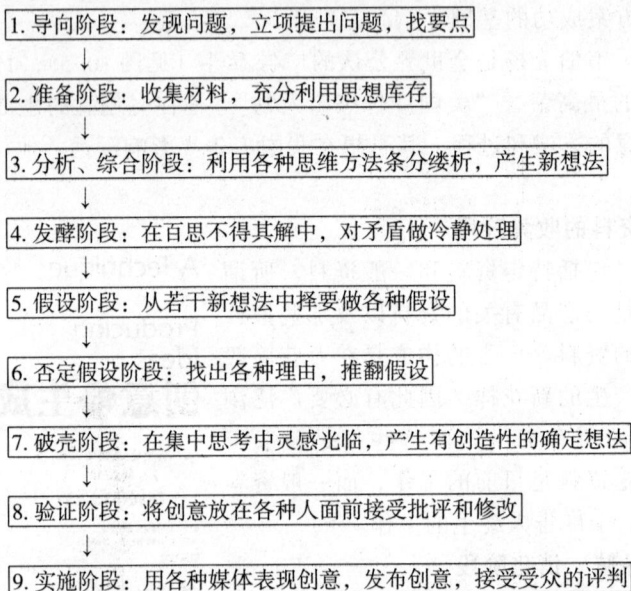

1. 导向阶段：发现问题，立项提出问题，找要点
2. 准备阶段：收集材料，充分利用思想库存
3. 分析、综合阶段：利用各种思维方法条分缕析，产生新想法
4. 发酵阶段：在百思不得其解中，对矛盾做冷静处理
5. 假设阶段：从若干新想法中择要做各种假设
6. 否定假设阶段：找出各种理由，推翻假设
7. 破壳阶段：在集中思考中灵感光临，产生有创造性的确定想法
8. 验证阶段：将创意放在各种人面前接受批评和修改
9. 实施阶段：用各种媒体表现创意，发布创意，接受受众的评判

图10-6 广告创意实践者的创意过程

10.2.4 创意的"三点一线"

8.2节介绍了"广告定位的前提条件"，指出第一是广告主的目标定位，第二是广告主体的闪光点定位，第三是广告受众的关心点定位。这里指出的广告主的目标、广告主体的闪光点、广告受众的关心点就是产生广告主题必须要特别顾及的"三要素"。创意跟着广告主题和广告定位走，能决定主题和定位的要素，在创意时更要特别在意。

创意的"三点一线"指的是如用枪瞄准射击那样，100米的"胸靶"似广告主的目标，枪口上面的"准星"则是广告主体的闪光点，枪身上的"缺口"应该是广告受众的关心点。当准星置于缺口中央，对准了目标，在这一瞬间扣动枪上的"扳机"，射出的子弹就能打中目标（见图10-7）。创意的目标点、闪光点、关心点三点成一线，及时击发，就能产生有实效的创意。

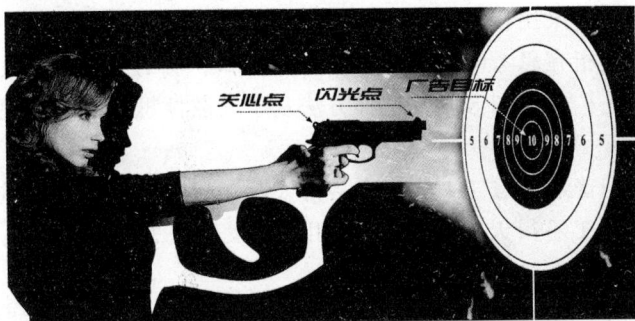

图10-7 广告创意的"三点一线"

|10.3| 广告创意的运用

10.3.1 广告创意的思维方法

常用的创意思维方法主要有如下几种:

1.头脑风暴法

头脑风暴法(Brainstorming)又称为集体思考法,它是由美国奥斯本在20世纪70年代提出的,是通过发挥大家的创造性,集思广益进行创意的一种方法。在韦氏大词典中,头脑风暴法的定义是:"一组人员运用开会的方式将所有与会人员对特殊问题的主意聚积起来,以解决问题。"目的是以集思广益的方式在一定时间内产生多种主意,主意越多,获得有价值创意的可能性就越大。

头脑风暴法具有五大特征:第一,集体创作;第二,思考的连锁反应;第三,禁止批评;第四,创意是多多益善;第五,不介意质量。

头脑风暴法操作过程如下:会议开始,由小组长叙述创意主题,要求小组成员贡献与该问题有关的主意。小组长可以先提出一些比较轻松的话题展开讨论,以创造轻松的气氛。若有人批评他人的意见,这时小组长要及时制止,引导会议顺利进行。会议提倡轮流发言制。应用该法时,如果有人一时想不出主意,他可以放弃这一轮的机会,等下一轮再发言。如此循环,每个人都有机会贡献自己的主意。

当会议进行到每个小组成员都面临穷途短计时,小组长必须继续坚持轮流发言,务必使每个人都绞尽脑汁,奇思妙计往往在挖空心思的压力下产生。创意小组必须设立一名记录员,记录时要按照小组成员发言的先后顺序用数字标明,以便查找。

2.垂直和水平思考法

垂直和水平思考法是英国心理学家爱德华·戴勃诺博士所倡导的广告创意法。这种方法分为两种类型,一种是逻辑思考和分析法,另一种称为水平思考法。

逻辑思考和分析法是按照一定的思考线路,在固定范围内自上而下进行垂直思考,故而被称为垂直思考法。此方法偏重于对已有的经验和知识的重新组合来产生创意,能够在社会公众既定心理的基础上产生广告创意的诉求,但是在广告形式上难以有大的突破，结果比较雷同。

水平思考法是指在思考问题时摆脱已有知识和经验的约束，冲破常规，提出富有创造性的见解、构思点和方案。这种方法基于发散性思维，故又把这种方法称为发散式思维法。

例如，在人们普遍考虑"人为什么会得天花"问题时，琴纳考虑的是"为什么在奶牛场劳动的女工不得天花？"正是采用这种发散式思维法，使他在医学上有了重大发现。

3.转移经验法

广告创意的转移经验法是指把一种知识或经验转移到其他事物上的思维方法。在进行经验的转移时，既可以是同类、同质经验上的转移，也可以是异类、异质经验上的转移。

4.李奥·贝纳的固有刺激法

李奥·贝纳认为，成功地创意广告的秘诀就在于找出产品本身固有的刺激。"固有的刺激"也称为"与生俱来的戏剧性"。广告创意最重要的任务是把固有的刺激发掘出来并加以利用，也就是说要发现生产厂家生产这种产品的"原因"以及消费者购买这种产品的"原因"。

一旦找到这个原因，广告创意的任务便是依据固有的刺激即通过产品与消费者的相互作用创作出吸引人的、令人信服的广告，而不是靠投机取巧、蒙骗或虚情假意来取胜。对于创意人员来说，一定要寻找到这个字、这个动词或这个形容词，同时永远不要对"差不多"感到满足，永远不要依赖欺骗去逃避困难，也不要依赖闪烁的言辞去逃避困难。

李奥·贝纳运用固有刺激法最成功的一例广告是他为"青豆巨人"做的广告（见图10-8），为了向消费者传达广告主在收割和包装青豆过程中表现出的精心细致以及消费者对"新鲜"的渴望，他在"青豆巨人"的广告中特别强调"在月光下收割"。

罗瑟·瑞夫斯认为，要想让广告活动获得成功，就必须依靠产品的独特销售建议（Unique Selling Proposition，USP）。他认为，独特的销售建议包含三部分内容：

（1）每则广告都必须告诉受众："买这个产品吧，你将从中获益。"

（2）建议是竞争对手没有或无法提出的，无论在品牌方面还是在承诺方面都独具一格。

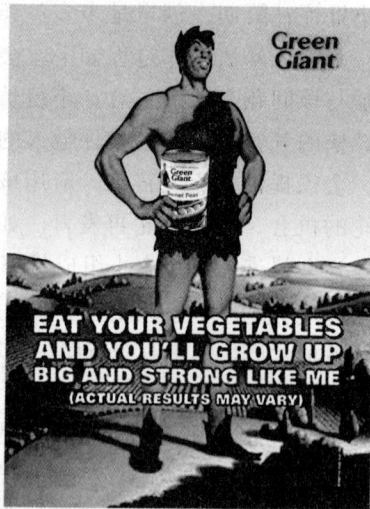

图10-8　固有刺激法（青豆巨人）

（3）建议要有足够的力量吸引新顾客购买你的产品。

罗瑟·瑞夫斯认为，一旦独特的销售建议确定下来，就该不断地在各个广告中提到这个建议，并贯穿于整个广告活动。

5.奥格威的品牌形象法

产品个性是人们对产品所产生的全部印象，通常叫做产品形象，它是人们在听到诸如IBM、宝洁公司、海尔集团等名字时心中产生的东西。大卫·奥格威认为，任何产品的品牌形象都可以依靠广告建立起来，品牌形象并不是产品固有的，而是消费者联系产品的质量、价格、历史等，在外在因素的诱导、辅助下生成的。

按照奥格威的说法推断，人们购买的是产品所能提供的物质利益或心理利益，而不是产品本身，广告活动应该以树立和保持品牌形象这种长期投资为基础，即使做出一些短期牺牲也值得。

6.威廉·伯恩巴克的实施重心法

威廉·伯恩巴克认为，实施风格是在广告中起决定作用的特征，有效广告的秘诀就是先抓住问题，然后将其变成图像刺激而又诚实可信（见图10-9）。按照伯恩巴克的观点，在创意的表现上，光是求新求异、与众不同并不够。杰出的广告创意不是夸大，也不是虚饰，而要竭尽创意人员的智慧使广告讯息单纯化、清晰化、戏剧化，使它在消费者脑海中留下深刻而难以磨灭的记忆。广告创作最难的事就是使广告信息排除众多纷杂的事物而被消费者认知和接受。威廉·伯恩巴克的实施重心法原则是：第一，必须尊重受众。第二，手法必须干净、直接。第三，广告作品必须出众，必须具有自己的个性和风格。第四，重视幽默的作用，因为幽默可以有效地吸引人的注意力。

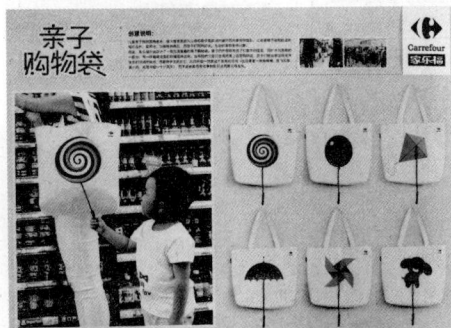

图10-9　实施重心法（亲子购物袋）

7.艾尔·里斯和杰克·特劳特的定位法

美国著名的市场营销广告专家艾尔·里斯（Al Reis）和杰克·特劳特（Jack Trout）将定位法引入了信息战略。他们认为，创作广告的目的应当是将处于竞争中的产品树立一些便于记忆、新颖、别致的特征，从而在消费者心中站稳脚跟。定位法有时会和品牌形象法混淆起来，实际上定位法是一个更广泛的概念，定位法与明确竞争、相关属性、竞争对手以及市场有关系。定位法是形象分析的逻辑发展，因为它涉及运用所知的品牌形象、竞争、广告主准确接触的受众以及受众个人受刺激后如何作出反应。

8.伍甘的FGB模式法

1979年，美国广告专家理查德·伍甘（Richard Vaughn）总结、综合出一种叫做FGB模式的创意方法。这种模式是把产品类型与消费者联系起来，指出广告应如何处理，并提出创意、媒介和测定的含义，目的在于识别某一产品的信息、感情或行为水准，为广告活动创造一个适宜的模式，然后加以实施。

创意的方法还有许多种，如"十字交合法"、"思维导图法"、"因果联想法"等等。

10.3.2 广告人的创意储备

生产创意的人是做好创意的关键，创意人的知识储备则是生产创意的"原材料"。谁都知道"巧妇难为无米之炊"，唯有建立足够的"创意抽屉"，需要时，拉开抽屉就能拿出精彩的创意；创意讲究"旧材料的新组合"，要实现"两旧换一新"，首先要有"旧材料"，空对空的创意是没有的。

10.3.3 创意设计说明

设计好一个图形，或是一枚LOGO，设计人要将图形的创意构想用文字写出来，便于与人沟通。

创意设计说明是创作人员将自己的作品呈现给广告主时，将自己的创意思路，创意取材，素材组合、衍化，图形局部和整体的象征意义和寓意，用简捷的文字写出来。

图10-10中是两幅新成立的企业的LOGO，由姚尧设计，被企业负责人选用，为

图10-10　LOGO创意说明与创意脚本

让不是设计同行的广告主了解图形的寓意，特别为广告主写出他的创意设计说明。

10.3.4 电视广告创意脚本

图10-11　电视广告脚本的创作

1.电视广告脚本是电视广告创意的文字表现形式

电视广告脚本是用文字把创意者要表现的场面描述出来（见图10-11）。

2.创作撰写电视广告脚本的准备和注意事项

创作撰写电视广告脚本的准备和注意事项有如下要求：

（1）掌握商品和服务的特有事实，然后才能着手撰写脚本。

（2）经常参加推销人员的会议，这是创意之源。

（3）不要关在斗室中创意，到户外逛逛，外面的世界可以带给你许多启迪。

（4）不是只介绍有关商品的信息就能促销，强调服务周到也能达到促销的目的。

（5）印刷广告的标题、广播广告的开头几句话、

电视广告开始的镜头和创意的新颖等，均是广告成功的关键。

（6）广告文案的长短不是判断其好坏的唯一标准，长的广告也可以是好的。

（7）受众所留意的是自己的烦恼，因此脚本创意者要站在受众的立场去关心受众的烦恼。

（8）商品经使用后才能了解其价值，要站在使用者的角度谈感受。

（9）以专家和权威的立场，明确说明商品的特点和用途。

（10）对于连续的广告，如果后面的创意脚本不比前一广告新颖、有趣，就很难得到受众的注意。

（11）广告必须是愉快的，不能使受众感到愉悦的创意脚本或太明显地过分自吹自擂的广告是不会有太大的效果的。

（12）脚本必须声、像结合，荧光屏上的画面必须与语言、音乐、音响配合。

（13）画面已经表现的，不必再用语言去重复出现。无论是声音还是画面，都应留有让受思考的空间。

（14）电视广告影像的比重大于声音，因此，脚本创作应本着这一原则进行。

（15）脚本创作中，镜头的分配不要太多、太乱、太杂，要主题清晰，层次分明。

（16）脚本创作的同时，应配合以故事板草图，使二者相互完善。

3.广告脚本范例

（1）自来水金笔电视广告脚本

创意：一种好笔，会受到目标消费者群的喜爱。

描述一个消费终端"吃惊地"感到这种笔真好。

人物：刚从大学毕业的女青年，爷爷、妈妈、爸爸。

环境：知识分子家庭。

道具：广告主体——××牌自来水金笔3支。家庭摆设，女用坤包。

过程：对已毕业的孙女、女儿，应该送件礼物，作为她新起点的"发令枪"。

爷爷、妈妈、爸爸都不约而同地想到要为她买一支好金笔，他们送给女青年的金笔正巧都是一个牌子。

这支新笔将伴女青年走向光辉旅程。

（2）"得尔"感冒新药的三篇广告创意

①乡村篇

弯弯曲曲的盘山公路口，

一辆满载乘客的大客车在弯道上蜿蜒爬行，

路边的山茅草向苍穹伸出一根根"旌旗"。

乘客在车上赏心悦目地观望山景。

客车慢慢靠向路边，留出空荡荡的车道。

乘客们觉得奇怪，用询问的眼神相互对视。

驾驶员已经憋得满脸通红。

驾驶员将头伸出窗外，准备打一个重重的喷嚏，但是打不出来。

车已经停下了，人们开始议论纷纷。

在后面座位上，一位教师模样的乘客走到驾驶员身边，

递上一盒"得尔"。

驾驶员取出一粒服下，精神顿时振作起来。

驾驶员大喊一声："得尔——驾!"

全车人跟着喊："得尔——驾，开车啰。"

屏幕推出：国家级新药"得尔"祝各位一路平安，一生平安。

②城市篇

豪华宾馆门前停着一辆奔驰轿车。

驾驶员探出头来，那是一张帅气健康的脸，看得出他心里十分得意。

大门内走出夹皮包的老板，

他身后的秘书面呈焦急之态。

老板用手巾捂住鼻子。这个喷嚏打不出来，真难受。

秘书打开车门，老板在车上仍用手巾捂住鼻子。

驾驶员转过身，给老板递来一盒药。

"得尔"在老板眼里一亮，老板笑了。

驾驶员大喊一声"得尔——驾!"。

老板笑着说："走!"

奔驰驶出宾馆大门。

③家庭娱乐篇

一双外国男人的手，在驾车前进。

敞篷汽车里，几个洋娃娃兴高采烈地玩着彩色气球。

一阵大雨后，一家人回到屋里。

两个小孩头上浇湿，连打几个喷嚏。

洋妈妈赶紧翻柜子找药，取出一盒药。

洋爸爸看过后，叫道："OK，在中国也能吃上美国药!"

孩子们的玩兴又上来了。小儿子骑在洋爸爸背上，

高喊："得尔——驾!"挥舞木棍和哥哥又打开了。

（3）鸭溪窖酒CF创意三篇

①美人篇（见图10-12）

盛大的宴会，

图10-12　鸭溪窖酒CF创意（美人篇）

天仙般的服务员，
托盘中有一瓶鸭溪窖酒和两杯窖酒。
穿行间，酒杯中似有美女在晃动。
酒杯在纤细修长的手中，
被放在雪白的台布上，
酒中美女跳着迷人舞姿，
仿佛水晶宫中的龙女，
婀娜、妩媚、妖娆……
宴会厅的舞台上。
一位天仙般的演员，
正在向人们献舞。
她的身影，她的手势，
都能在酒杯中看到。
一长者，起立、举杯，
"祝大家度过美好夜晚！"
有青年人窃窃：
"酒中美人相伴，一定美好！"
众人开怀大笑，举起的酒杯中，
舞台上美女的姿态，清晰可见。
标板：
"鸭溪窖酒，酒中美人"
"杯中美酒，红颜朋友"
②惊扰篇
已近深夜，一老人准备就寝。
这栋楼的窗户相继转黑。
老人家的两只猫在跳上跳下。
不安的神情显示，
它俩在追求什么。
桌上有两瓶鸭溪窖酒，
似别人送来的礼品。
一猫将酒瓶从桌上碰下，
瓶破，溅起酒的水花，
弄得小猫一头雾水。
小猫在用前爪洗脸、舔爪子。
似乎尝到什么味。
它俩干脆舔地板上的酒。
被酒瓶摔下声唤醒的人们，

楼房的各家窗户相继转亮。

几位老邻居来到老人家，

敲门，

熟睡的老人这才醒来。

开门，

几人被正在舔酒的小猫抓住了目光。

他们的鼻翼动了起来，

充分享受这清夜的酒香。

小猫跳上桌子，

欲再弄翻另一瓶鸭溪窖酒。

人们赶紧上前，

扶住、护住酒瓶。

"'鸭溪'美味，难以入睡。"

③铸金篇

春秋时期，

郊外，冶炼炉，铸工在劳作。

老铸工以手搭凉棚向远处张望。

黄裙少女手提竹篮，

匆匆行进在阡陌间。

少女刚露头，

老铸工大喊："开炉!"

铜水顺炉势而下，

金光灿灿，

在地模中流淌。

一只金色的鸭子，

光烁、夺目。

少女来到炉前，

这只金鸭立起，展翅，低就，

少女好似知其心意，

跨上鸭背，

金鸭竟腾空而起。

标板：

金鸭女，一个美丽的传说;

鸭溪酒，酒中美人。

（4）电信帮助全人类实现沟通，电视公益广告创意6篇

①历史篇

中国古代边塞狼烟，

在漫天大雪中，

一柱柱升向阴霾的天空。

古希腊人手举火炬，

在荒野丛林中，

奔跑着向远方传去信息；

印第安人划独木舟，

在密西西比河中，

手作话筒状向岸上大声喊；

古驿道上的快马信使，

扬起尘烟，

马背上的人背上的黄卷颠上颠下，颤颤巍巍；

高楼平台放飞信鸽，

红脚上的纸卷随白鸽飞向蓝天白云间，

时而振翼，时而滑翔，

手上信鸽纸卷展开，

阅卷人喜上眉梢，热心头。

信息帮助人们实现沟通。

②恋爱篇（见图 10-13）

一对恋人，

在小咖啡馆坐着。

烛光摇曳。

红烛将尽，始终没有一句话。

一对恋人，

坐在小河边长凳上。

波光粼粼，

初月倒影，

始终没有一句话。

一对恋人，

走在铺满黄叶的小径上，

脚下沙沙，

风声轻轻，

始终没有一句话。

男青年坐在计算机前，

以手击键，

快速打字，

显示器出来一排字：

"对不起，我真的很爱你。"

图 10-13　电信公益广告创意（恋爱篇）

几乎是同时发出同时收到，

计算机幻化成两颗心，

靠近，靠近，叠在了一起。

粉红、浅红、深红、大红的心。

电信帮助人们实现沟通。

③接亲篇

奶奶结婚坐花轿，

颠颠簸簸到婆家。

高山顶上设一瞭望哨，

看见花轿大声喊，

应山应水："新娘到!"

妈妈结婚骑单车，

爸爸蹬车上大坡。

山坳里有人用话筒高声传递大喜事："新娘到!"

我结婚时骑摩托，

前呼后拥好几辆，

刚出家门就打手机："车队出发了!"

走到半道打手机："半小时后就到达!"

快到婆家我用手机叫一声："爸、妈，我们快到啦!"

电信帮助人们实现沟通。

④鸡毛信篇（见图10-14）

图10-14 电信公益广告创意（鸡毛信篇）

这是一个发生在1990年的真实故事：

贵州省紫云县政府办公室，

秘书们在打电话通知开会。

一位秘书在写"通知"，

信封上粘上三根鸡毛。

一位10岁的小学生，

等在办公室门口。

信和一元钱同时递到小手中。

翻山越岭的小学生，

涉水过河的小学生，

汗水把牛皮信封打湿透了，

一元钱可以压出水来。

历史已经过去，

乡政府内几台电话机，

干部们在向县里汇报工作，

脸上的晴朗日子，

让人看了也欣慰。

当年的小学生已长成标致的青年，

他用手机与谁在通话哩。

对着镜头的笑嘻嘻的脸。

走过去后，见他只是点头。

电信帮助人们实现沟通。

⑤超市篇

这是一个真实的故事。

美国，一镇上的超市。

圣诞节前夕，

广告上都是超市打折的信息。

人们开来的汽车，

停满了偌大的停车场。

超市存包处，

有对讲机出租，

人们不存包，在拥挤着租对讲机。

黑皮肤的主妇将对讲机交给白皮肤丈夫，

两人飞快地消失在购物人流中。

黑皮肤主妇手拿广告传单，

对比货架边讲边挑选；

白皮肤丈夫手拿广告传单，

对比货架边讲边挑选。

他们不时与其他人的手推车相撞，

对讲中不时发出"对不起"和"咯咯"的笑声。

举着手机的左手或右手，

不时与别人的手相撞。

他们，她们，

从对讲机中发出压抑住开心的笑声。

电信帮助人们实现沟通。

⑥临产篇

大山丛中，

依稀几户人家。

夕阳渐退。

静谧中，

产妇发出呻吟。

年轻的助产士，

头上沁出豆大的汗珠，

好似比产妇更焦急。

堂屋里，

丈夫拿着电话筒，

与一家大医院的医生通话。

医生说一句，

他重复一句，

每句话都说给助产士听。

助产士按远程指导操作。

一声婴儿清脆的哭声，

打破山村的寂静。

雾霭中，

小屋飘出炊烟。

两碗甜酒鸡蛋端在丈夫手中。

助产士从"产房"中走出，

没去接鸡蛋，

径直奔向电话机，

取话筒，拨号，讲话：

"教授，我们成功了！"

小屋炊烟，

绕着一根电话线，

袅袅飘浮。

电信帮助人们实现沟通。

以上的电视广告创意脚本，供有志于创作的人参考。要有新成果，这仅是敲门砖。

10.3.5　协同生产好创意

广告创意应该是集体创作的成果，正如资深广告人杨永朋先生说："最初的那种有创意的想法，在大家的修改、补充、推翻、重建，爆破、新构中，已经面目全非。你说'这是谁的创意？'"因而协同生产才能出好创意。

1.忌单干

广告文案完成了创意构想，写好文案标题和正文，向图形创意设计人员讲述自己对主题的看法，请文案设计配画面，或者设计好画面再给文案配标题，这些都是不够妥当的。广告活动从一开始就要在工作伙伴之间敞开心扉地讨论，彼此分享对方的想法，使两条或者更多条的思路能够交叉衔接，这才是创意人之间最有效的互动模式。

2.忌自恋

很多做创意的人都有脆弱的神经，当他的想法遭受挑战、蒙受批评的时候，这根神经有时候就会发作，然后出现自我防卫的语言和行为。其实每个创意人都有急于辩解及回避批评的倾向。这是人的共性，并不是创意人的个性。但是身为广告人，一定要有把自己呕心沥血创作的作品亮出来，并有让众人审视的勇气，在感性地思考过后，要理性地看待自己的作品，也要接受别人理性地核查。

3.忌客气

直接否定别人的想法非但失礼而且伤人，用比较间接委婉的措辞，再加上充足的理由，甚至积极的建议，会使创意得到提升。但不能因为客气就不忍批评，如果这样，可能最终会受到广告主更为激烈的批评甚至会丧失机会。

4.忌认命

永远不要满足60分的创意！除非你真的无法突破自己的创意障碍，安心于你现在的待遇和位置，不想再有更大的发展前途，否则你何必看轻自己？也许是你的潜力尚未激发，也许是尚未开发。多看些国内外的优秀作品，多做些模拟练习，比别人多熬上两夜，即使做不出100分的创意，起码也可以拼出七八十分的创意。

5.忌搞怪

创意的手法是无穷的，尺度难以衡量，当你的想象装上翅膀尽情翱翔的时候，记住要用大脑指挥方向，而不是让翅膀将想象带进诡秘奇幻的世界，弄得受众-顾客-消费者看不明白。时刻审视创意是不是依照广告策略制定的，是不是消费者可以接受的。

思考与练习

一、自测题

1.名词解释

广告创意的"三点一线"

2.填空

广告创意原则：＿＿＿＿＿＿＿＿＿＿＿＿＿＿＿＿＿＿＿＿

广告创意要求：＿＿＿＿＿＿＿＿＿＿＿＿＿＿＿＿＿＿＿＿

3.简答

（1）广告大师总结的创意过程有哪些？

（2）广告人自己总结的创意过程有哪些？关键点是哪个阶段？

二、练习与实践

1.总结自己曾经做过的创意过程。

2.在广告创意"三点一线"道理指导下，试做一两件事的主题创意。

第11章

广告表现

学习目的与要求

学习本章后，懂得广告表现、广告语言的概念，熟悉广告表现要素和广告文案写作的4个组成部分，能对具体广告作品指出其广告表现的形式和内容。

学习重点

1. 广告表现的要素
2. 广告表现的基本要求
3. 广告语言的原则与要求
4. 广告标语和标题的区别

引例

羞涩的背后

台湾金莎上市的广告片与严肃的教会开了一个小小的玩笑，差点惹来禁播，因广告公司高级主管及时取得教会公关处人员的谅解接纳，才得以顺利地播出。

广告内容是这样的：一开始，只见寂静空洞的教堂中，一个面孔清秀的少女低头步进告解室。画面显示少女期期艾艾地向神父坦白，说因为抵制不了诱惑，后悔发生了第一次。观众至此已被故事情节牵引，免不了想到少男少女最不该犯的那种过失上去，但画面一变，少女竟解释为抵受不了金莎巧克力独特口味的诱惑，而第一次把整盒金莎全吃光了，此刻观众从女主角向神父忏悔所营造的低压中突然解脱不禁发噱，少女继续描述金莎巧克力的结构及特质，这是她抵受不住诱惑的必然理由（见图11-1）。

这样一来电视观众通过故事印象深刻地认识了金莎这种独特的产品。人们在看理性的、具有批判意识的广告片时，脑筋会随着转动，以致提出质疑。然而，一则扣人心弦、感人温馨的广告片，却使人无法理智地判断它的对错，只能完全用心去感受。

图 11-1　羞涩的背后（金莎巧克力）

一位资深的美国记者曾这样说："只要有足够的经费，我能使一块砖头被选为州长。"虽然这句话中很明显地有夸张成分，但我们还是可以从中体会到，广告在现代社会中的力量不可小视。

资料来源　丁慧中.我就是营销高手［M］.北京:蓝天出版社,2005.

思考:

广告表现形式不能伤害内容，要促成创意的正能量得以实现，除了遵循《广告法》，还需要做些什么?

|11.1| 广告表现概说

一个广告作品总要以一定的形式与受众接触，广告的内容要通过各种形式表现出来，这种形式可以是语言文字、图形、色彩，也可以是表演、音乐、音响。受众看到、听到广告的信息传播，总是通过广告表现与广告的形式接触，然后才能了解广告的内容，进而认识广告的主题，接受广告主体的信息。因此，广告表现在广告活动中具有重要的作用。

11.1.1　广告表现的概念

广告表现是用视觉化、形象化的方式将广告要传递的信息表现出来的工作。广告表现的主旨由广告创意、广告形象、广告画面、广告语言文字、广告衬托等来体现。如果是广播、电视广告、微电影广告，还需要音乐、音响、画面组合等多种要素。

广告表现通过各种载体传递信息。随着人类传播行为和传播工具的发展，广告表现也在发生变化。从商品实物、口头传播信息到用文字、图形传播信息，再到印刷媒体传播信息，进而到应用电波传播信息，广告表现的发展大体分为这 4 个阶段。

广告从靠商品本身的物理属性的展示，发展到广告信息可以离开商品的物理属性形式，而由符号化的方式展现商品，提高符号化程度是广告表现十分重要的任务。

现代广告表现重点在于创意,从创意中确定广告话题,通过广告创意的表现,明确无误地向受众传达商品对广告客体——受众的好处,对社会的贡献,以此引起受众对广告的注意和兴趣,为广告目标的实现打下基础。

11.1.2 广告表现的要素

1.语言

广告语言是进行广告表现最基本和最重要的要素。大卫·奥格威说:"广告是词语的生涯",美国著名广告人史戴平斯也说过:"文稿是广告的核心。"

古代广告用实物陈列和吆喝吸引顾客,产生了最早的用语言为符号的广告信息传播。近代、现代、当代的广告信息传播依然离不开语言这种重要形式。平面印刷广告要用书面语言传播广告信息;广播广告要凭借广告播音员以书面语言传播出去;电视广告,微电影广告的脚本、分镜头剧本,广告演员的口头语言和肢体动作表演等非口头语言,作为广告表现要素的语言在广告人之间的口头表达和广告人要向受众进行的信息传播中都是少不了的。

2.构图

广告的画面称为构图,按照广告信息传播的需要,将各广告要素组合成一个统一的整体。组成广告画面的要素有:说明商品的广告语言文字、插图、商标、商品名称、标题、标语、广告随文等。这些要素的不同排列能产生千差万别的视觉信息。

广告在发展中对构图的要求越来越高,如果不能引起受众注意,没有强烈视觉冲击力的构图,则不能达到广告的传播目的。

广告画面的信息传达要注意这些问题:

(1)构图的视觉平衡(见图 11-2)。构图要实现视觉平衡,人们看广告,平衡能使人心情愉悦;不平衡,会使读者、观众自觉地去产生一种极力想改变自己所处位置或构图形状,以便达到更适合于整体的趋势,出现这种情况,这就难以达到传播效果。

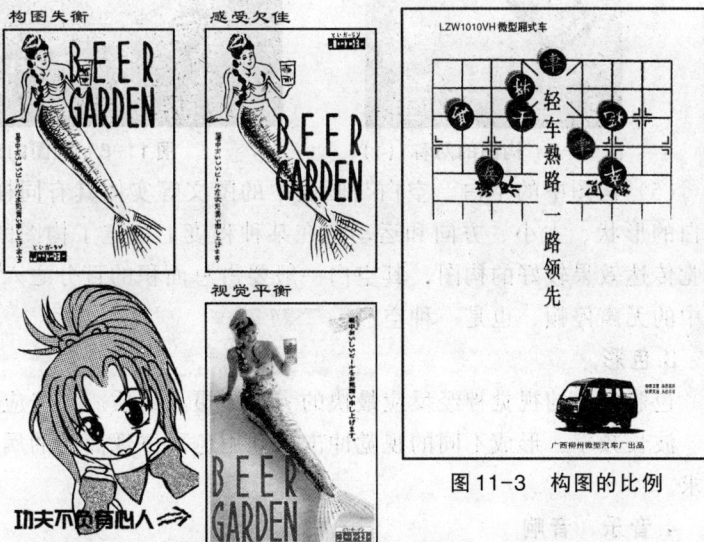

图 11-2 构图的视觉平衡

图 11-3 构图的比例

（2）构图的比例（见图 11-3）。任何一幅构图都要确定长与宽的比例，不同的比例会给受众留下不同的感觉。1：0.618（黄金比例）这种比例在自然界中存在最多，最容易使人们接受。长与宽的比例为 1：1，2：1，3：1 都能给人以不同的感受。

（3）画面不同部位给人的心理感受（图 11-4）。在一幅平面广告中，不同部位放置相同的画面要素，给人的感受是不相同的。

（4）构图的对称（见图 11-5 和图 11-6）。对称是我国最常用的一种构图法则。对称有上下对称、左右对称、移动对称、扩大对称等。对称给人以严肃、庄重、秩序的感觉；对称如果走向绝对，又会显得呆板，缺乏生动与灵气。

图 11-4 画面不同部位给人的心理感受

图 11-5 构图的对称（1）

图 11-6 构图的对称（2）

（5）构图中的空白。空白与画面中的图文等实体具有同样重要的作用和意义。空白的形状、大小、方向和运动，在某种程度上决定了构图的质量和格调的高低。视觉传达效果较好的构图，其空白一般要占总面积的百分之六七十或以上。广播广告中的无声停顿，也是一种空白。

3.色彩

色彩是人的视觉神经反应最快的一种被摄入物质。广告应用不同色彩的色光效果、波长频率，形成不同的视觉冲击，利用色彩体现商品的属性，满足受众的心理需求。

4.音乐、音响

在电视、微电影、广播广告中，音乐、音响相当于平面广告的色彩一样，能让观众、听众引起对广告的注意、兴趣和记忆。使用音乐、音响，要服从于表现广告主题的需要，与受众的接受心理、商品的性质、企业的广告目标相吻合，不能追求纯音乐的美，产生喧宾夺主的情况。

5.线条

不同的线条给受众的感受也是不一样的，人们可以从不同的线条中，产生不同的感觉和联想。比如，直线给人以刚直、有力的感觉，水平线给人以稳定、广阔的感觉，斜线给人以运动、流向的感觉；曲线给人以柔美、活泼的感觉。

6.附加要素

为表现广告主题的需要，设置在广告画面中的这些因素：广告演员、道具、情节，广告随文的繁、简，广告音乐的强弱等都是在进行广告表现创意时要考虑的因素（见图11-7）。比如，广告中选用了一位美女，让美女光彩照人的形象与商品同时出现。如果商品本身与这位美女并无更多关联，广告的信息传递会因美女的出现而产生误导，受众看的是美女，而忽略了对商品的注视，广告就会失败。

11.1.3 广告表现的基本要求

在企业争相用广告宣传商品和企业形象的市场经济大潮中，广告要想被人们接受是一件不容易的事情。首先，在绝大多数情况下，受众是被动接受的。尽管媒体非常准确地把广告信息传递到广告受众眼前，他也只是在漫无目标地浏览中看那么一眼。特别是在广告众多的今天，认认真真从头到尾看广告的人是很少的。广告能吸引人们多看一眼、多看一会都是极大的成功。另外，人们阅读广告的时间是非常短暂的，能在这短暂的一瞥中抓住读者、给读者传递更多一点的信息也是广告表现追求的效果。总之，由于人们接触广告的这种特殊性，增加了广告表现的困难，同时，也对广告表现提出了更高的要求。

第一，广告表现应该引起受众的注意（见图11-8）。一个广告能否立刻引起注意，是广告产生说服作用的前提，不能引起注意就等于被淹没于广告的汪洋大海之中，广告有再好的主题与策划也将付诸东流。

图11-7　蒙娜丽莎的微笑

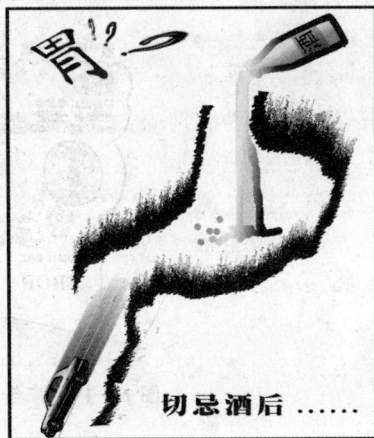

图11-8　广告表现要引起受众注意

第二，广告表现要引导人们的视线注意广告的主要部分（见图11-9）。只要一个广告被看到，就应让受众立刻看到广告的主要部分，也就是广告表现的主题，而绝不应该是广告的次要部分。

第三，广告的主要部分必须容易被记住（见图11-10）。既然人们看到了这个广告，就应该让人在短时间内记住广告的主要内容。虽然记忆要靠重复，但看一眼能否留下印象是衡量一个广告表现成功与否的重要标准。看了马上就忘记的广告是不会发挥作用的，那些"高深莫测"的、"拗口"的、"含糊不清"的或"故弄玄虚"的广告表现都是难以达到被记住的目的的。

图11-9 引导人们注意广告的主要部分

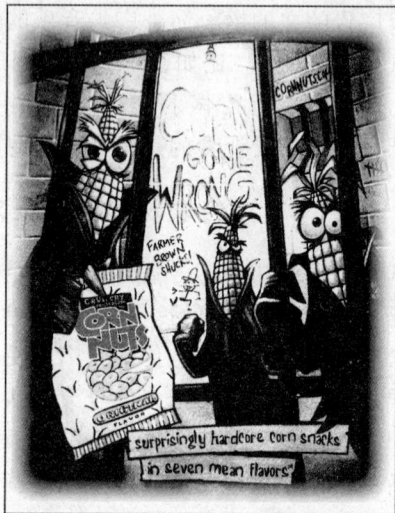

图11-10 广告的主要部分容易被记住

第四，广告表现要能引起预期的联想（见图11-11）。由于广告表现的要素本身就能够形成"间接"信息，即引起特定的感觉和联想，所以广告表现中要充分利用这一特点。让广告对象产生有利于广告主题的联想，当然，也要防止由于设计上的失误造成的表现要素与广告主题完全相反的联想。

图11-11 广告表现要能引起预期的联想

|11.2| 广告语言

11.2.1 广告语言的概念

这里指的广告语言也就是广告作品中的语言，包括各种广告中所有的语言文字信息（见图11-12）。在报纸、路牌、招贴、橱窗、霓虹灯、邮件等媒体的视觉广告中，广告语言由文字、标点符号排列组合而成；在广播、电影、电视等听觉广告中，广告语言则由语言（语速、语音）和停顿来表现。

在我国的广告中，广告语言从语言的形式上看有普通话、各地方言、文言文、外语。从文字形式上看包括字的各种形体：宋体、仿宋体、楷体、黑体；篆书、行书、魏碑、琥珀；繁体、简体；汉语拼音、拉丁字母以及标点符号。

广告语言表面上看起来似乎与一般的文字语言或应用文语言并没有多大区别，正因为如此，很多人便把广告写作看成是一种文学语言创作或应用文语言写作，对广告语言只从文学、应用文、修辞学的角度进行分析、研究。事实上，广告语言因其独特的作用、目的和表达方式而具有极大的特殊性。这种特殊性表现在结构形式上，就是所采用的语言文字种类形式丰富多样，语言结构高度灵活自由，频繁地吸

图11-12　广告语言的概念

收、创造新用法和新形式。这种特殊性表现在表达方式上，就是广告语言与广告中其他因素水乳交融，有时甚至合为一体（如文字图形等）。语言文字在广告中的篇幅、位置、各部分之间的排列组合等等都完全取决于广告表现的要求，而无现成的章法，这与一般的应用文写作大相径庭。

11.2.2 广告语言的原则与要求

1.广告语言的原则

（1）真实性原则（见图11-13）。广告语言的真实性是广告的生命，正如一条广告格言所说，"诚实是广告的最好策略"。广告语言如果失去了真实性，那就丧失了广告的生命，真实是广告语言的自然属性，是商品对广告的客观要求，所以必须把真实性作为广告语言的首要原则。体现广告语言的真实性在于实事求是，也就是广告语言要客观准确、不作假、不掺水、不无中生有、不夸大其词、不模棱两可导致误解。为了维护广告语言的真实性原则，国家将它纳入了法制管理的范围，在一些广告法规中有明文规定，所以说，坚持广告语言的真实性原则，是对每一个广告从业人员的最基本的职业要求。

（2）思想性原则（见图11-14和图11-15）。广告不仅具有商业经济方面的作用，而且还具有社会教化、美育、德育方面的功能，也就是说它不仅为社会主义经济服务，也为社会主义意识形态服务，在践行社会主义核心价值观中发挥积极的作用。因而，广告语言必须具有鲜明的思想性。要坚持广告语言的思想性，就是要使广告语言的内容坚持社会主义方向，真心实意

图11-13　广告语言的真实性

为消费者服务。这样的广告语言在表述上就一定是真实的、准确的、健康的、爱国的、向上的、积极的、正面的、高雅的。而那些在表述上低级庸俗，甚至内容反动、有辱国格、崇洋媚外的广告语言，都是与广告语言的思想性原则相违背的，我们应该予以坚决抵制。坚持广告语言的思想性应成为社会主义广告语言的重要特色。

图11-14　广告语言的思想性（1）

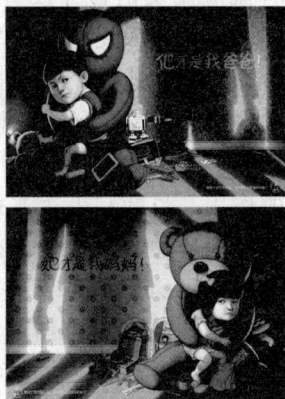

图11-15　广告语言的思想性（2）

（3）艺术性原则（见图11-16）。除了真实性和思想性以外，广告语言还必须具备艺术性，没有艺术性的语言称不上是广告语言。这也是广告语言与其他语言（如政治语言、哲学语言等）相区分的重要特征。艺术性的语言表现能使广告准确地传递商品的信息，能让消费者更乐于也更容易接受广告宣传。同时，广告表现中的艺术性语言在传递信息、沟通产销、指导消费的同时，还能让受众-顾客-消费者获得一种艺术上的享受。

2.广告语言的具体要求

为了使广告语言具有更强的表现力，除了遵循以上基本原则以外，在广告表现中对广告语言还有如下一些具体要求：

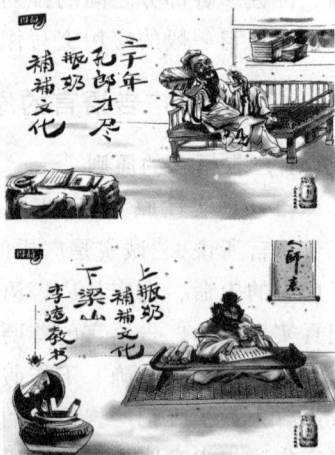

图11-16　广告语言的艺术性

（1）简明，即用最少的信号表达出最多、最明确的信息（见图11-17）。

在现代社会中，由于生活节奏的加快、心理压力的增强，人们一般只能适应一些短小精悍的语言作品。广告作品对受众来说本来就带有某种程度的强制性，因此更应该简单明了，绝对不能像一般论文那样尽情尽兴地旁征博引、洋洋洒洒，更不能啰唆重复。

从广告传播的特点和人们对广告语言信号的记忆规律来看，也不允许广告语言烦琐复杂。有些视听广告本身就具有稍纵即逝的特点，印刷广告虽然能长久保持，但现代生活中的受众-顾客-消费者，他们对广告一般也只是一扫而过。在短短几秒到几十秒的时间里，广告所能留给接受者的信息是很有限的。显然，简明的广告内容更容易让人记住，效果自然也就更好。

（2）醒目（见图11-18）。醒目是对广告表现以及广告语言的特殊而基本的要求。醒目主要是就广告语言的形式安排而言的。在广告语言内容的编排和广告版面的安排上要引人注目，夺人耳目，能给人留下深刻而鲜明的印象。广告语言的醒目性主要体现在如下几个方面：首先，广告的主要信息显著突出，能使人迅速抓住重点，了解主要内容；其次，版面清晰明快，一目了然，顺应人们的视听习惯；最后，语言内容和表现形式新颖奇特、与众不同、独具风格。不注意突出主要信息或主要信息突出不当、版面繁杂混乱、缺乏创新特色的语言表现都达不到醒目的要求。

图11-17　简明的广告语言

图11-18　醒目的广告语言

（3）生动（见图11-19）。生动是指广告语言鲜明形象、活泼有趣、优美动人，版面图文声情并茂、引人入胜，给人强烈的鼓动性、感染力，以留下美好的回忆。

当人们接触到一个简洁明了的广告，并因其醒目的语言形式而对它格外注意时，能否真正对它产生兴趣，进一步去了解、体会其内容，并记住该广告，那就要看它是否吸引人，是否生动有趣了。因为广告是一种明显的诉求行为，需要通过劝诱、感化来达到促使受众-顾客-消费者购买商品的目的，所以广告形式必须动之以情、情趣盎然。尤其是电视、微电影、广播、杂志等媒体刊播的广告，其前后左右充满了都在极力争取听众、观众和读者注意的广告，这就要求广告形式包括表现内容的语言应具有比一般文艺作品更强烈、更刺激、更特殊的艺术魅力，否则是无法打动受众的。

11.2.3　广告语言的表现要素

广告语言是通过什么途径传达给人们的呢？当然是"听"和"看"，而我们听到和看到的无非是以下一些广告语言的表现要素（见图11-20）：

图11-19　生动的广告语言

图11-20　广告语言的表现要素

1.音量

音量即声音的强弱、轻重、大小，相当于语音学上的"音强"，它关系到声音的响亮程度。

音量大小可以区分内容的主次，可以使语言表达起伏跌宕，富于变化。广告语言中比较重要的词句应在读音上加强，一些关键性的词语可以用特别响亮的声音来营造独特的效果。

在运用音量时，还应当根据广告商品、接受者、语言等因素的具体特点来选择适当的音量。现代城市居民把高分贝的声音视为污染之一，因此，对过大音量的使用应十分慎重。

2.语速

语速指说话速度的快慢。在一般情况下，人们使用正常语速。汉语的正常语速为每分钟180～200个音节。语速在广告中主要有两方面的作用：第一，利用快速或慢速，生动地表现广告中的人物形象、商品特点等。第二，利用慢速表示强调，广告语中较重要的内容可以适当地放慢语速，以便给人一个清楚、深刻的印象。在广播广告中，由于没有画面、字幕的帮助，不管多么重要的内容都在语流中稍纵即逝，因而更有必要通过语速的科学安排来强调主要信息。

3.音色

音色即是由于波型和泛音的不同所造成的声音的属性。每个人的声音以及钢琴、提琴、笛子等各种乐器所发出的声音的区别就是由音色不同造成的。音色也叫音品、音质。不同人的音色千姿百态，同一个人的音色也可以在一定程度上加以变化。音色有的粗、有的细；有的刚硬，有的柔软；有的沙哑，有的清脆。不同特色的音色具有不同的表现特长，适用于不同情况的广告。

在广告语言的表现中，贴切、成功地运用音色是比较困难的事情。它不仅需要广告语言创作者科学的设计，还有赖于广告演员、播音员们完美的表达。

4.字体

字体是在印刷广告中涉及的一个重要的语言表现要素（电视广告的字幕也要用到不同字体，但其重要性没有印刷广告明显）。在漫长的历史发展过程中，汉字形体经历过大篆、小篆、隶书、魏碑、楷书、行书、草书等阶段。新中国成立后，在政府的提倡和参与下，对汉字形体进行了较大规模的简化，同时还制定了《汉语拼音方案》，在一定程度上作为记录、表达汉语的辅助工具。迄今为止，汉字已经积累了丰富多样的字体。其中有些字体虽然已失去实用价值，但仍在文化艺术领域发挥着作用。

我国广告中最常用的字体是规范的楷书及各种变体——宋体、仿宋体、楷体、黑体，同时又开发出圆头体、综艺体、琥珀体等。不过出于醒目和生动的目的，广告中还经常要用到汉语拼音、行书，有时还会用篆书、隶书、魏碑等古老的字体。不同的字体具有不同的风格特点，可以适应不同的需要，表现不同的思想内容。

我国广告在使用字体方面还存在许多明显的问题，首先表现在滥用繁体字上。许多广告大量使用繁体字，殊不知繁体字有其明显的缺陷，例如，对国内大多数人特别是年轻人来说，繁体字存在很大的阅读障碍。一幅广告如果让人读不懂或读起来很费劲，那就连最起码的传播信息的目的也无法达到。广告中滥用繁体字破坏了语言文字规范化要求，是不可取的。国家工商行政管理局于1998年发出第84号令，作出了《广告语言文字管理暂行规定》，对繁体字的使用专门做了限制性规定。其次，就是书法的运用问题。有些广告为了求得版面的艺术效果，不使用印刷字体，而是用毛笔书法，这本无可厚非，但多数书法的使用效果并不理想，特别是有些书写水平很低劣的书法，不仅不能给人美感享受，而且妨碍了人们对于广告内容的阅读、识别。如有一个"大阳"摩托的电视广告，"阳"字用的是繁体，书写极不规范，看起来几乎就是个"场"字，这对于广告表现来说是无益而有害的。这些问题是必须引起广告创作者及广告主的注意的。

|11.3| 广告文案写作

广告表现在印刷广告、广播广告中，主要体现在广告文案里，广告文案的写作是对于广告语言的具体运用。

广告文案是广告作品中用以表现广告主题和创意的语言文字。这是广告的重要组成部分。

广告文案一般由广告标题、广告正文、广告口号和广告随文4部分组成（见图11-21）。

撰写广告文案必须依据心理学的法则，首先要引起受众的注意，获得他们的好感，诱发他们潜在的需求欲望，促使其采取购买行动。美国杰出广告撰文家乔治·葛里宾曾指出：成功的文案，必须具有吸引受众将全部文案读完的魅力。

图11-21　广告文案的构成

11.3.1　广告标题

一篇文章要有一个标题，一则广告文案也要有标题，标题是广告文案的重要组成部分之一。从人们注意广告的情况来看，标题是最受注目的内容，一个好的标题会像诗歌一样流传，会成为某一品牌和商品的代名词。因此，广告创作者都非常重视广告标题的写作，美国杰出广告撰文家大卫·奥格威就曾经说过："我为广告写标题，每次不下16个。"

常见的广告标题写作形式有如下几种：

1.新闻性标题

广告实际上是销售信息。当某一新产品或产品的改良确有创新，一般都采用新闻性标题，标题里清清楚楚地介绍这些产品的特点。

2.诉求性标题

诉求性标题也称直接利益标题，特点是直截了当地点明商品的特点及给消费者带来的利益。

3.炫耀性标题

炫耀性标题是通过标题反映出广告主对本产品的自豪感。这类标题最极端的例子常被认为是在做公开的吹嘘，而口吻较谦虚的则可视为在表现一种稳定沉着的心满意足。这类标题也可直接或间接地把好处传递给读者。

4.建议性标题

建议性标题通过建议增强了标题的主动性，促使读者去做或去思考某些事情。此类标题通常也是一种利益性标题。

5.悬疑性标题

此种标题不一定会提供给读者有关购买决定的消息，主要目的是以悬疑性吸引住读者，使读者因为好奇，想一探究竟而继续看下面的文章。

6.标语性标题

标语性标题通常只有八九个字，主要靠图片的力量来赋予意义。

写作广告标题时要注意如下问题：

第一，联系正文。

标题是广告正文的高度概括。人们看到标题，就能理解本广告主要是讲些什么，因此，广告标题不能与广告正文毫无关联，故作离奇之笔。

第二，简短扼要。

标题字数一般为7±2字为宜，这是因为读者无暇阅读冗长的文字，也不会去玩味模棱两可的含义，因此，广告标题以简短扼要、易读易记为好，读者三四秒钟之内能读完。

第三，具体突出。

广告标题应具体而不含糊、独特而不一般。标题过于抽象，不仅易为人们所忽视，也会由于令人费解而激发不起人们的兴趣。

第四，富于创新。

广告标题是一种创作，应有自己的特色，不能袭用他人惯用的标题，也不要套用、模仿他人的广告标题。

第五，引人注目。

标题内容要与消费者心理需求联系起来，诱发他们的关心、好奇、喜悦等情绪。标题的字体、字形、用字与位置都应考虑视觉特点，要能引起注意与兴趣。

11.3.2 广告正文

正文是对广告的内容做具体说明的部分（见图11-22），它对于翔实明确地向人们解释商品具有重要作用，在写作广告正文时应注意以下问题：

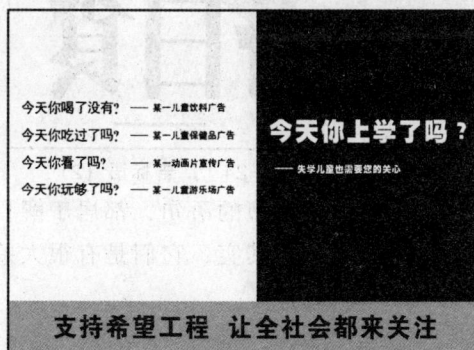

图11-22 广告正文

第一，在不啰唆的情况下，只要是有必要，长文比短文好，因为把一件事写清楚有利于人们的理解，有利于促销。例如，美国最长的广告文案达到6 450字。美国的Schlitz啤酒广告一共有5页，其销售额在几个月内就从第5位上升到第1位。美国的壳牌石油公司广告为4 000字，在美国有20%的男性读者阅读了这条广告的大部分内容。可见，长文有长文的优越性。当然，再强调一遍，其前提是不啰唆。

第二，不要用太多的形容词，如"一定"、"绝对"等词不能用。那些"是你最佳的选择"、"是你最聪明的决策"之类，不但包含着对受众-顾客-消费者不尊敬，而且有欺诈嫌疑，不允许出现在广告中。

第三，正文应该利用充分的证据，直截了当地去说明商品的特性和广告主题，不要故弄玄虚，显得"欲言又止"或"高人一等"。

第四，一般不要用文学作品的手法去写广告正文，因为人们是希望从正文中获得可靠的信息，而文学手法可能会降低其可信度。

第五，不要搞文字游戏，不要用一些生僻的词语，尽量用公众好读、易记的语言。

11.3.3 广告标语

广告标语又叫广告口号或广告警句（见图11-23和图11-24），通常情况下是用几个字组成一句富有感染力的话来传达商品、服务或企业形象的信息。广告标语在媒体的使用中反反复复地出现，刊播时间一般都很长，有的差不多会与公司的商标和名称相始相终。因为一句口号长久、重复地使用，日渐变成生活用语，人们一听便知是某企业的某商品，从而提高商品的知名度和销售的连续性。

图11-23　广告标语（1）

图11-24　广告标语（2）

因为广告标语和广告标题有许多相似之处——都是简短的语句，都居于醒目的位置，因此在概念上和实际使用中不太容易分清楚。其实，它们是有很大差别的：

1.目的不同

广告标语是为了传达关于企业、商品、服务或理念的长期不变的观念；广告标题是用来引导诉求对象阅读广告正文，产生短期的、即时的作用的。

2.使用时限不同

广告标语通常在一个较长的时期内持续使用，很少变化；广告标题则只在一则具体的广告作品中使用，一般用后即弃，具有很大的可变性。

3.使用的范围不同

广告标语适用于在一个长期性的广告活动中所购买的任何媒体、任何形式的广告；广告标题则是一则具体的广告文案的题目，它一产生，就与广告作品尤其是广告文案的正文成为不可分割的整体。

4.出现的位置不同

广告标语在广告文案中的位置没有限制，可以在广告作品的任何位置出现；广告标题则一般出现在广告文案的最前面。

广告标语看起来只有几个字，但它的撰写难度是相当大的，特别是要创作出脍炙人口、令人传诵的广告标语更是一件十分困难的事情。

撰写广告标语应注意如下几个问题：

第一，尽量简短，为了容易记忆，字数不宜太多，对于大多数广告标语来说，5～9个字是比较恰当的；

第二，念起来要有节奏感或韵律感，这样更容易使人诵读、记忆；

第三，要平易近人、口语化，最好让人一听就知道是哪几个字；

第四，广告标语还可以对消费者有所建议，有利于引导消费者；

第五，广告标语还应该具有冲击力，具有竞争性；

第六，尽量把公司、商品或劳务名称放到广告标语之中，如"新鲜常在香雪海"，"海尔为你着想"。

11.3.4　广告随文

广告随文是广告的附属性文字，目的是做必要的说明，如厂名、厂址、电子邮箱、QQ号、微信号、电话、购买手续、银行账号、经销部门等，对消费者起到购买指南的作用。它的写作方式比较固定，只要求简明扼要，不使人产生误解就可以了。一般情况下，广告随文都放在正文之后。

思考与练习

一、自测题

1.名词解释

广告表现　广告语言　广告文案　广告标语

2.填空

广告表现的要素：_____

广告语言的原则与要求：_____

广告语言的表现要素：_____

3.简答

（1）广告画面信息传达，要注意的问题有哪些？

（2）广告语言为什么要简洁、醒目、生动？

（3）广告标题与广招标语有什么区别？

二、练习与实践

1.找一幅印刷广告作品，具体说出这幅作品的广告表现要素，说出各要素间的关系。

2.记下某天的两则或三则广播广告，分析广告语言的表现要素，并重复模仿广播广告的播音，认真体会其中的广告表现创意。

第 12 章

广告策划

学习目的与要求

学习本章后，明确认识广告策划概说中的广告策划的定义，广告策划在广告活动中的地位、任务，广告策划的要素，广告策划的基本要求以及策划的基本原理；学会为生成一份合格的广告策划书而进行的有效活动，落实到运用策划的理论开展广告策划。

学习重点

1. 广告策划的要素、广告策划的基本要求
2. 生成一份合格的广告策划书要进行的活动
3. 试写出两三份短小的班级活动或学生社团的策划书

引例

营销自己的稀有策划

著名、反叛、性感这些词经常用来形容歌手、舞者、演员和制作人麦当娜。然而，她最大的天分在于她的营销自己的稀有策划。

像麦当娜这样长期地吸引观众注意力的演员绝无仅有。她与传统的形象持久、固定以保持品牌形象的营销思维相反，麦当娜经常改变她的外形——她的发型、头发颜色、服装、音乐主题等都在不断地变化中，使公众对这位以歌技闻名的多面手

图 12-1 麦当娜的舞台生涯

经常有耳目一新的感觉（见图 12-1）。这些变化实际上就是麦当娜引人瞩目的原因。

大概是她吸引以及愉悦公众的能力使她的演艺事业近 20 年一直呈上升趋势。不管以哪种标准衡量，麦当娜都是一个相当畅销的人物——她的唱片全球销量达 1 亿张，电影的票房净赚几百万美元，巡回演唱会门票经常销售一空。

麦当娜近 30 年来塑造的流行文化正是她一直为人称道的营销策划能力的标志。她所采用的一些成功策略也许可以为我们所用。

寻求形象代言人的认可

在歌唱生涯的开始，麦当娜便认识到了让形象代言人——黑人社区认可其音乐的重要性。她早期的制作人之一里吉·卢卡斯（Reggie Lucas）写了"边界"一歌并为她制作了 1983 年的成名专辑《麦当娜》，在《麦当娜》中他说，"麦当娜是最早严肃地处理黑人音乐的少数流行歌手之一。实际上，对她来说，一开始在黑人社会打破风行一时的纪录是非常重要的，因为她明白这将在整个唱片行业给她带来声誉。"

就像菲尔·赖特求助于职业运动为向他的运动鞋提供信誉和需求一样，麦当娜为了音乐事业的腾飞而求助于音乐界的形象制作人。这个策略很有回报：几乎从那天起，她的歌和录音带在舞蹈演员、俱乐部成员、青少年、大学生中，事实上在每个人中开始流行。随着麦当娜的成长，她的歌迷也随之成长。幸运的是，她一直不停地吸引不同年龄层次的观众——无论是年轻的或是年老的。但是如果没有黑人社会的接受和祝福，麦当娜可能还是一个苦苦挣扎的艺员。

永不自满

可能麦当娜的部分魅力还在于她愿意冒险，尝试新的风格和音乐表达方式。前制作人卢卡斯指出，"当你在听麦当娜早期的音乐时，会发现她愿意在她的嗓音、肉体上做各种各样的经过专业训练的或是通常意义上的好嗓音所不愿做的尝试。"

她不满足现在在音乐和娱乐业中的地位。当娱乐圈中那么多人持之以恒、孜孜不倦地想要成为明星，而达到目的之后便很快销声匿迹时，麦当娜的目光总是盯着更久远的角色。麦当娜并没有躺在荣誉上止步不前，她一直对展现新的外貌、风格、形象、公共角色以吸引观众的兴趣非常热衷。她不断地运用使人震惊的价值观让人们谈论她，让自己的音乐保留在排行榜前列。

经常更新包装

为了保持人们对她的兴趣，让音乐迷和评论家经常谈论她，麦当娜经常彻底改变自己，让观众不停地猜测接下来她会变成什么人。不断地改变和更新自己的形象，与自己最新的音乐风格同步。观众这么多年一直愿意买她的唱片，甚至在大多数音乐节目无人问津时，麦当娜 20 多年来一直吸引着一大批顾客。《环球人士》一文指出，麦当娜本人也说她是"自己的试验，自己的艺术作品，一个长大了的改进了的改造了的女人"。

"保持内容新鲜。"现在经常用来形容最新的一种营销工具：网页。麦当娜就是运用网页的，最能追上时代的营销者之一。

今天，网页访问者利用这项科技能获得麦当娜最新的情况和音乐。

不断扩大自己的市场

很明显，舞蹈元素的融入扩大了麦当娜的观众群。她的歌迷俱乐部起初是由新潮的少男少女组成，后来又把一群范围很广的消费者吸引进去了，包括舞蹈俱乐部成员、MTV热爱者、中年电影观众——通过麦当娜种种不同的造型，使她从物质女郎到灵魂论者，从一名苦苦挣扎的艺员到获奖歌手。

大多数推销商都知道，有三种办法可以增加收入：向现有顾客销售更多的商品；向现有顾客推销价值更高的产品；向新顾客销售产品。当然，麦当娜在三个方面都做了策划以增加收入。她定期推出新专辑，满足现有歌迷的需要。创造新的收入方式——表演和电影，这些都比唱片来得要贵；过一段时间，便彻底改变自己以赢得更多的观众。

麦当娜被称为是"过去半个世纪流行文化产生的最重要的女演员"，她通过性感、高亢的嗓音以及不断改变公众角色，获得了今天圣者的地位。

更多地注意顾客而不是评论家

尽管她已经卖出了上亿张唱片，赢得了音乐电视奖、格莱美奖以及全球奖，但麦当娜还是没有取得所有评论家的好评。有些人批评她的表演能力，有些人把她的音乐、言行、外貌批得一文不值，还好，麦当娜对这些都不屑一顾。"如果她是那么重视评论家的意见的话，那么，很早以前她就只能放弃自己的抱负了。"

拥有2亿美元以上的财产，麦当娜的确可以把她的注意力从工作上转移开一阵子，但不要期待她退休——她只会全新包装以后卷土重来！

资料来源　玛西娅·莱登·特纳.大师级的营销：全美11位大师成为市场领袖的奥秘［M］.文波,王飞,译.北京:企业管理出版社,2004.

思考：

麦当娜不仅是著名演员，她在营销自己的策划中有哪些著名的招数？

|12.1| 广告策划概说

12.1.1 广告策划的概念

策划是有效地运用策划人手中的各种资源，激发创意，优选可行的方案，为达成预定目标或解决某一难题事先预定的、关于全局的策略的总称。

策划包括三个要素：

第一，必须有崭新的创意：策划的内容必须新颖、特别，令人拍案叫绝，使人产生新鲜、有趣的感觉。

第二，必须是有方向的创意：再好的创意，若缺乏一定的方向，势必与目标脱节，就不能成为策划了。

第三，必须有实现的可能：在人力、财力、物力的限制之下，有实现的可能，才是策划；否则再好的创意均属空谈。

广告策划是用于广告活动而进行的整体战略与策略的运筹规划，是对于提出广告决策、实施广告决策、检验广告决策的全过程所做的预先考虑与设想。广告主自己或通过广告代理者在对市场进行周密调查和分析的基础上，利用已经掌握的知识、情报或资料，科学地、合理地安排广告活动，设定广告目标，选择达成此目标的必要的战略战术，然后在市场上执行所计划的各项工作。

广告策划在广告活动中的地位是十分重要的。在广告活动的最初阶段就要进行广告策划并贯穿于广告活动的始终。广告策划是一种优先的、提前的、指导性的活动。进行广告活动，应该事先进行策划。没有科学的广告策划，就不会有成功的广告。

广告策划在广告活动中的任务是要解决在广告运动或广告活动中对谁诉求，即"对谁而说"——找准广告的对象的问题；在广告运动或广告活动中"说些什么"——确定广告传播的主题；"如何说"——运用广告传播的策略；"在什么时间说"——发布广告的时机策划；"在什么地方说"——发布广告的地域策划；"用什么媒体说"——选用广告的媒体及媒体组合的策划；"需要多少费用来说"——广告的费用策划；"说的效果如何"——广告传播后会产生什么样的效果等诸多问题（见图12-2）。

每次策划，因对象不同，传播的主题、策略也会不同，选择的时间、地点和媒体就不同，广告活动的费用也不同，广告效果也会有差别。在实际的广告策划中，这8个方面要根据实际情况，各有侧重地进行。"世界上没有相同的两片树叶"，不会出现两次完全相同的策划。

12.1.2 广告策划的要素

广告策划具有策划者、策划依据、策划方法、策划对象、策划效果测定和评估五个要素。

图12-2 广告策划要面对的八大问题

策划者为广告主或广告代理人；策划依据主要指市场分析、产品分析、消费者分析、竞争者分析、社会环境调查；策划方法包括对广告提出的战略、策略、广告计划、广告创作和制作；策划对象即广告诉求传播的受众群体；策划效果即广告传播后产生的效益。

广告策划有为一个或几个单一性的广告活动进行的策划，也有为规模较大的、集中性的运动所进行的策划。无论广告策划规模大或者小，广告策划的五要素都是少不了的。

第一，广告策划者——策划主体。他是广告策划过程的策划人及执行者，在现代广告运作中,广告策划大多由专业广告策划公司进行,在广告公司内部是由广告策划小组来完成,广告策划小组则承担了广告策划主体的任务。

第二,广告策划对象——策划客体。广告策划总是为了一定的广告运动或广告活动而进行,没有广告运动或广告活动的委托,广告策划也就失去了存在的必要。根据广告主体明确的传播诉求目标,经过策划过程,确定要向目标受众说些什么,这就是策划的客体。

第三,广告策划依据——策划调查分析的结论:广告策划的根本依据是实际的市场情况,直接依据是广告主的市场营销策略。

第四,广告策划方法——这是策划人经验与现实需要相结合而产生的智慧能力的体现。广告策划涉及的内容很丰富,需要获取和分析的资料较复杂,在广告策划运作中,通常的策划方法包括:分析法、小组讨论法、实验法等。

第五,广告策划程序——发现问题、提出问题、解决问题。广告策划是按照特定的程序进行,广告策划的内容与步骤是一种程序、广告策划书的撰写格式是一种程序、广告公司对广告策划运作的组织也是一种程序,这些程序是广告策划沿着正确的方向进行并且获得预期效果的保证。

12.1.3 广告策划的基本要求

1.突出重点
在广告主的营销和广告活动中,总存在主要矛盾和矛盾的主要方面,这些影响广告活动的主要问题就成为广告策划战略的重点。

2.审时度势
在现代经济活动中,生产和消费均受到有关市场、产品、消费者群体和竞争对手等多种因素的影响。广告战略是建立在对广告主内外环境进行调查的基础上的,了解广告主内部的优势和劣势,找出广告主外部环境中的问题和机会,从中进行综合平衡,才能在策划中提出最佳的广告战略和策略。

3.立足竞争
竞争是市场经济中客观存在的事实。做策划只有面对竞争,树立强烈的竞争意识,广告主才能生存和发展。

4.把握未来
广告策划要为广告主的广告战略预测未来,把握未来,并从中找到准确的行动目标。

12.1.4 策划的基本原理

1.创新出奇原理
兵法云:出奇方能制胜。创新出奇可以说是策划的第一大原理。创新是人类赖以生存和发展的主要手段。创新适用于人类一切的自觉活动,没有创新便没有发展,不能出奇便不能产生勃勃生机,缺乏魅力,如死水一潭。只有独辟蹊径,创新出奇才能声名远扬，事业兴旺。创新出奇，就是要人无我有，人有我优，人优我新，人新我变。

2.系统全胜原理

系统全胜原理是策划者做策划的一条必不可少的原理，它要求谋划人能高瞻远瞩，深谋远虑，能用系统论的联系观、结构观、进化观来分析事物的演变，能够从整体上把握和控制全局。局部获取的阶段性胜利是全局、全过程最终取胜的前提和基础，但它不是谋划人的最终目标，谋划人的最终目标是要能够高屋建瓴，先胜而后战，追求整体全胜。一个优秀的策划家是不会过于计较局部失利的。

3.动态原理

变是绝对的，不变是相对的，任何系统都处于动态变化之中。

动态原理要求策划者在策划时自己既能通权达变，也要求他的策划能够让执行者在执行时可以随机应变，具有足够的变通、适应能力。市场就是战场，形势瞬息万变。市场竞争的胜利者总是属于那些以动态原理制定策划，相机执行的一方。动态原理依然是策划原理中的一条重要的原理。

4.高层次原理

高层次原理是指策划者在进行策划时，能够超越时间、空间的限制，把眼光放远，站得高，视角新，同时，策划内容本身也要求是高质量、高层次的，以高段位智能去驾驭、控制事物发展的全面及运行状态。高层次的实质是策划能量、智慧能量的段位提级，是创意的升华、策划的升华。

5.简单易行原理

策划者在策划时必须时时记住策划的方案应简单易行。一套方案是否简洁明了、切实可行，充分体现了策划者的策划水平。高水平的策划者能够从成千上万的参变量、变化因素、限制因素中抽象出创造性的简单可行的决策方案。

策划要尽量做到环节少、工序少，人员、职责分工明确，简便易行，不劳工费时，尽量不耗费巨资。

高水平的策划在至简至易的同时，策划的内容要文字表达通俗，不过于深奥玄妙，否则容易使执行者误解，从而产生更大麻烦，付出更高的代价。简单与易行应同时具备，方为最佳方案。

6.创意裂变原理

创意是策划的前提，是策划的核心，是策划的艺术境界。如果创意错了，即使策划再好也没有用。

现代物理学认为原子核能是能够裂变的，创意、智慧也能裂变，而且裂变后的能量是不守恒的，即可以是"无限的智能与智能的无限"。

创意裂变原理为我们多样化、创新化的策划方案、策划措施、策划目标、策划轨迹、策划重点、策划手段的选择等提供了坚实的基础。

7.大整合原理

系统工程原理告诉我们，系统整体可以大于各孤立部分的机械相加，即 $1+1>2$。

当然若整体整合得好，1+1>10，1+1>100，1+1>1 000 也有可能。所谓策划的大整合原理就是要求策划者把系统的各元素、各层次、各结构、各功能等按照创意、目标的主线集约整合起来，扬长避短，避实击虚，以实现 1+1>2，1+1>10，1+1>100，1+1>1 000…的系统整体功能。

整合有围绕功能、目标为主的整合，有以结构、层次、元素为基点的整合，有政治整合、军事整合、文化整合、智本整合、资本整合、优势整合、缺点薄弱点整合等划分法。目前谈得最多的是智能整合、资本整合、知识整合、营销整合、文化整合、优点整合等。整合出效益，整合出奇迹。

8.奇门作局原理

所谓奇门大作局或奇门作局，就是要从现有的诸要素形成的局面中，找到或整合出特别的创新出奇的奇局，以最少的投入获得最大的产出。它包括析局—开局—创局—选局—决局、布局—作局、运局—馈局与监局—结局等，简称奇门动局三九局。当然还有奇门静局，在实施时动局与静局要结合。一场大的策划、大的战役都是由一连串"局"一气呵成的。不懂得作局艺术的人即使有小聪明，出个点子，弄个公关，做个CI，都是很难做成大事的。

|12.2| 广告策划书的生成

广告策划是指广告人通过周密的市场调查和系统的分析，利用已经掌握的知识、情报和手段，合理而有效地布局广告活动的进程。其核心是确定广告目标、制定和发展广告策略。广告策划具有两方面的特征，一是事前的行为，二是行为本身具有全局性。因此，广告策划是对广告活动所进行的事前性和全局性的筹划与打算。

广告策划书是策划人制作出来的。这种创造性劳动有它自身的规律可循，在循序渐进中激发"不守规矩"的创意，使"必然中出现偶然"，"预料之中产生预外"，让"一枝红杏出墙来"，"柳暗花明又一村"，出现"病树前头万木春"的现象，以至于"数风流人物，还看今朝"（见图12-3）。

12.2.1　策划人行为受思想的支配

高智力的策划活动看起来如"摇鹅毛扇"那样简单，"眉头一皱，计上心来"那么容易。其实，策划能力是长期修炼的成果。诸葛亮未出茅庐，观天下大事，以史为鉴，与好友论及治乱之

图12-3　广告策划书的生成

道，总有自己的独到见解。悠闲地摇鹅毛扇，实际上是他正在激烈进行脑力劳动。

策划人的行为动机要懂得"知其然，还要懂得所以然"的道理，做任何事都要

有前因及后果，要遵循逻辑的规则。

1.使广告活动目标明确

广告策划方案是按照目标制定的。它运用科学的方法，集中丰富的经验储存，事先将各项活动都作出恰当安排，集多种资源于一体，使各项活动紧紧围绕最终的总体目标而展开，为实现策划主的总体目标而进行各种策略策划。

2.使广告活动效益显著

广告策划将策划主的长远计划和短期计划相衔接，使广告活动的重点更为突出。在策划过程中，根据产品生命周期的不同阶段采用不同的广告战略，兼顾眼前目标与长远利益，使整个广告活动的宣传效果更显著。

3.使广告活动具竞争性

广告策划过程中能够显现策划主的优势和劣势，据此采用恰当的广告策略，提高市场竞争能力。在策划中一定要分析竞争对手状况，确切知道在什么条件下可以与对手竞争，什么条件下不能与对手竞争。从某种意义上来说，市场竞争就是策略策划的竞争。谁的策略更高明，谁就能赢得市场，在市场竞争中立于不败之地。

4.提高广告业服务水平

广告策划是现代商品经济发展的必然产物，是广告活动科学化、规范化的标志之一。要提高我国广告业的水平，要使我国的广告从传统型走向现代型，赶上和超越时代潮流，关键在于要有一批能为广告主的广告活动进行总体规划、担任广告总体设计的专业广告公司。广告公司在策划过程中，要不断提高自身的管理水平和服务能力，并在客户中树立良好的信誉。

12.2.2 策划人的策划资本

哪些人是策划人？为企业等经济组织、社会团体、党政部门、事业单位做运筹帷幄、总体安排、战略发展前景规划的人士应该称为策划人。

要成为杰出的策划人，需要具备一些必备的条件。

杰出的策划人要具备杰出的创意，并能使创意实现。要具备这两点，需要策划人具有三个要素：第一是需要极准确的判断力。面对错综复杂、瞬息万变的市场，要准确地找准对象和目标，判断是创意的前提，创意产生之后，要进行筛选，找出最优秀的。第二是需要创意的超越构想力，没有新颖独到的构想，承袭旧制、墨守陋习，就难以解决难题。第三是需要扎实的执行力，即将策划变为实际操作的能力。善于出主意的策划人要将策划案付诸实施，才能得到预期的结果。

杰出的策划人必须把独到的、美好的创意和特殊的构想予以整理、加工、修正，巧妙地融入实施计划中，让每一个人都支持这个策划提案。

我们在策划过程中特别强调策划人的能力要素。策划能手或杰出的策划人具备的判断力、创造力、执行力中归纳出了以下11种分解要素（见图12-4）：

第一，动作要快，要有迅速反应的能力。

第二，要有卓越的图形感觉能力。

第三，要有丰富的情报来源。

第四，要有条理清晰的"系统概念"和把握"系统概念"的能力。

第五，要有站在战略高度看未来的能力，对未来的各种利益机制有较强的控制能力。

第六，要有"概念"感，对所有搜集到的相关信息能归纳出完整的概念。

第七，要有敏锐的"关联性"，对人、产品、市场、消费者的关系要感觉灵敏。

第八，要有丰富的"想象力"，能将此物发散想象为其他事物，让人感到新奇、特别。

第九，要有丰富的"感性"，能用最明确的语言描述出最深奥的意思。

图12-4　策划人的能力要素

第十，要有多角度思考的能力，使事物在联系和发展中获得全方位的认识。

第十一，要有同时进行多项工作的能力，能在多项工作中分清主次，抓住主要矛盾，解决次要矛盾。

广告策划的形式一般有两种：一种是单独性的，即为一个或几个单一性的广告进行策划；另一种是系统性的，即为规模较大的、一连串的、为达到同一目标所做的各种不同的广告组合而进行的策划。单个广告策划可以使个别的广告活动或设计增强说服力，提高广告效果。但是，如要从整体上实现企业的促销目标，使企业产品、劳务在市场中占据应有位置，只有个别的广告策划就不够了，需要一个系统、全面、周密的广告策划，这种广告策划也称为整体广告策划。广告策划要服从企业整体的营销目标，只有站在企业整体经营的高度，从整体广告活动出发，对其进行全面、系统的规划和部署，才能有效地达到广告的预期目的。

12.2.3　策划书执笔人的现实与历史责任

1.为解决策划主的难题做策划

策划是面对实战提出战略构想，拟定解决问题的策略，在广告的"投入"和"产出"中，为广告主谋划最合适恰当的方案，逐步实现广告主的目标。"空谈误国，实干兴邦"，策划人面对各种问题时，应用智慧和能力拟制策划书。

当策划对象是比较熟识的情况时，也不能掉以轻心，要用对待"太阳每天都是新的"的态度，聚精会神，在过去的成功之上再立新功。面对新的策划对象，策划人善于学习的特点就派上用场了，抱着边学边干，在干中学，在向广告主学习中尽快超过他的水平，运用综合知识，为广告主做新策划。

如在策划时碰到难题一时做不下去了，不要急于求成，应该放一放，在冷静中重新发现"关键点"。策划人要实事求是，敢于对自己、对广告主说"不"，千万不能不切实际地蛮干，以免耽误整个策划的进程。

2.在策划中展现自己的实际能力

策划是极其严肃的事，广告主将企业的身家性命寄希望于成功的策划，或为产品"开疆拓土"，或是要"收复失地"，或是正在市场中与竞争对手"相互厮杀"……对于这种"真刀真枪"的"市场战"，广告主要花出真金白银，策划人要对广告主负责，使出浑身解数，做好策划，尤其要注意策划的细节。

3.用"人生立言"的态度做策划

有智者为人生规划了"立德"、"立功"、"立言"的人生三立。成为"道德模范"、"最美医生"、"见义勇为"、"好司机"、"青年突击手"、"三八红旗手"等等，是和平时期的立德和立功。

著书立说，传播正能量，将自己的人生体验见诸报刊、书籍，或发送至手机、电脑上，去感染他人，启发他人，这应该是立言。

广告人为广告主做策划，每一次策划都要当成为社会的进步立言来对待，心怀敬畏，唯恐做不好，因此更努力。美国20世纪六七十年代出现的大卫·奥格威、李奥·贝纳、威廉·伯恩巴克、罗瑟·瑞夫斯、詹姆斯·韦伯·扬，他们所做的广告和策划的成果就是为世界广告立言。在中国的广告学界和业界，唐忠朴、陈培爱、唐仁承、黄升民、高峻、丁俊杰、丁邦清、叶茂中、吴晓波等是影响中国广告30年的人物，正是他们为广告立言，也为社会的进步立功，为经济的发展立德。

古人说："勿以善小而不为，勿以恶小而为之。"普通广告人为求生计，受雇为广告主做策划，如果把每次策划都当成一次立言的机会，聚沙成塔，也是在为自己的"名声"建造"丰碑"做添砖加瓦的事。

|12.3| 广告策划的执行

12.3.1 执行策划的指导思想

明确广告策划在广告运作中的地位，谨慎地执行策划与创造性地执行策划要统一起来。

（1）在程序上，广告策划虽然是广告运作的第二个环节，但实际上，市场调查是为广告策划而进行的，包括在广告策划运作之中，因此广告策划常常成为广告运作的首要环节。

（2）在内容上，广告策划规定着后续的表现环节的表现策略、发布环节的媒介策略、效果测定环节的测定方法，并且为它们提供具体的实施计划，广告策划是广告运作的核心环节。

（3）在影响深远程度上，广告策划的指导性贯穿广告运作的始终，是广告运作中最具影响力而且影响最为深远的环节。

（4）在特性上，广告策划为广告运作提供全面指导，而广告表现、广告发布、广告效果测定则是广告策划的具体执行环节。广告策划又是广告运作的前提性环节。

（5）在规模上，广告策划需要诸多部门的协同运作，而其他的环节则由单一的部门执行，因此，广告策划是广告运作涉及面最广、规模最大的环节。

（6）在广告运作中，广告策划是最为重要的核心性环节，它不但为后续环节提供战略的依据、具体的计划，而且对其他环节有鲜明的制约作用。

任何策划都不可能天衣无缝，诸葛亮在策划中也出现过"失街亭、空城计、斩马谡"的事。执行策划既要准确把握全局，忠实全局的指导，又要在执行中审时度势，创造性地执行策划。

12.3.2 执行广告策划要把握全局

广告策划的执行要经历 5 个环节（见图 12-5），做好每个环节，就是对全局的支持。

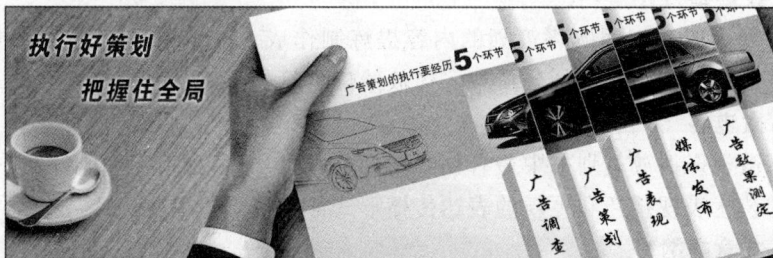

图 12-5 广告策划的执行要经历 5 个环节

1.广告调查

广告调查是广告运作的起点，也是策划的起点，调查的目的在于精准地了解市场、产品、消费的动态、媒体特点及与受众的关联，为开展广告活动打下基础，为广告策划提供直接依据。

2.广告策划

广告策划是广告运作的核心环节。它是考验策划人智力运用、创新创意能力等综合能力的核心环节，广告策划的目的是在广告调查的基础上对广告活动进行战略决策，拟制具体的广告计划书。

3.广告表现

广告表现是广告的创作与制作环节。其目的在于根据广告策划提供的广告创意表现策略和对广告表现的具体要求，进行广告作品的设计与制作。广告表现要生产的是能使受众接触到、能理解、受打动、改变初衷、随广告诉求而行动的作品。

4.媒体发布

媒体发布是广告内容与受众接触的实施环节，目的在于根据广告策划提供的媒体策划和媒体计划，落实具体的广告发布事宜。这项工作主要由广告公司的媒体购买部门具体负责。

5.广告效果测定

广告效果测定是广告监测和反馈环节，目的在于检查广告的效益，为新的广告提供必要依据，通常由广告公司的媒介部门和市场调查部门执行，主要包括监测媒介广告发布和测定广告效果。

|12.4| 策划提案与沟通会议

为广告策划主撰写的策划书，在广告公司内部通过了严谨的审查后，在向策划主交出全稿之前，还要安排时间，让策划人或策划团队与策划主见面，以策划提案报告的形式与策划主做沟通。

12.4.1 策划提案的形式

1.投影幻灯片

策划人或策划团队将策划的内容提炼制作成30~40张幻灯片，到广告策划主单位或请他们到广告策划公司来，播放给广告策划主观看。

2.微电影

用微电影播放策划书中最有创意的部分，以严肃对待策划任务的工作态度，以高超的艺术表现技巧和更新的表达传播形式征服广告策划主。

3.文章提纲

从篇幅较长的策划书里专门精选出广告策划主最关心的问题，以文章提纲的形式写出来，提前交给广告策划主，待他们阅读后，再找时间面谈。

4.微博、微信

用微博、微信将广告策划主最需要了解的策划意见告诉他们。

5.写真喷绘

用写真喷绘将精彩的创意视觉化，并装裱出来，放置在向广告策划主做提案的会场，效果也是很好的。

12.4.2 策划提案的准备
（见图12-6）

1.提前做好提案的思想准备

拟写文字、制作幻灯片、拍摄微电影等工作要在策划团队中分工

图12-6 策划提案的准备

协作，当策划书即将完成时，提前要做的工作便开始了。

2.确定做提案演讲的人员

从策划团队中选出口齿伶俐、富有演讲能力的成员，由他读熟提案，做好提案报告的准备；也可以将策划提案分成若干部分，由具体分工研究者、写作者出面做报告，这样他们在回答广告策划主的提问时才胸有成竹。这种方式能体现策划团队的整体实力，效果一般都较好。

提案报告的关键点是由策划人或策划团队选出得力的主讲人，画龙点睛地逐张讲解，真心诚意地服务，用抑扬顿挫的语言对画面及文字进行诠释，让听提案者满意。

3.在策划团队中先行演练

为了稳操胜券，在向广告策划主做提案报告之前，先在策划团队中做次演练。最好请广告策划公司领导参加，扮演广告策划主角色，针对提案提出需要进一步解释的问题，帮助策划团队多方面认识问题，解决问题。

12.4.3　策划提案的表达

1.热忱
表达策划提案时既要热情，更要诚恳，实事求是。

2.简练
报告人语言应精炼、干脆，画龙点睛，不拖泥带水。

3.机敏
在报告中对广告策划主要察言观色，或调整语速以使每个词句都让人听明白，或突出重点做深入讲解，或稍作停顿，让听者思考，等待听报告者提问。

|12.5| 策划在执行中会不期而遇的问题

12.5.1　意外常有发生

在执行策划书的过程中，每一位执行者都有可能发生意外。从创意是策划的灵魂这一点看，创意有超前性，难免在执行中会有预料不到的情况。从策划人和执行人不是同一人这一点看，因为理解的偏差，在执行中有所发挥或局部走样都在情理之中。

1.执行人突然发现策划的不合理性，要自作主张做调整
只要是不影响全局的调整，应该放权给执行人；执行人在调整时只要时间来得及，就要与策划人做沟通，以便了解策划人的本意。不要产生因理解的不一致，使策划执行偏离初衷的情况。

2.执行人在施行策划案时做不下去
发生这种情况时，执行人要及时报告策划人，不能随心所欲地改动，也不能放下不做，要与策划人一起研讨解决的办法。如果动作较大，涉及费用投入的变化，还要向广告策划主报告，征询他们的意见。

3.在具体执行中出现难以预料的问题

在具体执行中出现难以预料的问题有：现场的音响出问题，没及时响起来或突然中断；舞台喷绘背景出现重要漏字、错字；事先排好的节目因演员未到场，需要临时调整或取消；演出的节目未经审查，与策划主题相去甚远；主持人出现明显的口误，观众大哗；表演现场中的观众出现口角纠纷，甚而动手拉扯，影响活动正常进行……广告策划公司要根据以往的经验，对以上问题准备各种预案，万一出现问题，依预案进行处理。

凡事预则立，不预则废。在执行策划时应考虑进去的不仅是"策划前的策划"，还要考虑"执行策划中的策划"。

12.5.2　面对意外不推诿

无论是策划人还是策划执行人，如策划在执行中出现了意外情况，都不要把自己当成局外人，要迎难而上，主动出面解决问题（见图12-7）。

在策划执行中出现了意外，执行人判断自己可以解决，又因时间关系不能耽误，自己先解决，然后与策划人沟通，报告发生的小意外及解决的情况，听取策划人的意见或建议。

在策划执行出现了较大的意外，执行人判断自己不能解决，要尽快报告策划人，寻求他们的指导。策划人应尽快赶到执行的现场，与策划执行人一道解决难题。策划人不能"不可为而为之"，要审时度势，量力而行，任何创意都要遵循可行性原则，实在办不到的，要理直气壮地说"不"。

即使在策划中出现了意外，无论是策划人还是执行人都不要推诿，特别是在广告策划主在现场的情况下，一边细心查找原因，努力解决问题，一边伺机将情况报告给在场的广告策划主的代表，征询他们的意见，一起来解决问题。

图12-7　面对意外不推诿

策划执行后，要及时总结经验教训。对照与广告策划主订立的书面合同，总体和逐项进行对比，既做好向广告策划主结账收费的准备，也拟好交给广告策划主的策划以及策划施行的文字报告。

|12.6| 协同执行各方满意的策划

当今社会无论能力有多大，都不能"包打天下"，大小团队的协同动作才能顺利地做好大小策划和完满地执行大小策划。

12.6.1 策划团队内部的协同

策划团队是完成策划的中坚力量，只有内部精诚团结、协同动作，才能完成任务。

1.策划团队人员的构成

根据策划项目的大小和时间的要求，策划人员组成相应的团队，三五人、六七人均可。有的广告策划公司平时以项目分组，有任务就交给已有默契、成熟的团队去做。策划团队中，一般应有策划负责人，还要有广告ＡＥ、调查、文案、计算机设计、媒体购买策划等人员。

2.策划团队内部虽有分工，但共同要完成的任务是条纽带，让大家各司其职，充分发挥各自的专长

策划运作有自身的程序和规则。在进行市场调查时，媒体人员已经进入了购买媒体的测试和洽谈环节；设计人员在搜集素材、构想策划中有创意的表现；策划团队的ＡＥ这时是最忙的，ＡＥ在广告策划主客户-广告策划公司-广告策划主客户之间的每次奔忙都能为优质高效地完成策划添砖加瓦。

一般来说，策划负责人是组内水平最高的人，运筹帷幄，调兵遣将，对调查资料的分析、主题的选定、策略的时空运转、媒体组合的安排、报告预测广告策划效果的方法及效果预测的走势都要做到成竹在胸，有把握地进行。

12.6.2 策划人、执行人与广告策划主客户的协同

人们常说"三分策划，七分执行"（见图12-8），可见执行的重要性。策划执行人要参加策划小组内的重要活动，准确把握策划的主旨、重点、关键点。

执行人根据自己的经验，事前在策划小组内提出在执行中可能发生的问题，应引起策划小组的注意，预先准备应对的方案，或采取绕道而行的策略。在执行中，执行人随时与策划负责人沟通，不间断地报告策划执行的情况。执行中途也可能因情况变化，要对策划进行调整，执行人不要自作主张。在为实现总目标的前提下，策划小组因势利导，做出微调也是正常的。

图12-8 三分策划，七分执行

在执行策划过程中，策划小组要加强与广告策划主的联络，随时保持沟通，及时交换意见。如涉及重要调整，要在第一时间向策划主汇报，特别是出现新情况时，如要采取新措施，必须向策划主

做说明，要得到他们的理解和支持，大家都相向而行，就能使策划的正能量得以实现。

如果在策划执行中，策划主提出了需要做重要调整的事项，在不影响策划继续执行的情况下，策划小组和执行人要及时研究策划主的意见或建议，根据情况的可能，第一是继续按原策划执行下去；第二是对正在执行的策划做出调整，以适应策划主提出需要做出重要调整的要求；第三是将整个策划暂时停下来，做好了各种调整后再重新执行。

12.6.3　策划与媒体单位、制作单位的协同

1.策划小组内要有分工，有专人与媒体单位、制作单位对接

面对较大项目的策划，策划小组分工较细，对媒体购买、媒体发布排期、媒体发布监控、媒体变换和增减要有专人负责，广告费用中的70%～80%是用于购买媒体的时间（电子媒体）或空间（平面媒体）的，需要专门的策划，不能掉以轻心。

对于比较小的项目，策划小组只有两三人，组长应承担媒体策划及购买、执行等工作。

制作单位是广告策划公司的下游单位，他们从为广告公司服务获取劳动报酬。既然大家都在为实现策划目标服务，绝不要小看他们的作用。他们的服务质量会直接影响到策划执行的质量。策划执行中的意外多数发生在制作单位的不够用心上面。策划小组的分工人员要随时绷紧保证质量的弦，提醒制作单位注意。

2.策划小组内有专人与媒体单位、制作单位对接，要处理好各种协调关系

第一，要专业。对媒体的报价、成本、运作都要很内行，向广告策划主提案时能"如数家珍"地将购买媒体的"性价比"、媒体整合说得非常明白，以得到广告策划主的信任；策划小组的分工人员也要对制作单位的制作流程、设备、材料、发布相应较熟悉，在制作单位"不说外行话"。第二，要诚恳。要明白"尺有所短，寸有所长"的道理，把工作对接当成学习的过程，诚心恳切对待公司以外的每一个人和每一件事。第三，要不断总结经验教训。广告人、策划人与媒体单位和制作单位打交道，是实操性较强的事，会被认为这是"小菜一碟"，其实不然，"七分执行"就体现在媒体购买和广告制作发布中。因有实操性质，不规范、不成文的现象时有发生，这就要求我们策划小组的分工人员在工作中做好记录，做好总结提高的工作。

12.6.4　执行策划与政府相关部门的协同

广告策划在执行过程中，会与政府的城市规划、城市管理、工商管理等部门打交道，有时还要向公安部门申请。到政府部门申报项目，要填表申报项目、要申请广告宣传的场地、报告活动方案及处理意外发生的预案，经过批准以后，才能进行。

过去，广告策划公司执行策划时总是提心吊胆，一是有了好的策划案，政府却迟迟不批，批下来时，因准备时间太短，准备不充分；二是已经做好的各种方案报给政府，政府却不予批准，一切努力都白做了；三是怕政府部门"打架"，这个部门同意了，第二个部门不同意。

在党的十八大以后，以习近平同志为首的党中央以开展群众路线教育为契机，整顿各级党政机关的服务理念和作风，使城市规划、城市管理、工商管理等部门为人民服务的思想及行为有了根本的转变，由过去的从"管你"中获得个人利益，变为现在的在"服务"中获得好评价，保住自己"公务员的饭碗"。企业的经营活动只要在守法的范围内，就能思想解放，放开手脚，策划也好做了。无论策划还是执行，都要在守法、执行各种规定的范围内进行。

思考与练习

一、自测题

1.名词解释

广告策划

2.填空

广告策划的要素：_____

广告策划的基本原则与要求：_____

策划团队组成：_____

3.简答

（1）广告策划书写作要注意的问题有哪些？

（2）生成一份合格的广告策划书要进行哪些活动？

（3）广告策划提案的表达，为什么要热忱、简练、机敏？

（4）广告策划执行中出现意外怎么办？

二、练习与实践

1.找一件家乡的名、特、优产品，试着为它做节日促销策划。

2.试写出一份短小的班级活动或学生社团主题活动的策划书。

3.访问一家广告策划公司，请他们谈谈执行策划的成功和失误的故事。

第13章

广告公司

学习目的与要求

学习本章后，了解企业为什么要自办广告，企业自办广告的任务，懂得企业自办广告的得与失，熟悉在企业自办广告活动中广告人的地位和作用。

学习重点

1. 广告公司部门设置及工作程序
2. 广告从业人员的素质要求
3. 广告代理的优势
4. 加入WTO对我国广告业的要求
5. 企业为什么要自办广告、自办广告的任务
6. 企业自办广告的得与失
7. 广告人的地位和作用

引例

广告公司拒绝自以为是的人

在我眼里，广告公司不会有4A和非4A之分。唯一的区别只有两种：一种是平庸的，一种是优秀的。

在国内，国际公司有好也有差，本土公司有优秀的也有不好的。评判广告公司不应该以注册的性质为标准。中国广告发展了30多年，本土基础教育已经解决，接下来的发展是隐性的。目前，在某些方面，本土公司永远无法与国际公司相比，也没有必要比；而在另一些方面，国际公司永远也比不上本土公司。可以说，各有各的优势。

梅高从20世纪90年代早期的平面设计起家，至今已发展成为咨询性质的商业

创意型广告公司。多年来，我们的用人经验就是：不招自以为是的广告专业人（见图13-1）。道理很简单，因为我们需要向客户提供好卖的广告。

对于大多数广告公司来说，看到的所谓"专业"其实只是表面，那些看不见的才是真正关键的误区。广告的任务毋庸置疑就是帮助客户增加利润。广告公司应该向客户提供好卖的广告，而非漂亮的广告。许多大学老师都可以做出漂亮的东西，漂亮的东西不一定好卖。企业需要的不是漂亮，而是让业务成长。企业关心的不是纯粹创意的好坏，而是利润的增加。即便是客户的产品很平庸，但如果他觉得有市场空间可为，广告公司就得帮他解决这个问题。

图13-1 广告公司拒绝自以为是的人

需要懂得改变的人

一个公司只要一直往前走，人才永远都会缺。梅高每一次向前跨步都会淘汰一批人。5年前如果一个人在这里很能干，这几年他没能跟着公司的节拍而改变，那么现在他就是一个不能干的人。公司在不断发展、不断创新，对员工的要求也随之改变，这种改变不是由公司决定的，而是客户越来越苛刻。

广告是一个比较尴尬的行业。广告人有一半东西可以学得到，另一半无法学到。创造性思考的习惯可以学到，意志和持续的执着却不是培训可以培养的。人的能力分三种：

第一，技能——指一个人做事的经验和能做事情的能力；

第二，知识——表示知道，但不一定能利用；

第三，才干——有的人做了30年广告还是碌碌无为，有的人只做1年就令人刮目相看。

前两者可以通过后天学习得到，第三个往往受先天决定。对我们来说，最希望找到的是：有才干、有技能，又愿意虚心学习积累知识的人。这只是理想的想法，实际上很难碰到，实现需要运气。我永远希望一个合格的员工起码要诚实、有抱负、有理想、有创新能力、有团队合作精神。这种人才通常可遇不可求。

广告AE起码要诚实

我们强调一个人起码要诚实。选人，首先看一个人是否诚实。诚实不是老实，也不是诚信。所谓的诚实，指的更多的不是对别人诚实，而是看如何对自己。一个对自己不诚实的人，对他人也无法诚实；一个不爱自己的人，更不会真心爱别人。为什么我们对诚实的要求那么高？因为一个诚实的人比较客观，对自己诚实的背后，就是客观。只有客观的人，才具有客观判断力。主观的人总是被太多主观意识左右，不具备对事物的正确判断力。一个人一辈子可能很难骗到别人，但却可以每一分钟都在骗自己。不诚实、不客观的人总是抱着侥幸的心态做事，对任何事情的结论常常冠以"可能、也许、大概、不会、我想",他们忽略客观,看事物的关键只局限于局部而不是大体。

注重一个人的常识

我们还很注重一个人的常识。我们认为,一个人的成功99.9%靠常识。广告这个行业不是航天或精密高端行业,这个行业更多的是判断一个案例或作品行不行。一则广告能否和消费者沟通,判断的依据是"常识",因此广告人没有机会犯高端错误。案例或作品的输赢在于"常识",例如雪碧和七喜的上市,当时整个市场有200多个可乐品牌,如果他们的策略是"透明"可乐,那么他们赢的机会只有1/201,而他们以非可乐为策略对抗可乐赢的机会则有1/2。讲出来似乎很简单,但其实胜在"常识"。

一个人在这个行业是否有业绩取决于他工作是否"诚实",而不在于他是否能够侃侃而谈所谓的营销理论。论理论,我是教授我更清楚。这些人对书本的理论不过是一知半解,然而行内却有不少人对此津津乐道并引以为荣。全世界的买卖都极其简单,从古代最早的叫卖至今无质的区别。不同的只是更加细分,如产品细分、渠道细分、口味细分、通路细分等,改变的只是形式,而不是内容,本质并无区别。为什么300年前购买东西的方式与现在无异?因为买的人希望买到物美价廉的好产品,希望卖方尊重他并得到付款的方便,这与300年后的今天的性质和目的相同。只不过,以前的购买使用物品交换或吊钱,现在使用货币、信用卡,未来也许会用芯片或指纹。关于产品,过去买牛羊猪、买珠宝,现在买高科技电子产品、汽车现代产品。所以,我们广告人的输赢都归结于"常识"。"常识"的高深在哪里?看你对"常识"的理解运用和分辨洞察的能力,把"常识"综合后消化融合转变成自己的直觉能力。

不招自以为是的广告专业人

一个人如果有"常识"且善于动脑,即使他一点广告都不懂也可以很快上手。那些能将一大堆理论娓娓道来、在具体实操中却束手无策的人,梅高不需要。通常,我们不招自以为是的广告专业人。因为他们不知道自己在做什么,他们不理解广告公司凭什么赚钱,这是很可怕的事情。其实广告的目的就是帮企业把生意做大,我们广告人首先应具备商业的头脑,才有策略和创意可言。如果我们不懂商业,后面的创作根本无从谈起。广告界有很多喜欢对理论侃侃而谈的人,对案例的鉴赏不过是表面的、肤浅的。大多数人从不分析案例的本质和目的,看到的只是花哨的外表。"常识"看似简单,但通常比的就是简单,妙也妙在简单。

为什么有些产品的广告被某些广告公司服务的时候市场销售不利,而换成其他广告公司却能卖得很好?广告公司之间比拼的不是单纯的创意作品,你可以看到有很多得奖作品并不受客户和消费者的欢迎。我经常对员工说:别小看脑白金的广告。虽然广告公司骂它的很多,但很少有广告人静下来仔细分析。我认为,脑白金的广告和某些其他广告绝对是时代的佳作。此外,广告人都在骂五粮液的广告,对它的品牌细分根本就是只看表面。五粮液广告的背后其实有相当高深的智慧策略支持，创出了今天年营业额100多个亿的销售业绩，稳居国内白酒第一位（2004年以前——教材作者注）。相比之下，位居第二的营业额只是五粮液的零头。广告绝对是结果导向，然而大多数广告人却不明白，面对自己无知的行为还振振有词。这样的广告人如果把他放在广告界之外，他根本找不到饭吃。

我们还需要肯拼的人。没有拼搏的精神，很难做出好广告。有没有持续的激情很重要，要懂得苦中作乐。

广告人的根本应该是务实

真正合格的广告人应该是随便去哪个企业都可以做老总。有的人很可怜，一辈子都在广告流水线上做一个"零件"，还洋洋得意。我觉得，一个广告人没能力做"整机"，最起码也应该做到流水线上的"部件"。很简单，国际公司里做高职位者自己开公司的成功率往往很低。为什么？因为他们缺乏健康的心态，心态的背后是理念的缺乏。他们长年累月习惯高薪，对客户怎样、自己怎样、社会怎样，都不够了解。他们的商务内容就是住高级宾馆、坐飞机以及面对分工细致、观念进步的国际客户，他们掌握的是花拳绣腿的表面功夫。但面对本土客户，他们是否能接受许多无理的需求，是否能面对文化非常低的老板，这就是心态的问题。本土客户需要解决的是生意问题，而不是秀作品。客户不是来听你讲创意的，而是看你对他们的盈利有无帮助。我们广告人的根本应该是务实，即使你所在的公司有很多光环，也帮不了你。

梅高1992年开始聘用境外人，聘用过美国、新加坡等许多国家的人，比较有能力的亚洲人我们基本都尝试过。现在最相信的是本土人，过去我们需要境外人的经验和视野，现在发展了20年（2004年——教材作者注），成功的经验已经不适用，我们更需要的是创新。这是一个反思的过程。过去我们更多的是崇拜，从盲目模仿到有思考的模仿，然后把他们汇集起来，再进行模仿。现在我们应该进行反省，应该知道我们在做什么，回到生意的原点，回到我们服务价值的原点，这才是最重要的。

总的说来，梅高的理念就是：诚实、洞察、舍弃、坚持、快乐。

资料来源　郑晓燕，任伟.北京 上海 广州广告人求职指南［M］.广州：岭南美术出版社，2004.

思考：

梅高为什么要提出"广告公司拒绝自以为是的人"？自以为是与充满自信有什么区别？

|13.1| 广告公司

13.1.1 广告公司的类型

专业广告公司按其功能可分为5类：全面服务型广告公司、有限服务型广告公司、广告代理商、广告制作机构和媒体广告公司。

1.全面服务型广告公司

全面服务型广告公司即一般人所谈及的广告公司。这种广告公司为客户提供全面性服务，包括市场调研、广告策划与广告策略拟定、广告设计与创作、媒体选择、制定预算、广告策略制定与执行、广告效果预测、信息反馈处理、公共服务等。

2.有限服务型广告公司

有限服务型广告公司只承担广告活动中的部分工作，如有的广告公司只负责承担广告的创作、制作、发布以及品牌建设或广告传播效果监测，不承担或只承担简要的广告策划与广告调查。这类公司帮助企业解决某些特别需要。

3.广告代理商

广告代理商也是专业广告组织的组成部分之一。他们不承担广告的创作和制作任务，只承担广告主与广告媒体之间的联系工作，负责为广告主寻找购买广告媒体或为广告媒体寻找广告主，从中收取佣金。他们就是通常所说的"广告经纪人"。

4.广告制作机构

广告制作机构是承担广告喷绘、灯箱制作、户外广告工程设计建造、设计制造广告礼品的美术社、摄影社、装潢社、街头广告部等社会经济组织。他们只负责广告的设计、创作和制作，而不负责广告的策划和发布，只收取制作服务费用。

5.媒体广告公司

大众传播媒体，如报社、电视台、杂志社的直属广告公司，出卖版面或时间给广告主刊播广告，收取广告刊播费。非大众传播媒体，如公交车体广告、候车亭广告、公路旁的高杆广告、闹市内墙面的LED电子显示屏广告等，则由这类专门的媒体广告公司经营。

13.1.2 广告公司的机构

一般的专业广告公司的机构设置（见图13-2）大致如下：

1.客户服务部

承担与客户联络工作的客户服务部，是整个广告公司的龙头。对整个广告计划，客户服务部从制订到实施进行全面的监督管理，客户服务部的工作人员代表客户尽可能参与全部的广告活动，向创作、媒体人员传达准确的信息，寻找合作伙伴。客户服务部要了解客户长期的营销策略、广告观念及在了解客户商品、市场状况基础上形成策略性思维，并负责组织客户服务小组为客户服务。

2.市场调研部

市场调研部是广告公司不可缺少的部门。它的工作贯串整个广告活动的始终，从广告活动开始时对商品、消费者、市场的调查分析，到广告活动运作中和广告活动运作后的效果调查等。

典型的AAAA广告代理公司组织结构

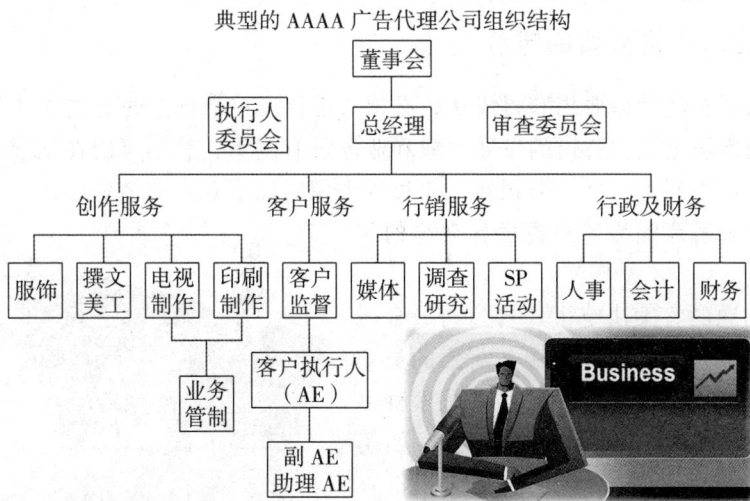

图13-2　广告公司的机构设置

3.策划部

广告公司运作广告活动的组织指挥中心是策划部。从广告公司与客户洽谈合作项目开始，策划部就要介入并指挥整个活动的进行。组织市场调查，参与市场调查计划、问卷的设计、调查的实施、调查报告的撰写、调查结果在广告策略中的运用。组织广告、公关、人员推销、营业推广活动，研究确定广告传播对象、提炼活动主题、制定策略、研究广告发布的时间和空间、提出购买发布媒体的计划、做出广告或整合营销活动的费用预算、报告监测及检测广告效果的方法。

4.创作部

广告公司最主要的任务是把自己的创意"产品"卖给客户，因而创作部可称为广告公司的核心部门。它首先从客户及客户服务部了解广告活动的目的，然后创作人员进行构想，继而发展成广告创意，同时也负责将这些创意制作成广告作品。

如果是广播电视广告作品，则由文案人员或绘画师完成工作后，由公司负责制作的人员联系专业制作公司完成作品。

5.媒体部

广告作品完成后，广告公司按广告策略安排媒体刊播，利用大众媒体及其他媒体传播广告信息。媒体部的职责就是制订并实施最有效、最合理的媒体计划。在广告公司中，媒体部有四大任务：制订媒体计划、媒体购买、媒体调整、媒体监测。媒体计划人员按照客户要求服务，市场调查人员提供信息，做出有利于品牌或依照传播目的的媒体发布计划，并由媒体购买人员去实施，媒体监测人员的职能是监测有关媒体是否按照公司的广告协议准时发布广告，以免漏播、误播，进而及时为客户挽回损失。

13.1.3 广告公司的定位

广告公司在经营中要想获得成功，必须考虑自己在市场上的定位（见图13-3）。没有明确的市场定位，公司的发展方向和业务没有侧重，就不可能在激烈的市场竞争中获得生存空间和发展。公司在定位过程中应对以下几点有清楚的认识：

1.广告公司能够为客户提供什么样的传播服务

这个问题的答案决定了广告公司最合适的客户类型以及为公司提供服务需要的员工类型。广告公司给客户提供的服务是多种多样的，除了以传播为主的基本服务（如调查、媒体、策划、创意），还有可能提供直销、促销、公关、设计甚至企业诊断等专门服务。为了更好地适应未来的需要，广告公司有必要了解以上所提及的服务，扩大服务的总量。随着经济的发展，越来越多的客户寻找能提供整合传播、整合营销服务的广告公司。

图13-3 明确市场定位，方能百战不殆

2.广告公司想得到哪一类的客户

广告公司服务的客户类型很多，如药业、服装、娱乐、零售、服务业、办公设施、房地产等。每一产业都有自己的特殊性，有不同的传播需要，这决定了吸引某一种客户类型的广告公司需要通晓这个产业。广告公司确定自己要得到哪类客户，一方面要看现有的客户，另一方面要有争取未来客户的计划。如果广告公司现有的客户大部分是日用消费品，公司最好能把自己定位为"包装"日用消费品的广告公司，使现有的客户确信公司能给商品提供合适的服务。如果想吸引零售业的客户，必须说明广告公司有能力通过开拓业务加快现金周转，能不断地传达要传播的信息，同时提供服务的收费是合理的，零售商能负担得起。因此，广告公司确定吸引哪类客户的计划，将影响广告公司的定位。

3.广告公司决定其定位还应考虑的其他方面

除了服务能力和现有客户的性质外，广告公司决定其定位还应考虑实现的能力，包括基本的广告服务，如策划、创意、调研、媒体和策略规划，以及其他专项服务等。事实上，国外只有少数大公司能把自己定位为面向所有客户的公司。

4.对广告公司而言地域上的扩张是诱人的

广告公司可以把自己定位为地区性的、全国性的或全球性的。公司过分地扩张会使自己精疲力竭，所以必须仔细地考虑地域上的扩张。管理较好的广告公司大多是跨国广告公司，这些广告公司有全球统一管理制度的经验，媒体沟通、客户服务能很好地配合，各分公司有其独立性，也有一致性，共同接受业务总部的领导。

|13.2| 广告公司工作程序

广告公司的工作程序一般为接洽客户、调查、策划与创意、制作、发布、效果监测等方面。

13.2.1 接洽客户——广告主

广告主委托代理公司制订计划，广告代理公司按广告主的需求制作广告，通过媒体传达给消费者，使消费者购买或对广告信息形成某种认识。广告公司通过对市场和广告主的要求进行全面透彻地了解，把本公司的能力及能承担业务的信息传达给广告主，广告公司经过广告策划会议、广告表现（创意、设计）会议、制作会议等方式，形成营销创意策略，与广告主沟通并获得认可，然后制作广告，购买媒体，进行全面的广告运作。

13.2.2 调查研究获得广告信息

广告公司在业务运作全流程中无时无刻都离不开调查。在公司与客户接触前，公司需要对客户整体状况，包括商品、品牌、经营有一个大概的调查（见图13-4）。公司按客户的要求，自己组织人员或委托调查公司进行市场调查，系统地搜集、记录和分析有关商品及服务的营销资料；在提出广告策划案，制定策略并形成广告策略实施方案过程中，要对广告受众、广告媒体进行调查，从多方面了解消费者和媒体的特性；在广告创意形成过程中，要对广告所表现的概念、作品进行测试；广告制作和发布后，要调查其效果。

广告调查从时间概念上可分为广告前期、中期、后期的调查。广告前期的调查主要是市场调查和整体环境调查。市场调查有助于广告公司和广告客户对市场情况进行分析，确定市场营销决策和广告计划。通过市场调查，能帮助客户给商品定位，确定目标消费者，这样不仅有助于做广告，对公关、促销等其他传播活动也大有帮助。

广告中期的调查主要是对所做广告商品理念的测定和创意理念的测定，更具体的是对广告文案、电视广告片、包装和形象的检测。公司在市场调查研究的基础上，知道了

图13-4 调查研究获得广告信息

广告应该"说什么"，但对"如何说"并无十分把握，经过创意人员的工作，形成了商品理念和创意理念。在制作和发布之前可进行不同规模的测试，如消费者是否能接受这种说法，他们是否喜欢这样的广告片，广告的诉求是不是他们平常所注意

和关心的问题。

广告后期的调查是广告效果的调查，是对广告发布后进行的评价。

13.2.3 策划、创意产生广告思想

广告策划、创意是为达到广告表现目的所采取的从战略设计到战术、技术的方法和手段（见图13-5）。广告思想要想很好地表现，创意人员必须要有足够的资料、正确的方法，更重要的是相互之间的合作，合作是产生和提高创意的一个重要因素，大部分创意是合作努力的结果而非个体劳动。创意工作人员相互合作时间越长，彼此相互熟知、关系融洽，创意越容易产生。

在创意过程中，对创意质量有较大影响的因素还有广告公司的环境。公司环境包括文化、硬件设施和影响创意过程的管理因素。如果公司的办公硬件和周围环境有助于沟通和交流，则能增强员工的创造性。要使文案人员、艺术总监和客户服务人员明确认识到，他们要对具体的广告作品负责，清楚每一品牌、每一广告运作过程和每一广告作品应交给哪一个人，使创意部门的每一位人员都知道责任在何处。如果责任不落实到具体的个人，则没有人会承担责任。

图13-5　策划、创意产生广告思想

13.2.4 设计制作提供广告作品

设计制作是广告作品的重要程序，广告文案撰写、广告图形设计与文学创作及绘画创作不同，它不是文案创意写作者和设计师个人情感的表达，它是在满足广告主的要求及企业目标原则指导下进行的。设计制作广告，准确地把握广告要求及目的才能进行制作；使广告内容符合受众的生活经验，才能使广告设计制作的作品让受众产生认同感；将广告信息准确有力地传递给消费者，才能激发他们的购买欲望，进而达到促销的目的。

13.2.5 媒体购买和广告发布

广告费用的80%左右是用来购买发布广告信息媒体的。广告代理公司如何用好这笔费用，是广告主特别在意的问题。

全面服务型广告代理公司，要从是谁接受广告信息，广告信息要打动谁，哪种媒体才能与目标受众接触出发，制定出媒体发布时间、空间、频率的排期表，购买媒体预算，交给广告主审核批准。根据批准后的媒体发布计划，与媒体单位接触，确定发布时间、版面或播出次数等。

代理公司将撰写好的广告文案、设计好的平面广告或电视广告创意脚本交给广

告主审核批准，经批准后，将平面广告、广播广告送媒体单位按购买计划安排发布；电视广告创意脚本批准后，离准备拍摄还有许多工作要做。

13.2.6　广告效果监测

广告效果的监测（见图 13-6），不仅能对公司前期的广告活动作出客观的评价，而且对公司今后的工作能起到有效的指导作用。监测就是运用科学的方法，对广告活动全过程中的每个工作环节进行鉴定，评价质量效果，广告效果监测具有十分重要的意义。

通过广告效果的监测，可以检验原来预定的广告目标是否正确、媒体是否运用得当、广告发布时间和频率是否合适、广告费用投入是否经济合理等等，从而可以提高制订广告活动计划的水平，争取更好的广告效益。通过收集消费者对广告的接受程度，鉴定广告主题是否突出、广告诉求是否针对消费者的心理、广告创意是否吸引人及是否能起到良好效果，从而改进广告设计，制作出更好的广告作品。

图 13-6　广告效果监测

影响广告效果的因素有很多，各种因素之间又形成错综复杂的相互联系、相互制约的有机整体。因此，在广告效果监测时不能主观片面，不能以偏见和简单盲目的处理进行；而应客观冷静地对复杂的广告活动进行科学地分析，找出联系，才能对广告效果加以科学的监测。

13.3　广告公司员工素质要求

"不当总统，就做广告人。"这句话把做广告人与当总统的难度相提并论是过分了点，但起码它告诉我们，做一个真正的广告人，确实很不容易。

有一种观点认为：美国总统仅仅是广告策划人"生产"出来的产品。每位总统都是在激烈的竞争后选举产生的，帮助总统参加竞选的广告策划人为竞选获胜出谋划策，其间的智慧、创意、每场辩论的成功，都是广告策划人智力劳动的成果。

13.3.1　广告人首先必须是正直的人

广告人得到了广告主的广告代理费，不能唯广告主的意志办事。广告费支出是计入成本的，所以广告费最终是要由消费者或最终用户支出。从公平的角度来说，广告人不应当置消费者的利益于不顾，不管为什么样的商品做广告，只要广告主给钱就干，来者不拒。正直的广告人应当具有正确的业务价值观。广告的核心任务是传递信息，广告人的工作联系着广告主和广告受众这两头，广告人必须忠实地传递信息。广告固然可以用夸张的手法，但必须适度，不能误导，不能让消费者买到商品后感到受骗上当。所以说，广告是有责任的信息传递。

广告人追求什么？追求高度有效的信息传递，如果能保证并达到对广告主负责和对消费者负责、对社会负责的一致性，就能成为一个不唯利是图的广告人（见图13-7）。

13.3.2 广告人必须是说话算数、恪守信用的人

广告有个传统，就是要有承诺，承诺是广告的灵魂。人们要求得到的商品或服务，不仅仅是它的基本性能，而是它的整体性能，包括外观款式、色彩、包装、装潢、牌号、售前售后服务及服务接受者的价值体现等。人们要求商品不仅是直接的物质利益，甚至更多的是

图13-7　广告公司员工应具备的素质

间接的心理满足，也就是说商品要向消费者提供附加值，这些都是广告主应当付出的。对这些附加值，广告人在文案中代表广告主宣称承诺之后，要百分之百地兑现。

13.3.3 广告人应该是兴趣广泛、知识面广的人

第一，必须具备广告学方面专业知识。

第二，必须精通市场营销学，这方面决不应停留在一般理论知识上，而应熟知行业某些习惯做法和特定的可行的市场渗透策略。

第三，必须具备传播学、心理学、社会学、行为学以及管理科学等方面的知识。

第四，必须具备相关的市场知识和法律知识。

第五，必须有美学方面知识，以及视觉传达原理和设计理论等方面的知识。

第六，必须有较高的文学素养及修辞方面的知识和能力。

13.3.4 广告人是善于运用思维机器的人

广告人应该是既善于运用形象思维又有很强逻辑思维能力的人，是能够驾驭这两类思维并善于掌握这两类思维关系的人（见图13-8）。这是因为，广告表现既需要科学性，又要有艺术性。广告的核心任务是信息传递，首先要保证做到准确到位，这就必须使它具有科学性。但广告如果不能得到目标受众的好感，那将是无效的，因此要具有艺术性。广告的科学性和艺术性如何驾驭，如何在商品特点上体现，并恰当完美、和谐统一地表现出来，既要依靠明确的策划指引，又要有独特的

创意。

广告的科学性和艺术性的关系是：科学为本，艺术为用，艺术性为科学性服务。

13.3.5　广告人的吃苦精神与服务定位

广告人因工作性质的要求，还应该是既能吃苦耐劳，又善于认真缜密思考问题的人；既有工作热情，又不是狂想主义者。

广告人不仅要有学品，更要有优秀的人品。要成为广告主的合格代言人，更要成为受众－顾客－消费者利益的合法代表。

图13-8　广告人要善于用脑

13.4　广告代理

13.4.1　广告代理及广告代理制

广告代理是指广告主将自己要发布广告信息的所有工作或部分工作，交给代理的广告公司或广告经营者去做。广告代理的内容、标准、酬劳，由双方共同商定。

广告代理制是指在广告活动中，广告主委托广告公司实施广告宣传计划，广告媒介通过广告公司承揽广告业务的一种机制和经营体制，也可以说是一种由广告公司为客户代理广告业务活动的经营体制。广告代理制是随着广告业的发展而逐步形成的，是广告业发展到一定历史阶段的产物。

目前世界上的广告代理形式主要有以下几种：

（1）综合代理或称全面代理；

（2）单一商品的广告代理；

（3）专一媒体的广告代理；

（4）广告设计、制作代理；

（5）广告调查代理。

现代广告代理制最大的特点就是强调广告业内部的合理分工、互相合作，以此来求得共同发展（见图13-9）。在这种体制下，广告公司通过为广告主和媒介提供双重服务，发挥其主导作用。

图13-9　合理分工，互相合作，共同发展

广告主、广告公司、媒介是广告市场中最基本的组成要素。在广告代理制下，三者的分工是：

1.广告主

随着市场竞争日趋激烈，企业单靠自身的力量已难以在市场中取胜，它显然要依靠和委托有能力的广告代理公司，为其提供专门的广告策划和市场营销等服务。

2.广告公司

在广告代理制下，广告公司的主要职能是为客户提供以策划为主导、市场调查为基础、创意为中心、艺术和科技为手段的全方位、立体化服务。同时，广告公司也是在为媒介承揽广告业务。

3.媒体

在广告代理制下，媒介发布广告应向广告公司提供必要的媒介动态与刊登机会，媒介的广告收益则由广告公司保证。广告代理制是衡量一个国家的广告业是否走向成熟的主要标志之一。我国的广告经营机制滞后，与国际广告的沟通与交流尚存在不协调的问题。为适应改革开放和社会主义市场经济规律的要求，应理顺内部机制，更有效地发挥广告引导消费、服务社会的作用，改革势在必行。实行广告代理制（以下简称代理制）和广告发布前审查制（以下简称审查制），是广告综合配套改革的重点，是实现广告经营机制和管理体制规范化、制度化的重大举措。广告代理业是根据广告代理制的要求，由各个广告公司组成的劳务性行业。广告代理业的经营内容由广告活动以及与其相关的业务活动构成，它是一个不确定的范畴。随着社会经济的发展，广告客户对广告活动的要求将因广告代理公司的经营能力的提高而不断发生变化。

根据发达国家广告代理业的经营经验，其经营内容主要有：

（1）为广告主开发新产品、开拓新市场、提高市场占有率、提供市场调查；

（2）分析广告主产品与竞争对手产品的差异，并找出其特点，从而帮助广告主明确显现市场和潜在市场；

（3）研究影响广告主产品销售的各因素，为促销提出建议；

（4）了解不同媒体的状况，为广告主选择最适宜的媒体；

（5）进行全面的广告策划，实施广告计划，进行广告效益测定；

（6）为广告主提供信息服务以及培训人员、承办展览、业务交流、拟订宣传材料等服务项目；

（7）协助广告主进行各种促销活动。

从广告代理业的经营内容可以看出，广告代理业就是全面地、周到地为广告主提供各种服务的行业，其目的是通过为广告主提供服务的方式，促进销售活动的开展。

13.4.2　广告代理制的优势

为什么将广告代理作为国际惯例？为什么广告业发达的各国和地区推崇广告代理呢？

1.广告代理如一道过滤器，为合法广告打开关口，阻挡不合法广告的逾越

如果广告主不直接与广告媒体单位见面，所有广告都经过专营广告公司代理，广告公司任重而道远。审查广告主的广告意图，为其作市调，策划广告活动的开

展，选择恰当的媒体发布广告，首先要认真审查广告主提出的广告主张的真实性、合法性。广告公司不能让不真实、不合法的广告从自己的公司发布出去。广告公司的生存和发展，不只是为一家客户服务，可以选择诚实、合法的广告主为其服务。经过广告公司的把关，能够滤掉广告主希望出现在广告中的夸大其词、极端性的话语及贬低别人商品的广告内容；发布于媒体的广告能实现《广告法》第三条"广告应当真实、合法，以健康的表现形式表达广告内容，符合社会主义精神文明建设和弘扬中华民族优秀传统文化的要求。"及第四条"广告不得含有虚假或者引人误解的内容，不得欺骗、误导消费者。"的规定。

2.广告代理是一间加工厂，为受众提供经过广告策划创意、能为广告主带来效益的广告（见图13-10）

广告主的广告意图是希望通过广告活动能为自己赚来更多利润，至于广告市场在哪里，广告主题是什么，通过什么策略说服广告受众，在什么时间、什么地点、选择哪些媒体发布广告，要付出多少广告费用，最后能获得哪些效果等问题，广告主是不清楚的，他们也无暇顾及这么多、这么细的问题。而专营广告的公司一旦承担了广告主的代理业务，这些问题都要由他们来回答，由他们来具体解决。

图13-10　广告代理是一间加工厂

从广告发布的质量上说，经过专业广告人策划、创意、设计的广告，比广告主"老王卖瓜自卖自夸"的广告要优秀许多。广告主的眼光是在商品销售上，在接待顾客、推销商品方面说不上准确把握顾客心理、了解顾客，也说不上了解同类商品及竞争对手，他们的经营活动包括广告活动，都是主观第一。专营广告公司则站在受众、顾客、消费者的立场上，冷静地分析广告主的企业、商品、市场，客观地分析顾客、消费者。

其次，专营广告公司在代理同质化程度较高的商品广告时，面临与其他专营广告公司的竞争，各为其主，要使出浑身解数，力争做出最有影响力的广告作品。国外百事可乐对可口可乐的广告竞争，各家电信运营公司在移动通信业务上的竞争如移动、联通与电信的竞争，都有委托代理策划、创意、设计的专营广告公司。发布在同一媒体上的几家运营商的广告比拼，能显现出广告主的实力和广告意识，也能显出广告代理公司的策划创意实力。广告代理公司都在争做最有影响力的广告。和谐为美，合适就好，合乎受众心理需求的广告沟通要在不经意间打动受众，千万别让他们感到广告的压力，使受众幽默间不知不觉就认识了商品的好处，进而记住了商品，当他们产生对商品的需求时，指名购买便顺其自然地发生了。

另外，受众对强行进入视听的广告，总是带着防范的、抵制的心理。当他们可以选择时，会将目光"躲开"、闭眼、换台、离开、分散注意力与别人说话或心想其他事情。

只有那些不似广告胜似广告的优秀广告作品，在美丽画面或风趣故事的叙述中，让受众"撤出"心理防线，在欣赏美景、接受风趣故事时，逻辑程序自然而然滑入广告作品的主信息中。这种广告让人喜欢，被受众接受，甚而被受众当成谈资，主动向其他人宣传，这些受众会不自觉地成为广告的再传人，成为广告主的义务广告宣传员。

对广告创意如此煞费苦心的，只有专营广告代理的公司。广告媒体经营者和广告制作公司缺乏的就是专业创意人员，他们急功近利代理广告、讨好广告主的直接意图，难以完成广告最核心的"以创意取胜"的任务。

以上我们从多个角度、多个层面分析了广告代理给广告事业带来的好处。

13.4.3 加入WTO以后，我国广告代理制需要解决的问题

第一，《广告法》并没有明确规定"完全代理"，已经给广告主与广告媒体单位留下了直接发布广告的通道。

第二，广告主为节省广告代理费，直接向媒体联系发布广告。

第三，广告媒体单位利用价格杠杆吸引广告主直接与自己联系，将专营广告公司的代理阻隔在广告媒体单位与广告主的联盟之外。

第四，广告管理部门不能督促、检查广告代理过程，失去了过程督促的作用，当广告作品发布出来，坏的影响已经造成了无法挽回的损失。广告管理者没有权利查封媒体，广告媒体仍然凭借"机关报"、"机关刊物"、"国家电视台"、"省级电视台"刊发不合法的广告。

这些问题的存在（见图13-11），直接影响了我国广告事业的发展，影响加入WTO后我国广告与国际广告的接轨，影响国外广告业进入中国市场，其表现为：

图13-11 加入WTO后广告代理制需要解决的问题

1.强势媒体太强，难以形成竞争局面

目前我国广告业的强势媒体是中央电视台以及各省（自治区、直辖市）电视台，其广告年收入从几亿到几十亿不等。中央电视台2007年广告收入达82亿元，2007年春

节联欢晚会的广告收入达8亿元，一部58集的电视连续剧播放广告的收入可达1.6亿元。我国的本土专营广告公司，年收入上亿元的不多。收入上亿元的广告公司85%的广告费交给了广告媒体作为媒体发布购买费，15%作为广告代理公司市场调查、策划、创意、设计、制作的代理费，广告公司的实际收入不足广告主广告总费用的10%。

这种现实，必然妨碍广告业的正常发展，专营广告公司与媒体单位的竞争不是一个平台上两个搏手的竞争，垄断是竞争的对立面。要创造竞争环境，培养竞争对手，才能繁荣我国的广告市场。

2.政府的市场经济作为要受到制约

我国加入WTO后政府在市场经济中的行为将受到制约，依法行政，依法管理，要求我国《广告法》为适应市场经济的需要作出相关修改。

3.面对"狼来了"，我们要学会"与狼共舞"

从2005年下半年起，外资专营广告公司陆续登陆我国，"狼来了"，我们应有对策"与狼共舞"。日本一家广告公司曾在我国搞过"零代理费"的丑剧，使全国的本土专营广告公司群起反击，打退了财大气粗的外资广告公司不公平的凶狠攻势。如果广告代理完全市场化，这种攻势将会变换出新的策略向本土广告公司进攻，因此我们需要有新的应对策略。

|13.5| 企业自办广告概说

《广告法》第一章总则第二条指出："本法所称广告主，是指为推销商品或者提供服务，自行或者委托他人设计、制作、发布广告的自然人、法人或者其他组织。"这里的广告主自行设计、制作、发布广告就是企业自办广告。企业自办广告是法律允许的，在实际工作中也是必要的。

13.5.1 企业为什么要自办广告

企业为什么要自办广告？（见图13-12）主要有以下原因：

1.市场经济发展的需要

企业处于市场经济的第一线，为使生产的商品或者提供的服务在市场中达到预定的目标，要在促销组合中充分发挥广告传播信息的作用。在现代激烈的市场竞争中，同类商品都在利用广告，如果自己不做广告，便等于自我禁锢、自缚手脚。

（1）为了争取时间，企业需要自办广告。企业在变化的市场经济中，要不断地掌握市场信息、竞争对手信息。为了及时适应市场变化，争取主动权，战胜竞争对手，企业看准了

图13-12 企业为什么要自办广告

机会，就要自行设计、制作、发布广告。

（2）企业负责人自己出面，以广告代言人身份出镜做广告这种新趋势，今后将有新发展。

（3）企业既可以自办广告，也可以委托广告经营单位设计、制作、发布广告。当发生下列情况时，企业往往会自办广告。而不委托广告经营单位：

第一，企业自己有专门从事广告设计、制作的人员，过去曾申请发布过广告，有这方面的经验，可以很方便地完成全部自办广告的工作。

第二，这种广告活动牵涉面不大，企业自己觉得有能力全部完成，而且认为自己办广告活动费用省、效果来得快。

第三，企业在时间上、经费上、工作效果上对广告交给广告经营者代理进行权衡，发现不如自己办广告，就会自己动手。

第四，企业与广告经营者没有长期合作或者全权代理的关系；虽然过去做过广告，但也是短暂合作，认为开展一次活动就要找一家广告公司合作很麻烦，不如自己做广告。

第五，大型企业自己有下属广告经营单位，可以设计、制作、发布广告，一般情况不会另找广告公司为自己做广告。

第六，中小企业广告费用有限，对广告公司的情况不甚了解，更愿意将有限的广告费集中使用在比较单一的媒体上，如路牌广告、报纸广告、传单广告、说明书广告等，广告主认为不必要找广告公司代劳。

2.广告代理制的必要补充

广告代理制是在广告活动中，企业（广告主）委托广告公司实施广告宣传计划，广告媒体通过广告公司承揽企业广告的一种机制和经营体制。[①]广告代理制是随着广告业的发展而逐步形成的，是广告业发展到一定历史阶段的产物。

目前世界上的广告代理主要有如下五种形式：第一，综合代理或称全面代理；第二，单一商品的广告代理；第三，专一媒体的广告代理；第四，广告设计、制作代理；第五，广告调查代理。

现代广告代理制最大的特点是强调广告业内部合理分工、互相合作，以此求得共同发展。广告公司通过为广告主和媒体提供的双重服务发挥其作用。广告主在激烈的市场竞争中单靠自身能力难以取胜时，就会寻找有实力的广告公司代理广告业务，为其提供专业的广告策划和市场经营销售服务。

广告代理制是否完善，是衡量一个国家的广告业是否走向成熟的主要标志之一。

我国广告代理制正在逐步推行中。我国的广告经营机制相对滞后，与国际广告业务交流、衔接还不够普遍和深入，实行代理制势在必行。但是，由于我国广告业尚不成熟，广告经营单位中的广告公司尚不具备完全广告代理制赋予任务的能力；同时广告主可以直接通过媒体设计、制作、发布广告，也可以自行设计、制作、发

---

① 王多明，孔炯.中国广告大辞典[M].北京：中国广播电视出版社，2008：420.

布广告，还可以委托广告公司设计、制作、发布广告，几种情况交叉、融合，因而完善广告代理制需要一个相当漫长的过程。

13.5.2　企业广告部门人员组成

企业自办广告，同样需要广告人员来完成广告活动全过程需要完成的任务，这些人员包括：

（1）广告部门负责人（企业独立设置的广告公司经理），广告处处长或广告科科长。有的企业将广告与市场开发设置为一个部门，称为"广告、市场开发部"，设部长；有的企业将广告与营销设置为一个部门，称"广告、销售处"，设处长。

（2）广告策划人员。

（3）广告设计人员。

（4）市场调查人员。

（5）广告文稿撰稿人员。

（6）广告审查人员。

（7）企业广告业务人员。

这些人员的岗位职务规范与《广告行业岗位职务规范（试行）》相同。[①]

企业广告部门的人事设置不同于广告经营单位，分工也不如广告公司细致，往往是一人干几人的活，要求一专多能。如广告策划人员既是市场调查人员，又是文稿撰稿人员，还是广告审查人员；有的部门负责人在广告活动中还兼任广告人或广告设计员。

企业自办广告需要通过大众传播媒体发布的，需要有对媒体比较熟悉、与媒体单位保持热线联系的人。对媒体比较熟悉，包括主要媒体的功能、优势、局限及媒体的价格、媒体在受众心中的价值等。

企业广告人员不能完成的某一环节的任务，可以请企业外的广告人员协助完成，以弥补其人员配置的不足。

13.5.3　企业自办广告的任务

企业自办广告总的任务是为实现企业的总体目标而工作（见图13-13）。企业各个不同的时期会面对各种不同的情况，企业自办广告也就有了不同的任务。

企业初始，尚未有定型的商品。此时的广告部门任重而道远，需要为企业找准未来商品的市场——消费者，从他们那里了解需要什么商品，需要的数量、质量、价格以及通过什么渠道进入

图13-13　企业自办广告的任务

① 王多明，孔炯.中国广告大辞典[M].北京：中国广播电视出版社，2008：430-432.

市场最好。西安杨森制药在开创之初，派出三分之一的技术人员向市场要生产任务——生产什么药，生产多少，价格多少。这一正确决策使该企业在开始生产的一两年内就达到了销售额上亿元的业绩水平。

新商品上市之前，需要为商品销售广告进行周密的策划，不仅策划广告信息的传播，还包括与广告信息传播密切相关的人员推销、公共关系推销和营业推广怎样统筹配合。为做好这种促销组合，需要开展的市场调查、消费者调查、竞争对手调查都应该是企业广告部门要完成的任务。

根据企业的营销目标制定广告目标，实施广告目标，作出广告活动策划意见书，拟请企业负责人批准后落实到部门内部每个人身上，各司其职，齐心协力，完成广告创意、设计、制作、发布任务，并收集完成广告发布后受众的反馈意见。

企业广告部门在完成本企业广告业务活动后，如果尚有余力，可以接受别的企业的委托，代行协助广告设计、制作任务，发布广告经工商行政管理及有关部门的批准方能进行。

如果本企业广告部门不承担企业广告活动的某一项任务，可聘请企业外的人员来协助工作，例如请广告公司的个别人员参与策划，艺术院校的美工人员参与设计、绘制广告等。

为企业的平面印刷广告选择印刷厂家，并与印刷厂家一起完成广告从设计到定纸、定色、定量、定质等全过程的任务。

企业对商品的市场反应、销售情况、货币回收情况，都应随时掌握，有专人收集整理这些资料，为下一步广告活动的开展作准备；竞争对手商品销售情况、广告策略的实施与变化及对自己企业的影响，也应有专人掌握，在市场出现变化时，能很快提出有效、有益的对策。

在随时掌握企业老商品市场销售情况的同时，还要为准备进入市场的新商品作策划，使广告活动一浪推一浪地前进，使企业形象和商品在消费者心中不出现因广告宣传的停步而产生的空穴，因为这个空穴是企业竞争者求之不得的。

以上几方面的任务，都是从经营销售与广告的角度来安排的。企业自己广告部门的任务十分具体，也十分繁重，要自己去找任务，主动为实现企业总目标而做好该做的、能做的各项工作。

|13.6| 企业自办广告得与失

企业为自身生存和发展的需要，通过自办广告推动企业经营目标的实现。在企业自办广告的实践中，其为企业带来一定效益的同时，也会产生一些难以克服的问题。

13.6.1 企业自办广告对企业的好处

1.企业的总目标、经营目标，企业自办广告最容易得到理解、贯彻和执行

企业将广告任务交给自己的广告部门，由于企业广告部门的负责人、策划人员、文案撰写人员、设计人员生活在企业自身的工作环境中，对企业的情况十分熟悉，对领导的意图也能正确领会，因而对企业的各项目标在广告活动中的实现有比较准确的把握。

对于企业按常规办事的广告宣传活动，能早作安排，还能将企业的最新目标贯彻到新的广告活动中去。

上海第一百货公司的广告部，承担了临街橱窗的广告设计、制作与发布工作。广告部人员十分熟悉该公司情况，对每个橱窗自身的传播效果都比较了解，比如紧靠西藏路面对南京路的橱窗，过往行人的注目率就比别的橱窗高，而西藏路向北的橱窗就不如面对南京路的一排橱窗的行人注目率高。安排什么商品进入哪个橱窗，既要服从公司当时的经营销售重点，又要与季节、气候和消费者此时最关心的商品结合起来。两个相邻橱窗的关系不仅是商品的不同，还要考虑它们之间的反差、映衬、过渡等关系，使整个橱窗形成一个反映公司整体形象的临街大展室。哪些橱窗该重新布置换上新商品或在短期内对所有橱窗广告的商品进行更换，因为有了自己企业的广告部门来安排、策划，这些问题依靠自身机制得以解决，显然比依靠外力要好得多（见图 13-14）。

2.企业广告部门人员与企业生死与共、血脉相通，为企业广告活动出力，能够取得较好效果

企业广告部门是企业整个肢体的一部分，广告部门人员的工资、福利都在企业内部解决，广告部门人员把企业的整体利益看成是自己这根小枝条、这片小树叶的本体，因此要为之努力工作，使企业根深、树壮，自己才能繁茂、充满生机。

图 13-14 企业依靠自身机制解决问题

与企业寻找广告代理相比，广告公司人员对企业的忠诚度要比企业自己的广告人员对企业的忠诚度低。由此出发，广告公司对企业的服务，要打一定的折扣，一流的广告公司为企业做广告，也会将强将和弱兵相搭配，一方面为企业竭诚服务，另一方面也要在广告实务中锻炼提高自己的队伍。况且企业寻找的不一定是一流的广告公司，二三流广告公司的服务水平也是有限的。

贵州老来福药业公司为发展自己独特的优势，将大山深处的野生自然资源奉献给身处现代大城市需要健康、长寿、美容的消费者。他们先后请了深圳和北京很有名气的一流广告公司为其策划广告、摄制电视广告。深圳这家广告公司开价不低，策划和制作出来的广告播出后，不仅没有给受众带来深刻的印象，反而使大家对广告的表现不知所云，广告主题不突出，达不到广告传播的目的。北京这家广告公司在商谈广告活动过程中，先后派出四批人员到贵州考察老来福药业野生资源的情况，公司负责人也两次赴京商讨广告策划，前期费用已花了不少钱，但策划结果并不能使老来福公司满意。两次失败经历使广告主悟出：当广告主去求广告公司时，广告公司并不会集中精兵强将为广告主服务，一流的广告公司也有不入流的广告人员，当广告公司派出末等人员策划广告时，可以想到广告活动的结果不会令人满意。

3.企业自办广告可以省下一笔广告代理费，广告投入越大，省下的钱也就越多

我国推行广告代理制的有关规定指出"广告代理费的收费标准为广告费的15%"。假如企业投资100万元开展广告活动，其中的15万元是广告公司的代理费，余下的85万元用于广告调查、策划、创意、设计、制作、发布及广告效果调查这些广告活动费用。广告公司在制订广告活动费用计划时，要先扣除15万元，再将85万元分配到各个活动经费中去。

如果企业自己的广告部门能够完成广告活动，这100万元广告费就可以全部用于广告活动的各个具体内容中去，使广告活动费用相对宽裕一些（见图13-15）。

广告部门人员的工资、福利由企业开支，在100万元的广告活动费用中，他们的工资、福利开支不会达到15万元。因为广告公司获取的15万元代理费，含有广告公司应缴纳的税收和利润以及如果广告没做成功双方约定的赔偿费和广告活动违反《广告法》有关规定广告公司受连带责任的罚金。广告公司在完成100万元广告费的活动中，其收益要高出企业广告部人员的工资和福利。

企业广告部门人员在没有直接开展这100万元广告费的活动时，因为对企业、商品、市场的了解，可以减少广告活动中几项活动费用，将广告费的绝大部分投入到设计、制作和发布中去。

图13-15　企业自办广告能节省开支

企业广告部门人员在完成这100万元广告费活动的同时，也许会交叉地接受其他广告活动任务，要分配一部分人员去干别的工作，这实际上就降低了广告活动成本，提高了广告活动的经营效果。

13.6.2　企业自办广告对企业的妨碍

1.企业自办广告可能会影响广告的真实性，产生误导，使广告偏离法制的轨道

由于企业自办广告的控制权在企业负责人手中，如果企业负责人想借用广告推销不合格商品，推销不负责任的服务，责令广告部门策划、设计、发布广告，而这时的广告部门负责人不能坚持原则而服从错误的领导，用自己的聪明才智为错误的企业负责人服务，广告活动就会违反"广告应当真实、合法，以健康的表现形式表达广告内容，符合社会主义精神文明建设和弘扬中华民族优秀传统文化的要求"（见图13-16）。

有一家外资企业生产一种名叫"万寿果"的听装饮料，其销售部门印制了许多传单广告。广告文稿中说："该健身饮料以龙爪为主，以食疗兼备的竹参、枸杞、茯苓、山楂、薏仁等名贵天然植物为辅……经科学配方研制而成。"这里的"龙爪"在农村叫做"拐爪"或者"鸡爪"，是多年生乔木在秋天结的果实，柄有十多厘米长，在种子与柄之间分岔出若干有筷子头粗细、长约两三厘米可食的果。秋收后，农民用草绳扎成把，在集市上出售，这种自然经济产生的商品并未形成一定的生产规模，而且从"拐爪"或者"鸡爪"到"龙爪"再到"万寿果"，连上了几个台阶，将其身价提高了许多。文稿中的"竹参"应为"竹荪"，实际是企业广告部门人员不懂行而写的错字。文稿中写的"名贵天然植物"枸杞、茯苓、山楂、薏仁，其实并不名贵，广告主为虚张声势，提高自己商品的"名贵"而任意写进文稿。

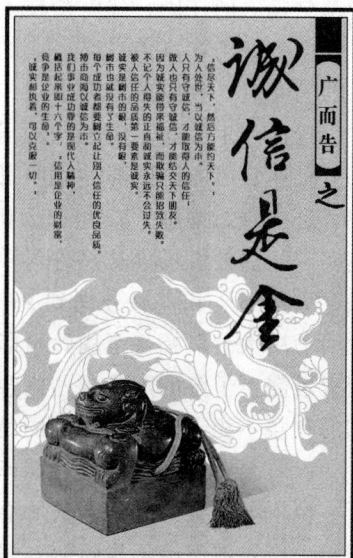

图13-16　企业自办广告要做到真实性

这种广告也许可以欺骗一部分消费者，但最终还是会被识破。1994年9月《今日都市报》披露了这条企业广告部门自己撰稿写作、印刷、散发的"假"广告，这种"万寿果"饮料从市场上消失。

昆明天成饮料公司自己策划在另一个省会城市举行的"3万听饮料免费品尝"广告促销活动。他们在几个大商场的店前广场拉上布标，堆出成箱的饮料，品尝者先要领取一张16开的广告传单，再排队到领取饮料处凭广告传单领取，发放饮料者为品尝者拉开罐盖递给品尝者后，说"请您品尝"，然后说"请您留下宝贵意见"。整个过程被拍下照片或被摄入录像机，如果就此打住，此过程不失为一次成功的广告促销活动。然而没过多久，有一家杂志披露了"天成败走"的内幕。原来这3万听饮料是过期产品，不能出售，但质量并未发生逆变，因此天成公司的广告人员想出此对策，本想既能"处理"过期饮料，又能扩大宣传，还能在品尝者心中留下极好的印象，可谓一举三得。但是，不真实的广告最终会暴露出本来面目，反而会给消费者留下十分丑陋的形象，这种饮料将不可能在该省有销售市场。

这种事例很多。企业内设广告部门，要遵照企业负责人的安排，哪怕是违心地做广告，也要执行企业负责人的指示。

2.企业自办广告可能会影响广告的客观性，产生误导，使广告偏离正确的方向

广告是广告主付费的主观宣传，广告主花钱为自己说好话，为自己的商品说好话，这是天经地义的事。因此，企业自己内部的广告部门一定会站在企业负责人的立场上，"卖瓜的说瓜甜"，使广告信息蒙上浓浓的主观色彩，而使消费者看不透广告信息的内核，以致最后感到"上当"，失去对广告的信任，并推此及彼，认为广告都是骗人的伎俩，那就糟糕了。

广告部门在宣传自己企业的商品时，一定会站在自己的立场上，找出并放大商品的闪光点，并以此为诉求点，而忘却了受众及今后的消费者对商品的关心点，使广告宣传产生偏向，出现片面强调一方而失去最重要一方的错误。

企业自己印刷的商品说明书、企业形象宣传品，都是纯粹站在企业这一面向消费者进行强行灌输。广州白云机场的宣传册关于企业负责人的介绍占了较大篇幅，其实广州白云机场谁是经理对乘客来说并不重要，大家关心的是它的"安全"、"准点"、"舒适"和"服务周到"。广东生产的许多家用电器的彩色宣传册和商品使用说明书用大量篇幅甚至用跨页印刷企业的大门、厂房、设备、车间生产情况，其实消费者需要了解的不是这些内容，厂房再大、厂区再漂亮，消费者没有入股，与他们的利益不相干，他们关心的是商品性能、使用以及质量保证的实际措施和承诺。

此时企业广告部门设计、印刷一本宣传册，要用此时企业负责人的创意，若换了一位主要负责人，他会关心企业新的宣传册，会重新换一个新的创意给企业广告部门，广告部门能不执行吗？贵阳卷烟厂原来的对外宣传，用"贵"和"烟"两字汉语拼音的第一个字母组成"Q"的厂标；后任的厂长认为不好并提出用∞代替，意思是两个圆环不仅代表烟厂与消费者的关系，又代表两支烟的横断面；再后任的厂长将两环厂标否定了，在企业CI设计中又换成了另外的标志。企业广告部门随企业负责人的意志而转移进行广告宣传活动，很难做到客观地反映企业、商品的本质，使之符合受众或消费者的关心焦点。

3.企业自办广告可能会影响广告活动本来的运作次序，减弱广告应有的传播效果

广告活动的开展是按一定程序进行的，不按规矩办事就可能出现混乱，甚而事倍功半。比如广告调查，企业广告部门也许自恃平时已掌握许多情况，就省下这一步，直接进入广告创意阶段，当发现与市场和消费者的情况有出入时，回过头来再调查，重新研究创意，其损失会很大（见图13-17）。

广告主委托广告公司代理广告业务，广告公司要不断地将每个过程的阶段性成果与广告主沟通，征询广告主的意见，有时要说服广告主接受其创意，耐心地做广告主的工作。企业广告部门往往会将许多该报告的事未及时报

图13-17　企业自办广告可能会减弱
　　　　　广告应有的传播效果

告，使领导的意图和广告人员的创造性劳动不能很好地统一起来。

　　由于企业负责人对广告运作的程序不甚了解，他们的工作担子重、范围宽，不可能一门心思去搞广告，所以他们对企业广告部门下达的指示和提出的要求不一定就是正确的。对于不正确的指示和要求，广告部门不得不去执行，而执行后广告的运作程序会被搅乱，如果领导意图发生变化，广告人员总是难以跟进。

　　企业负责人是一个集体，无论谁出来说话，广告部门人员都要考虑怎样去执行。当几个负责人的意见不尽一致时，广告部门不知该听谁的。如分管经营的副厂长直接管理广告部门，广告部门在他的领导下工作，假如正厂长提出广告活动的修改意见，企业广告部门要认真研究一番，再请示经营副厂长的意见；假如厂党委书记出来说话，企业广告部门也要认真对待。这样的多头领导，有它好的一面，但同时也会造成企业广告部门的无所适从。

　　企业委托广告公司代理广告活动，按合同办事，企业的多种声音集中为一个人发言，大家都对合同负责，能避免朝令夕改、七嘴八舌对广告造成的干扰。

　　相对来说，广告公司人员比企业广告人员对广告的体会更深，对广告的把握更专业，他们只有坚持按广告运作程序办事才有可能成功，因而他们的广告运作要比企业自办广告更规范。

　　4.企业自办广告，有可能使广告定位不准，花钱不讨好，丢失了广告应产生的效果

　　由于广告主对自己的企业和商品的偏爱，他们往往不会站在客观的、公正的立场上看待自己的企业和商品，在给企业广告部门下达广告活动任务时，会不自觉地将有主观色彩的意见强加给广告部门去执行，这就难免会发生广告定位的偏移。

　　广告受众是广告传播的对象，是商品或劳务的接收者，他们是企业的"衣食父母"，广告定位应当把受众的需要、喜欢、兴趣放在第一位。如果企业广告部门人员策划广告时受到企业负责人的压力，急于推销商品，在考虑问题时会更多地倾向于商品自身的宣传，"自卖自夸"，这种定位就会产生错误。

　　美国的广告大师李奥·贝纳讲过一个几乎不为人所知的广告故事，由于广告代理公司创作人员给成立才三年的顺风牌汽车的准确定位，顺风汽车才能在"福特"汽车和"雪佛兰"汽车的巨大挤压下打开市场。如果是企业广告部门人员进行这种创意，则很难在广告部门和企业里通过。

　　综上所述，企业自办广告有利也有弊。企业要尽可能多地将广告业务交给专业广告公司代理，这是国际广告业运作的规范要求，也是我国广告业发展的大趋势。

13.6.3　企业自办广告中的广告人

　　中国广告协会制定的《广告行业岗位职务规范》对"工商企业广告人岗位职务规范"作出了明确规定，由于企业广告部门担负着广告主和广告经营者的双重身份，因此企业广告人比广告公司广告人的要求更高。

1.广告主地位中的广告人

当企业广告部门受企业负责人安排，将某项广告活动委托广告公司代理时，企业中的广告人将代表企业利益与广告公司接触，代表企业与广告公司订立书面合同，向广告公司提供开展广告活动需要的各项资料，配合广告公司共同完成企业的广告目标，作企业与广告公司之间的联络员。

2.广告经营者地位中的广告人

企业广告部门开展广告业务必须单独取得市场准入资格，必须具备法律、法规规定的市场准入条件，并经工商行政管理部门核准登记注册。广告人员要经过《广告法》的学习培训，具备相应的专业知识水平，才能为企业开展广告业务活动服务。如果企业广告部门除完成本企业的广告任务外，还要承担其他企业的广告业务，则应该成为独立的、具有法人地位的广告经营实体，特别是发布广告要求会更高一些。在进行广告经营时，要遵守"广告经营行为规范"[①]。

3.广告人自身的发展

工商企业广告人在广告活动中能够较快地进步成长起来，由于他们文化程度较高，接受能力较强，在与企业负责人和广告公司及别的企业广告人员接触中，有机会学习到更多的理论和知识，因而能较快成熟并有所成就。

企业广告业务人员的分工不如广告公司的细密，广告人要承担广告调查、策划、设计、制作、与广告媒体单位联系等工作，因此要多方面发展，具有多方面的工作能力。

思考与练习

一、自测题

1.名词解释　广告公司　广告代理　广告代理制

2.填空

广告公司的类型：_____

广告公司的部门设置：_____

广告公司的工作流程：_____

3.简答

（1）广告代理公司怎样处理对广告主负责和对受众负责的一致性的问题？

（2）广告公司部门设置与工作流程有什么关系？

（3）广告人的素质要求是什么？为什么要有这些要求？

（4）广告代理制对广告业的发展有什么好处？

（5）企业为什么要自办广告？

（6）企业自办广告的任务是什么？

（7）企业自办广告有什么好处？

---

① 参见：王多明，孔炯.中国广告大词典［M］.北京：中国广播电视出版社，2008.

（8）自办广告对企业有什么妨碍？

4.分析

企业自办广告中的业务人员怎样开展工作才能发挥自办广告的优势。

二、练习与实践

1.找到当地一家广告业一级企业或二级企业，调查该企业的部门设置、工作流程及公司对员工的要求。

2.对该企业近期的业务变化情况进行调查。

3.到当地一家企业了解自办广告的过程、效果，在同学当中开展自办广告得与失的讨论。

第 14 章

印刷广告

学习目的与要求

学习本章后，了解印刷广告的种类，熟悉印刷广告的特点，懂得做好印刷广告的方法和要求，了解印刷广告的程序，能正确选用印刷广告的方式，懂得控制印刷广告成本的方法，掌握怎样才能提高印刷广告的视觉传播效果。

学习重点

1. 印刷广告的特点、方法和要求
2. 控制印刷广告成本的方法
3. 怎样提高印刷广告的视觉传播效果

引例

广告大师李奥·贝纳答记者问

20世纪中叶，美国《广告时代》编辑部主任奥格拉提出请资深编辑海金司去访问纽约市选出的"杰出广告文案人员"、"广告界的伟人"。丹尼斯·海金司说："这种行业的本质就是把有效的文字和词句放在纸上。"

海金司访问了威廉·伯恩巴克、李奥·贝纳、乔治·葛里宾、大卫·奥格威、罗瑟·瑞夫斯，写成了《广告写作的艺术》一书（见图14-1）。

以下是访问李奥·贝纳时的问答节选。

问：你是什么时候开始从编辑方面转到广

图14-1 《广告写作的艺术》

告方面？你是否发现你在报纸方面的经验对你有所帮助？

答：对，对我太有帮助了。我想它教给我的是对事物好奇的重要性。我对汽车一点都不懂，但是我对什么东西让汽车能够跑以及关于这方面的一切都非常好奇。我曾用通俗的方式写了相当多的有关技术的新闻。

啊！在战后，我又回到"卡帝勒克"。那时，一些在"卡帝勒克"的人组织了"拉菲耶特汽车公司"，雇佣我的人也包括在内。他们的做法是想成为美国的"劳斯莱斯"——一个伟大的构想，但他们不幸碰到1921年的经济萎缩。他们迁移到"印地那波利"，我跟着去做了广告经理。可是因为那时经济的萎缩，他们的这种汽车遭遇到很大困难。我看到了不祥之兆。他们说要把厂迁到威斯康星州的拉辛那里去。我对那个地方不很喜欢，因为我已经在印地那波利定居了。之后，我得到当时印地那波利最大广告公司的老板麦基的邀请，我抓住了这个机会。那是我第一份进入广告公司的工作。我离开了拉菲耶特而去麦基的公司担任企划部主任。麦基是一位伟大的写文案的人，我从他那里学到了很多东西。

问：啊！贝纳先生，我想请教你一个问题，关于刚才你所说的，你是否发觉写广告文案比写报纸新闻更难？

答：对，难得太多了。因为广告文案一定要非常简明而且要把各种事实传达到位。我从报纸上学到了很多东西，如怎样传播、怎样使广告文案多彩多姿，让人产生兴趣。但是，怎样找出商品让人产生兴趣的魔力，并能极为迅速地导引他们购买那种东西，实在是另外一种艺术。我至少已经学到了把文字放在一起的技巧，并且……

问：如何把各种事实组织起来？

答：把各种事实组织起来并发现人们最感兴趣的事物，是那时我和麦基做的事情。在我和"拉菲耶特"到印地那波利的同时，贺华德给我一个选择一家广告公司的任务。我看了一整年的《星期六晚邮》，这是当时一本著名的杂志，我从那上面找出判断为对我最具吸引力的广告——在那时就是这样。我的判断都是从麦克曼纳司等人那里学来的。在"卡帝勒克"那段时间，我参加了所有的广告俱乐部并阅读了一切广告杂志。我非常努力地增进自己在广告方面的能力，在我还没作任何决定之前就看过了《星期六晚邮》杂志，并把对我最具吸引力的广告撕下来。我发现有相当多数量的广告是由设立在芝加哥的"伊尔文·威赛"广告公司做的。"伊尔文·威赛"所做的有吸引力的广告比国内任何广告公司都多。这对我已经够好了，所以我对自己说："好了，如果这些人能够把广告做得像那样，就是我所要的呀！"

资料来源　海金司 丹尼斯.广告写作的艺术［M］.刘毅志，译.北京：中国友谊出版社，1991.

思考：

"你是否发觉写广告文案比写报纸新闻更难？"思考你的感受，这个问题是否有道理。

|14.1| 印刷广告概说

印刷广告也称印刷品广告，凡是通过印刷方式宣传商品或服务项目的广告都统称为印刷品广告。印刷品广告种类繁多，作用很大，与受众接触广泛。广告人要熟悉印刷广告，使这种广告更好地为实现广告目的发挥作用。

14.1.1 印刷广告的种类

印刷广告是广告的主要形式，诉求于受众的视觉，主要用文字、图形、绘画传播广告主体的信息。印刷广告主要有报纸、杂志、传单、招贴、海报、邮件、小册子、样本、台历、挂历、外包装等。

1.大众传播媒体与非大众传播媒体印刷广告

报纸、杂志、书籍广告属于大众传播媒体印刷广告。邮件、小册子、样本广告属于非大众传播媒体印刷广告。

2.纸质印刷广告与非纸质印刷广告

报纸、杂志、传单、小册子、样本是用纸张进行印刷的，是纸张印刷广告。招贴、挂历有的印刷在塑料薄膜上，有的印刷在布或竹片上。铁罐包装、铝皮包装则将广告印刷在铁皮或铝皮上。跨街布标广告是用丝网印刷方式将广告印刷在布幅上。

3.平面印刷广告与立体印刷广告

只诉求于受众的单一视觉的广告，称为平面广告；不仅诉求于受众的视觉，还诉求于听觉、嗅觉、触觉的印刷品广告，被称为立体印刷广告。在报纸、杂志、招贴的印刷油墨中，加进与广告主体相一致的香料、果味，使印刷广告带有某种香味，让受众在看到广告内容的同时闻到香味；在杂志、样本小册子中嵌入薄型集成电路录音装置，当读者翻阅杂志或样本时能听到发出的声音，使受众眼看、耳听，共同发挥接受信息的作用。采用这种立体模型的方式能给受众更加直观的感受。这种立体模型经过精心设计，在印刷时将有关线条用压痕机压出折痕，当杂志、样本合笼时，模型是平面嵌入内页中的，当打开时，在两页中用读者打开页的拉力使模型变成立体的，让读者可以看到模型空间直观的形体。

14.1.2 印刷广告的特点

1.直观性

印刷广告直接诉诸受众的视觉，使受众一目了然，受众通过对印刷广告的阅读了解广告的内容。

印刷广告的这一特点，使它在广告媒体大家族中始终占据重要位置。从我国北宋时期济南刘家针铺印刷广告的铜模到现代印刷机每天印刷的数以几十亿计的广告,让受众在眼前的世界中看到了花花绿绿的印刷广告。心理学家对人的感觉器官作出的分析中指出,正常人所接受的外界信息70%~80%来自视觉,而其他如听觉、嗅觉、味觉、触觉只占20%~30%。

利用印刷广告的直观性,可以有效地传播广告信息,因此印刷广告种类较多,其广告主投入印刷广告的费用也不少。

2.视导性

印刷广告面对受众,可以引导受众的视觉按创意设计者的安排逐渐深入了解广告的内容。

印刷广告从一诞生起就十分注重受众的接受心理,将最主要的信息放在最重要的位置,通过文章的组织及图片、绘画、边框、空白等的安排,"牵"着受众的视线,将广告信息全部传递给受众。印刷广告的标题字体要大、内容要精、位置要突出,目的是引人注目。广告标语要醒

图14-2　印刷广告视觉流程 左上—右上—左下—右下

目,语言要容易上口,位置要比较灵活,让受众容易看到。根据一般人的阅读习惯,把受众的视线导入左上—右上—左下—右下(见图14-2)或左上—右上—右下—左下的视觉流程(见图14-3)。

根据人们的阅读习惯,不同位置的报纸广告会产生不同的信息传播效果(见图14-4)。图中的53%和47%表示在同一报纸版面上刊登的广告所产生的不同的信息传播效果。

3.色彩优先性

印刷广告的色彩使用得当,能使信息传播产生更好的效果(见图14-5)。一般说来,彩色印刷广告比黑白印刷广告更容易吸引受众的注意,彩

图14-3　印刷广告视觉流程 左上—右上—右下—左下

色广告中的商品更容易打动受众的欲望,从而产生良好的广告效果。如果色彩搭配不当或过分地使用鲜艳的色彩,反而会引起受众的反感和不愉快。在《中小企业广告运作之道》一书中,介绍了色彩搭配。图中可以看出,白底黑字并不是注目程度最高的搭配,黑底黄字反而是注目程度最高的搭配,黄底白字或白底黄字的注目效果都很差。

14.1.3　广告人要熟悉印刷广告

　　印刷广告一般都是广告主首选的广告形式，无论广告主投入多少广告费，总少不了要在印刷广告上作相应的投资。特别是广告费投入比较少的时候，广告主更会首先考虑采用印刷广告。因此，广告公司业务员、工商业广告人都要经常与印刷广告打交道，只有对印刷广告比较熟悉才能成为一名称职的广告人。

图14-4　不同位置会产生不同的信息传播效果

1.做好印刷广告的方法

　　（1）把广告要传达的最主要的信息写在大标题上。

　　（2）用标题向商品或劳务的可能主顾打招呼。

　　（3）在标题里提出商品的最主要的优点。

　　（4）在标题中加入新闻。

图14-5　色彩搭配会产生不同的注目效果

　　（5）标题不要过长。

　　（6）在标题中不要用否定词，不要用反面的标题。

　　（7）在图片中加入一些故事趣味。

　　（8）在印刷广告中使用照片比图画效果更好。

　　（9）用事前和事后照片进行对比，要比只用文字更说明问题。

　　（10）使用简单的版面，留出足够多的空白。

　　（11）照片下面一定要有说明。

　　（12）广告正文该长则长，该短则短。

　　（13）对广告正文不要过于苛求，没必要使用太多的形容词和副词。

　　（14）用名人、使用者、发明人来推荐商品更能使人相信。

　　（15）避免说太过于专业的行内话，读者看不懂就难以达到传播目的。

　　（16）广告正文不要用黑底白字。

　　（17）广告标语要反复使用。

　　（18）如果是在报纸上刊登广告，要看看广告在报纸版面上的位置。

　　（19）广告文稿中要有承诺的内容。

　　（20）尽量吸引读者读完你的印刷广告的全部内容。

2.要了解熟悉印刷广告的要求

　　（1）印刷广告的布局要求完整美观、主次分明、引动视线、注意隔离、形式多样。

（2）印刷广告设计编排的原则是：第一，要求均衡；第二，注意对比；第三，留出空白；第四，强调单纯；第五，突出重点。

（3）印刷广告的结构要求是：第一，图画要占据广告的视觉中心，如有多幅图画，应分清主次；第二，文字简明，段落清晰，字体大小适中，富于变化；第三，花框不宜太烦琐，能对广告起到分界和装饰作用即可；第四，根据需要留出适当的空白，一般空白可占版面的60%～70%。

作为广告人，因为要与印刷厂频繁地打交道，应该熟悉印刷厂的工作流程，熟悉相关的印刷业务，并善于与印刷厂的各种人员交往，得到他们的支持和理解，共同完成印刷广告的业务活动。

|14.2| 怎样做好印刷广告

14.2.1 广告印刷的程序

印刷广告同印刷其他印刷品一样，要按印刷的有关程序进行，但也有其自身的特殊性，需要广告人及印刷人员的特别关照。

广告印刷一般要经过设计、字体选用、画出美术稿、制作画稿、制版、出样稿、上机印刷这7个步骤（见图14-6）。

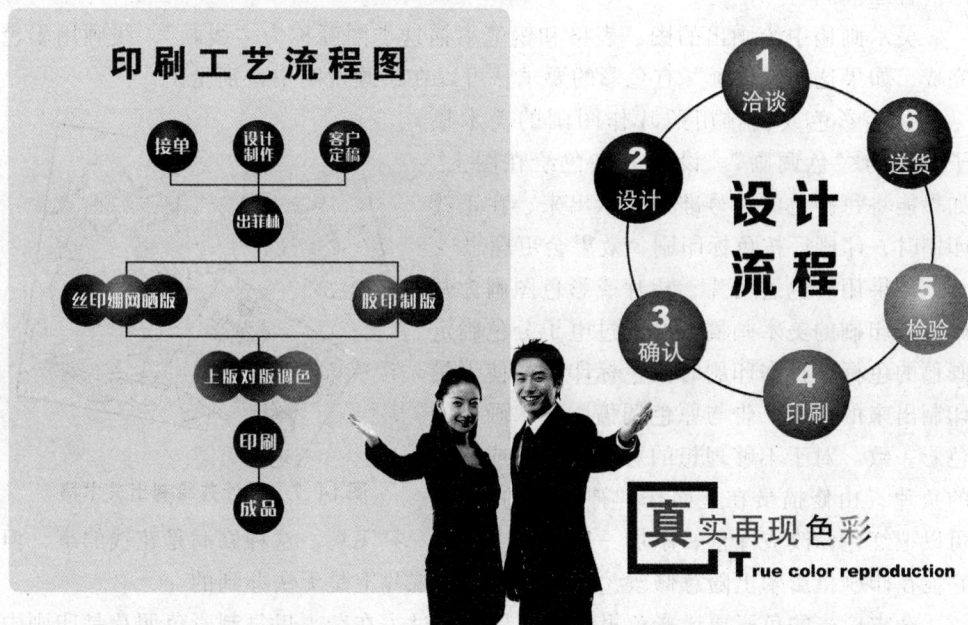

图14-6 广告设计与印刷工艺流程

1.设计

印刷广告设计任务的承担者（本企业的设计人员、广告代理公司的设计人员、媒体的设计人员、临时聘请的设计人员）根据广告主的要求（广告目标、商品特点、消费者心理）构思出一个草稿表示广告将是什么样子，由广告文案人员拟出文字稿，组合在一起。送给广告主初步审阅，经认可后再绘制出色稿和墨稿，色稿有效果图的意思，让广告主看到将要印刷出的广告大体是什么色彩搭配，墨稿供印刷厂制版用。这一步骤完成草图设计。

2.字体选用

设计人员送出设计草图的同时，要考虑整个文案所用的字体，用计算机打出各种字体排出的版面送广告主审阅。如文字太多、版面拥挤，要么就用小号字，要么就删去若干文字。这两者之间，删掉一些文字是比较好的选择。

计算机里储存了几百种字体，每种字体都有它们各自的特点和表现优势。中文字体可分为书法体、美术体和印刷体；英文字体可分为罗马体、黑线体、手写体、埃及体、变化体等。广告文稿能否让读者容易认读，除字体以外，还要看字与字间和段与段间的间隔以及字的大小和式样的组合关系。

字体设计者要注意，好的字体设计本身不是让读者只去欣赏字体，而是让读者去读广告的内容。在使用书法字体时，要让读者能够毫不费力地认出字。对于印刷招贴广告，应该让读者在近处或远处都能看清标题。

3.画出美术稿

设计人需要画出"美术画稿"（见图14-7）。美术画稿也称正稿，是可供印刷的广告画稿。

美术画稿中绘画出的图、表格和钢笔素描这类图画称为"线画"，线画用墨色完成，如果这些"线画"有色彩的要求，可以在绘画说明中特别指出。

上了彩色或安排用照片作图画的美术稿子，称为"色调画"。设计人将色绘在图上，如果能将每种色的标号准确标示出来，在正式印刷时，印刷厂按色标印刷，效果会更理想。

如果用彩色透明片、相片或彩色图画为基础进行印刷的美术画稿，要通过电子分色确定画稿的色标，再在印刷时按色标印刷，使大量印制出来的印刷广告与原色调稿、美术画稿的色彩一致。对于不够理想的彩色透明片或相片的负片，由修描员在上面作"神奇"的修改，

图14-7　设计并绘制出美术稿

可以把红色修改成绿色、添加一片树叶或减少一只飞鸟。这种修润是花钱的事，但它能在印刷摄影术上随意修改，这种手法在电视片上是无法办到的。

杂志广告的色彩要比彩色报纸鲜艳得多，过去在杂志里复制彩色照片是印刷中最复杂的事，现在有了电子分色系统和四色印刷机（红、黄、蓝、黑）就能把原样的色彩准确地、大批量地印制出来。

印刷厂里如果使用单彩色印刷，同一张照片要制成四张感光版，每张用于一种

颜色的印刷，在半成品第二次、第三次、第四次上机印刷时，一定要套得很准，其中一个版稍差丝毫，整个画面就是模糊的，这也是广告的彩色部分避免印字的原因。广告文字要清清楚楚，白色背景是最理想的。

印刷广告画面的四周可以留出白边，也可以不留，彩色一直印到最边沿称为"出血版"，出血版的印刷价格要稍高一些，但由于出血版能产生较好的效果，所以印刷费稍高也是值得的。在印刷过程中，设计人员要到印刷机旁不时抽看印刷效果，以便保证印刷能始终保持同一色彩水平。

4.制作画稿

进入到制作画稿步骤（见图14-8），广告标题、正文都已确定并排出版式，图画经过修描，最后把这些融合在一起就是画稿制作。

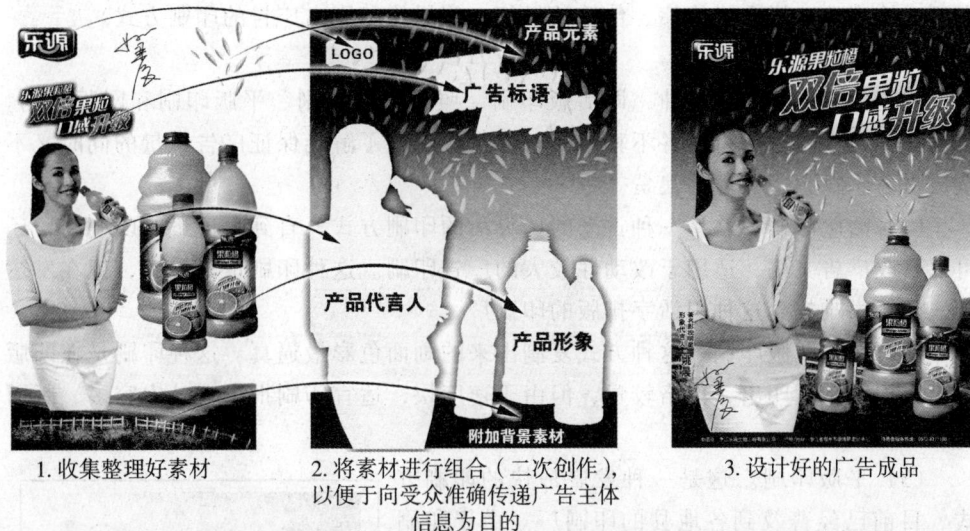

1.收集整理好素材　　2.将素材进行组合（二次创作），　　3.设计好的广告成品
以便于向受众准确传递广告主体
信息为目的

图14-8　运用设计软件对画稿进行再创作

画稿制作是广告各部分位置和尺寸大小的准确指导，所以广告主要仔细审阅并且批准这份画稿，以便制成正稿。

若要作任何变动，这一步骤是最后的机会。以后若再作变动，就要从头开始，花费的钱、时间就会增多。制作好的画稿，不能马虎，不要相信印刷厂说的"我们会在感光版上修整"，要看着他们马上修改。

5.制版

把美术画稿和广告文稿的统一体（画稿有黑白稿和色稿，广告文稿包括标题、正文及标语的字体、字号都用电脑打印出来）交给照相感光制版人，由他们制出印刷版和复制版。复制版的用途是广告主能同时把广告分成几个版印制出来。

6.出样稿

将印刷版安放在印刷机上，先印出几张样稿来检查印刷的逼真程度，如果认为不满意，通过调整使色彩更接近原来的作品（见图14-9）。用单色机印刷时要看套色的准确性；用四色机印刷时要注意各种色的配合。在印刷过程中，广告主或代理人最好在旁监印，确保成千上万张广告的色彩一致，如果印刷厂有关于质量保证的合同条款，不必监印也能保证质量，那么就待印完后交货时再验收。

图14-9　对样稿进行最后把关

14.2.2　印刷广告选用的主要方式

由于印刷广告投入的费用不同，所达到的目标不同，选用的印刷方式也就不同。

作为广告人，要尽可能多地了解熟悉不同的广告印刷方式，才能根据广告主的需要，恰当地选择质优价廉、传播效果好、能尽快印刷出广告的印刷方式。

1.传统的印刷方式

传统的印刷方式有4种，即活版印刷、照相凹版印刷、平版印刷和网版印刷。各种方式要求准备的材料各不相同，对此作必要的了解能保证广告质量的同时又不造成财力、物力、人力的浪费。

（1）活版印刷。这是一种古老的、灵活的印刷方式。直到大批量的印刷前，还可以修改广告文稿，适用于改动性较大的广告印刷。这种印刷价格最低，但在发达地区已经很难找到这种用活字排版的印刷厂。

（2）照相凹版印刷。这种方式复制出来的画面色彩最逼真。这种印刷是在凹版滚筒上用轮转机印出，价格较贵，但由于速度快，适宜印刷批量大、内容多、版面大的广告。

（3）平版印刷。这是一种发展最快的印刷方式，目前已经普及到各地县的印刷厂。由于印刷品质量高、印刷版便宜，许多杂志和小开版报纸都采用这种印刷。这种印刷方式又称"胶印法"，俗称"柯式"印刷。

（4）网版印刷。这是最简单的印刷方式，使用不多，不适合大量生产。但是在公交线上、公告广告栏里的招贴或户外广告牌、布标广告，这种印刷方式就能派上用场，其印刷出的广告色彩浓厚、鲜明。因为过去的模版是丝制的，所以又称"丝网版"印刷。

2.现代的印刷方式

（1）立体印刷。立体印刷是使印刷成品产生立体效果的特种印刷方法。立体印刷是根据两眼观察物体的视角微有不同，大脑中的左右两个影

图14-10　立体印刷品随处可见

像能复合产生立体感觉的原理，所采用的印刷技术（见图14-10）。制版时以实物

为中心，用特种照相机按相等的物距转动一定角度，用表面平行排列呈半圆柱型凸线的塑料片覆盖感光片，随着照相机的转动进行多次曝光，拍摄成影像互相重叠的底片，再将底片放大、制版、分色。印刷出的成品，在观看时由于视觉与印刷图像的角度差相吻合，能产生立体感觉。采用立体印刷的广告作品立体感强，能增强读者的印象。现在用激光束印制出的三维图像被称为"彩虹全息图片"，但由于三维立体图像难以看清晰，不便于广告宣传。

（2）特种印刷。特种印刷是指凹版印刷、凸版印刷、平版印刷以外的各种印刷方法。应用比较广泛的特种印刷有金属薄板印刷、贴花印刷、玻璃容器印刷、塑料制品印刷、静电印刷、喷墨印刷、电磁印刷、录音印刷等。在平面广告印刷中，使用的特种印刷有丝网印刷、立体印刷等。

14.2.3　控制印刷广告的生产成本和节省印刷开支的方法

印刷成本同印刷的难度成正比。只要能达到广告宣传的效果，应该选择最适宜的印刷方式，不要追求不必要的高档次（见图14-11）。

印刷广告合同签订后，不要随意去改动它。因此，周密策划之后再作决定还不迟，草率决定反而会花大钱得小利，太不划算。

印刷广告采用的画面，无论是请画师还是摄影师来制作，都要量力而行。已成名的画师、摄影师开价会很高，而他们不一定会尽心尽力地为中小企业搞创作，因此不如花较少的钱，寻找那些正在努力追

图14-11　印刷广告过程中学会精打细算

求的青年画师、摄影师。他们收费不高，而在中小企业印刷广告创作上却能全力以赴，并能接受广告主的意见，不断进行修改，直到大家都满意为止。

下面介绍几种节省印刷广告费用的方法：

1.制作预算确定后广告代理者才能花钱

广告主请广告代理拟制一份广告费用预算，对特别的支出费用作必要的说明，待广告主同意这份预算并签字、盖章后，广告代理才可以花钱去购买材料或开始工作。

2.广告文稿经审查允许后再排版

在印刷广告过程中，广告文稿主要用于传达信息，不能掉以轻心，不能大而划之。在广告文稿撰写者完成文稿后，要经过几次的讨论修改，最后由广告主和广告活动出资者"定板"。在印刷过程或是活字排版、电脑排版过程中，都需要校对、修改，签发"付印"字样。

在签发"付印"之前，广告主和广告代理公司要对广告文稿的法律法规及商品特点的技术说明作负责任的审查，在不触犯法律法规和不会产生负面效应的基础

上，才能签字。在印刷制版过程中，责任校对要对已签"付印"的文稿的字、词、句、标点、字体、字号、排列顺序、版式设计等负责，发现不妥当的地方，一定要在排版中修改，通过几次校对，直到"查红"（校对的最后一次要用红笔划出该修改的地方，查红就是查看这些地方是否都已修改过）没有新问题了，才签"付印"。

现在用计算机排版省掉了许多程序，定稿传给印刷厂，印刷厂打出清样，与计算机的一致就可开印了。

3.制定出一张印刷广告的生产进度表

计划能规范今后的行为，按照广告发布时间的策划要求，制定出每一步骤在什么时候完成的具体时间表。

制定出的时间表可以省掉不必要的加班费开支，决定的时间不要往后推，应尽量争取提前完成。

4.选择恰当的美术作品

在印刷广告时，有时不需要整版用彩色，只需要用一两幅彩色照片或绘制插图，这样能使广告文稿更加突出。

请摄影师拍照，要事先谈妥这个胶卷的钱已经一次付清，买回来后也许这次只使用一两张，其余的留作以后再用。如果没有事先谈妥，摄影师从几十张中送出了你要的一两张，其余的因为没有付费、没有谈妥，他们不会给你，事后再去索要其他的照片，还需付费。

5.调查了解选择恰当的印刷媒体

不同印刷媒体的价格是不一样的。同样版面的报纸花费的费用要比杂志少，传单要比招贴少，因而在选择使用哪种印刷媒体时，一是要根据广告活动策划的需要，二是要根据企业的财力量力而行，三是要根据当地的印刷条件和发布时间的允许范围。在选定媒体之前，要清楚使用媒体所花的费用，做到心中有数，再实施印刷计划。

有时同一画稿要登在几个不同大小版式的杂志上，因此要制作不同大小的印刷稿，这样费用就会增加。可以按小杂志的全页广告排版，这个版在大杂志上不必考虑印在封面、封底上，可用在封二、封三或内页上，留出边版，使标题加大，这样仍然占整版。这样就不必重做新版，少花了制版费，而且效果同样好。

14.3 提高印刷广告的视觉传播效果

14.3.1 读者眼中的印刷广告

不同的印刷广告，在读者眼中产生的作用是不一样的（见图14-12）。要使不同的印刷广告充分发挥它们各自的作用，必须对各自的特点进行分析。

1.报纸广告

我国的报纸绝大多数是机关报，代表一级党委、政府或社会权力组织，因而在报纸上刊登广告，容易在受众眼中产生信任感、依据性。

2.杂志广告

杂志印刷精美，读者层面较固定，便于保存和查阅。受众对在杂志上刊登广告的企业及商品比较信任，在反复阅读中会加深对广告信息的理解。

图14-12 读者眼中的印刷广告

3.小册子、样本广告

小册子内容集中、翔实、图文并茂，读者会认真阅读，从中受到启发，有所收益。如在小册子中加进公益性、知识性的内容，则更能获得读者的好感。

4.招贴广告

招贴广告能给销售商品的现场带来热烈的气氛，能在行人眼中留下印象，如设计得好，抓住行人的视线，能产生很好的效果，若能引导行人细读内容更好。只有广告语的招贴，能让读者记住广告语，留下深刻印象。

5.传单广告

印刷精美的传单广告，能吸引读者认真读下去，保存下来或传给别的朋友看。印刷粗糙的传单广告，受众拿在手中不等看完就会扔掉，对他们有传播价值的会认真阅读或收存，而更多的是不屑一顾。因此，传单广告的传播效果不是很好。

6.报纸式传单

许多广告主看到了报纸的作用，将广告内容印刷成四开小报或八开小报大小的传单广告，有报头、有中缝，刊登获奖的资料、商品功能的介绍、使用者的反映、名人或权威部门的评语、销售网点的地址及电话等。

对于这种形式的广告，使用时一定要依法办事。首先，这种未经新闻出版管理部门批准的报刊式传单广告是《广告法》及相关规定不允许的；其次，刊登主观的宣传，读者比较反感；再次，使用者站出来说话，让读者产生怀疑。因此，应说服广告主放弃这种方式。

14.3.2 提高注目率的有效途径

1.广告内容与受众关系密切

人们阅读印刷广告，一般只对与自己有关的内容产生阅读兴趣，对关系不大或无关的内容会"一晃而过"或"熟视无睹"。

广告文案、广告设计者要找出广告主体与受众到底在哪一点上能产生共鸣，广告主体的什么内容是受众最需要的，然后对这个结合"点"加以阐述、描绘、表现并演示出来。

与受众无关的内容要尽可能删除，企业负责人姓名、照片、经历与宣传商品关系不大的内容也应删除。

2.使用受众最想听到的语言

广告是印给受众看的，如果他们不喜欢听、不喜欢看，印刷水平再高也无济于事。同样的内容，换一种说法就能获得读者的青睐，这就要求广告要选择适当的表达艺术，让受众乐意去听（见图14-13）。如某鸭绒服装生产厂先登出广告："我厂生产的鸭绒服装质优、价廉，实行三包"，读者对这样平淡的广告词不会注意；后来该厂请写作高手将广告词改为："天寒地冻，鸭绒服装包您温暖!"打动了受众的心，销售发生了变化。

3.标题要使用最简洁的语言

印刷广告的标题是读者最先看到的信息，若能抓住读者就会引导他们往下看。为使读者在三五秒钟内将标题读完，标题的字数要在7±2这个范围内。5个至9个字的标题，由于字数少，可以用大号字印刷，而且不转行，一眼就看得清，能产生较好的效果（见图14-14）。

图14-13　使用受众最想听到的语言

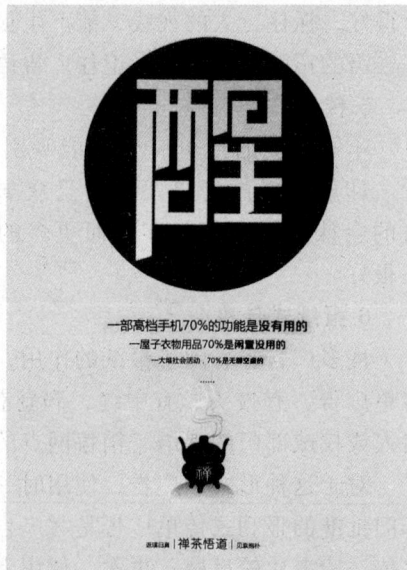

图14-14　标题要使用最简洁的语言

4.尽可能使广告内容占更大的版面

在广告费用一定的前提下，争取较大的广告版面，所占面积越大的印刷广告越容易引人注目。为使同样的版面最大限度地发挥吸引读者的作用，文字的内容应减少到最低限度，字数少，每个字所占的空间可以更大些，更能让读者看清楚，产生的传播效果会更好。

5.使用的图片要经过精心编排

千万不要让图片中的美女或动人的画面使读者忘记广告内容。广告作品的主要功能是信息传达，能吸引读者看广告就能达到目的，没必要让印刷广告的形式冲掉广告的内容。如一则精美的手表广告只出现男女情人以手搭在肩上，再以手相抚摸的半截画面，宣传主题突出，效果非常好，让读者去补充、完善未完全出现的这对情人的其他部分（见图14-15）。

6.创意新、奇、特的广告效果好

广告的表达讲究新颖、奇趣、特殊的广告创意，能引起受众的注意，产生深刻的印象，进而打动他们的心，鼓动他们尽快去购买广告主销售的商品（见图14-16）。在印刷广告中使用有声、有味、立体或可以活动的广告方式，产生的效果

图14-15　使用的图片要经过精心编排

将比普通平面印刷广告好。如杂志上安排一种灭虫剂广告，杂志被翻开，借助翻阅的力量，立体印刷的苹果上部出现一条正往外爬的虫，同时录音播放出"请用我帮您把这种害虫消灭掉!"其效果将不言而喻。

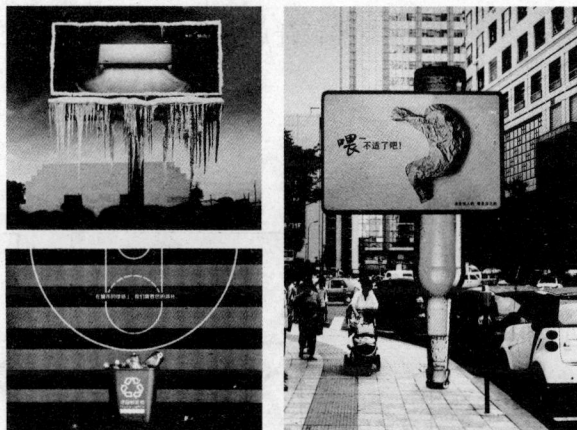

图14-16　创意新、奇、特的广告效果好

14.3.3　调动读者的视觉流程

人们阅读印刷品广告，从注目的一瞬间开始到他读完整个广告，一般有其视觉的流程线路。这种视觉流程从版面竖直的黄金分割往上部分开始，先往右，再往左下，最后往右。如果印刷广告都千篇一律按这种视觉流程来安排，那就说不上创意了。因此，印刷广告要用字、图的不同排列，引导读者去看广告的内容。

1.直立形

直立形（见图14-17）使广告商品产生安定感，引导读者视线从上到下流动。这是介绍有稳固性商品的首选方案。

2.斜形

斜形（见图14-18）将广告商品摆成倾斜形状，引导读者视线从斜上方到斜下方倾斜。

图14-17 直立形

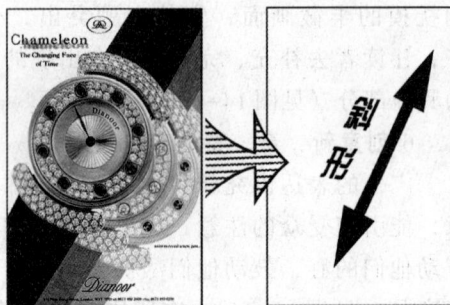

图14-18 斜形

3.水平形

水平形（见图14-19）将广告商品摆在水平线上，形成一种稳定平静的构图，引导读者视线从左向右流动，接受广告主体信息。

4.十字形

十字形（见图14-20）将广告商品设计成直立形和水平形的交叉，成为十字构图，将视觉焦点置于十字的交叉点上。

图14-19 水平形

图14-20 十字形

5.S形

S形（见图14-21）将广告商品摆成英语字母S状，使商品富于变化，具有动感，将读者视线引向需要突出的重点物体上。

图14-21　S形　　　　　　　　　　　图14-22　分散形

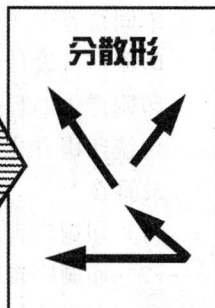

图14-23　其他形

6.分散形

分散形（见图14-22）有意识地将广告商品分散在画面的几个地方，不特别强调哪一种商品，在散置的商品中将读者视线从左向右引向要传达的重点物体上。

7.其他形（见图14-23）

（1）将商品信息缩小置于印刷广告画面的左上角，读者只有认真去看，才能看清。读者下功夫去看到的信息，才不容易忘记，因而广告视觉流程提高了广告的传播效果。

（2）将广告主体的局部占据整个画面，造成不完全的感觉，引导读者视线到画外去寻找剩余的信息。这种方式如同"不完全广告语"，具有一种神秘的、让人去探寻的魅力。

（3）将商品信息摆成放射状，从放射点向外引导读者去看各种需要让读者细看的商品。这种安排能够有效地吸引读者的视线从先左后右到先上后下的流动。

思考与练习

一、自测题

1.名词解释

印刷广告

2.填空

印刷广告的特点：＿＿＿＿＿＿＿＿＿＿＿＿＿＿＿＿

不同位置上产生的不同的信息传播效果：_____

印刷广告设计编排原则和结构要求：_____

印刷广告的程序：_____

传统印刷方式和现代印刷方式：_____

3.简答

（1）印刷广告的种类大体怎样分类？

（2）印刷广告的视导性特点是怎样体现的？

（3）怎样才能做好印刷广告？

（4）控制印刷广告成本的方法有哪些？

（5）怎样才能提高印刷广告的注目率？

4.分析

除了教材中指出的调动读者视觉流程的不同排列外，你还能列出哪些排列？

二、练习与实践

1.到商场搜集各种印刷广告，在班级中搞一次印刷广告的分类展览。

2.评选出10幅注目率最高和10幅注目率最低的印刷广告，分别找出其优点和缺点。

3.将广告的信息排列的视觉流程用简图绘画出来。

第15章

电视、微电影、广播广告

学习目的与要求

　　学习本章后，了解电视广告的主要类型和生产制作过程，了解微电影广告的出现及营销方式和互动剧情的重要性，了解广播广告的主要类型和制作过程，初步学会电视广告创意脚本及微电影剧本的写作，能写出表情达意的广播广告文案。

学习重点

1. 电视广告的生产过程
2. 广播广告的生产过程
3. 微电影应该从哪里发力
4. 电视广告创意脚本的写作
5. 广播广告文案的写作

引例

贵州茅台酒要拍"茅台里的中国故事"微电影

　　2014年8月14日，中国影响力青年导演剧情短片创作季集训营在仁怀市茅台国酒文化城内正式开营，来自全国各地的30位青年导演创作拍摄"茅台里的中国故事"微电影（见图15-1）。

　　为隆重纪念茅台酒荣获"巴拿马万国博览会金奖100周年"，贵州茅台酒股份有限公司将与中央电视台电影

图15-1　微电影《茅台里的中国故事》

频道强强联手，重磅推出"茅台里的中国故事"青年导演创作赛。茅台要拍电影打造"茅台里的中国故事"滴酒之香，阅尽华夏——赤水河流域的茅台镇是美丽中国的一个剖面，而有着两千多年酿造传统的国酒茅台，更是以其悠远厚重的文化底蕴、科学神秘的酿制技艺、优秀卓越的品位品质，深情演绎中华酒文化的魅力与传奇。

此次中国影响力青年导演剧情短片创作季，由中央电视台电影频道和贵州茅台集团主办，主要拍摄"茅台里的中国故事"微电影。青年导演们将沿着国酒茅台的发展足迹，找寻国酒茅台蕴含的历史和文化底蕴，用光影编织醉美世界的茅台梦，拍摄并讲述茅台故事里蕴含的中国地地道道的人文情怀以及华夏民族图腾性的精神血脉。

在茅台酒获巴拿马万国博览会金奖100年之际，贵州茅台集团与电影频道举办此次活动，主要目的是借助电影频道的深厚影响，为中国电影产业的发展尽力，茅台只是中国故事乃至中国文化中的小小一点。青年导演可以借此平台发挥潜力与才能，做出真正推动中国国产电影发展的"中国影响力"。

青年导演们将在1周时间内，围绕"茅台里的中国故事"主题创作出30部、时长30分钟的微电影。创作完成后，由主办方进行评选，优胜者将获得百万创作奖金。

活动集结30位国内外优秀青年导演，以创作"PK赛"的形式甄选出10位优秀导演（国内7位，国外3位），最终产生15部电影作品，其中10部微电影、5集纪录片，拍摄完成后在央视电视台电影频道展播。

资料来源　罗华."茅台里的中国故事"微电影开拍［N］.贵州都市报，2014-08-15.

思考：

贵州茅台酒已升格为国酒茅台，为什么还要投资拍微电影做广告？

|15.1| 电视广告

电视广告是以视觉形象和听觉形象相结合的形式来传递商品或劳务信息的广告（见图15-2）。企业形象广告、公益广告、观念广告等非商业广告也大量利用电视这种媒体广而告之。

电视广告具有诉求力强、宣传面广、收视率高，声像兼备、感染力强、引人注目，形象生动、色彩鲜艳、乐质优美，传播迅速、不受时空限制等优点，所以许多企业都在条件允许的情况下，争取在电视广告中让企业和商品、劳务信息"亮相"。电视广告也存在传播信息稍纵即逝，广告信息不易保存，对商品性能、特点、规

图15-2　电视广告

格、用途不易作详细介绍，广告制作和播出费用较高，一般企业无力利用电视媒体长期做广告等弱点。

电视广告自身的媒体优势，使商品迅速地打开销售局面的事例，不胜枚举。在中央电视台做广告的企业都取得了很好的经济效益就是证明，因此每年11月8日举行的次年中央电视台广告段位竞标活动的竞争十分激烈。

15.1.1 电视广告的主要类型

1.告知型电视广告

通过简洁的画面，配以主题音乐和新闻风格的口播，直截了当、平易自然地向观众介绍商品或商品展销信息，并告知购买地点（见图15-3）。

图15-3 三星Galaxy Camera相机+3G广告

这类电视广告的解说词应实事求是、简洁明了，切忌夸大其词、冗赘俗套。

2.演示型电视广告

运用示范表演介绍商品特征、性能、使用方法及保养规则，具有一定的现场感，给观众以真实、值得信赖的良好印象（见图15-4）。

图15-4 奥利奥饼干广告

摄制这类电视广告，要向观众清楚地再现演示过程，并配合画面适当地打上简洁的字幕，以便充分地调动观众的视觉，加深对演示商品的记忆。

3.推荐型电视广告

邀请知名人士或权威人士现身说法，引人注目地对新商品、特色商品或各种服务项目进行评估与推荐，以提高商品或服务项目的知名度（见图15-5）。

图 15-5　韩后有机护肤广告

邀请著名影星、歌星、体坛明星做广告，制作费用较为昂贵，需慎重为之。而且广告中所出现的名人或明星如果与所宣传的商品无多大关联，就容易产生传播的误导，往往造成浪费。

4.引证型电视广告

常采用实物引证与人物引证两种方式宣传商品。

实物引证常采用显示优秀商品奖牌、证书及消费者感谢信等介绍方式增强说服力。但解说词应尽量做到朴实无华，切忌自吹自擂。

人物引证常采用经营者、消费者与知名专家座谈评价商品的方式，使观众产生信赖感，较自然地接受广告宣传（见图 15-6）。

图 15-6　高露洁360备长炭牙膏广告

5.故事型电视广告

运用某种日常生活的场面构成极其简明、戏剧化的情节，选择合适的演员表演，亲切、自然地向观众介绍商品（见图 15-7）。

摄制这类电视广告，演员的表演一定要恰如其分、高雅脱俗、流畅自然，决不可喧宾夺主、矫揉造作，使观众产生逆反心理。

6.感情式电视广告

以感情诉求为目的，利用怀念及令人遐想的意境来表现广告主题，以触动观众的情感，唤起某种欲望，接受广告信息（见图 15-8）。

图 15-7　益达口香糖广告

图 15-8　DOVE 德芙巧克力广告

这类电视广告的解说词抒情成分较浓，撰稿时应注意用词的感情色彩，镜头的组接也应简洁自然，给人以酣畅淋漓之感。

7.悬念式电视广告

采用悬念激起观众的好奇心，以吸引观众的注意力，在广告结尾才揭示谜底，解开悬念，将广告内容较为深刻地留在观众的记忆里（见图 15-9）。

图 15-9　M&M 巧克力广告

摄制这类电视广告,悬念的设置一定要新奇别致,又要切忌故弄玄虚,令观众难以置信。

8.幽默式电视广告

运用幽默含蓄的语言、滑稽诙谐的动作配以变幻跳跃的镜头画面、欢快风趣的音乐来表达广告主题(见图15-10)。有时,也可以根据商品的不同特性赋予人性,运用精妙的动画技法将商品拟人化,以此来吸引观众,取得特殊的宣传效果。

图15-10 士力架搞笑广告林黛玉篇

电视广告中的幽默,是制作者运用理性头脑进行巧妙的构思,在介绍商品时多一些愉悦开心的机智,少一些空洞乏味的俗套;多一些从容冷静的思考,少一些冗长枯燥的吹嘘。这样就能使观众在轻松愉快的气氛中接受广告信息。

9.电视静止画面广告

电视静止画面广告是早期电视广告的表现方式,制作简单,多用于临时插播。同影片式录像磁带摄制的广告片相比,电视静止画面广告缺乏动作性和情节性,除非广告信息本身能切合电视观众的关心点,否则难以给观众留下印象。

10.超级市场电视广告

西方国家超级市场的购物手推车上安装的小型电视机播映的商品广告。这种小型电视机长20厘米,宽15厘米,固定在手推车上,顾客推着购物手推车经过某种商品前时,电视屏幕上便会出现这种商品的广告,诱使顾客产生购买欲。

11.闭路电视广告

闭路电视广告是新兴的广告形式,利用闭路电视宣传广告信息,可以设置在铁路车站、候车室、码头、火车列车上、居民集中居住区,也可用于大型企业内部职工家属区安装的闭路电视上,传播企业内部信息和公益广告。

12.纪录片式广告片

以纪录片的形式向观众介绍商品的性能、制作过程或使用方法,也可以介绍商业企业及其服务项目等。

摄制这类广告,多选择厂家、车间、批发市场、营业厅堂进行实地拍摄,以增加广告的真实性和说服力。摄制过程中应注意介绍的顺序与镜头的组接,使之顺畅自如而不跳跃零散,给观众留下完整的印象。

13.动画广告片

以动画片的形式向观众宣传商品。摄制这类广告，常将商品拟人化，为商品精心设计出讨人喜欢或滑稽可笑的形象，以加深观众的印象，并通过富于表现力的简洁鲜艳的画面来突出商品的特点（见图15-11）。这类广告活泼幽默、情趣盎然，观众可在愉快观赏中自然地接受商品信息。

图15-11　动画片广告《我的梦 中国梦》

14.木偶广告片

与动画广告不同的是，木偶广告片中的角色由木偶扮演。为增添情趣、给观众留下深刻印象，摄制者通常挑选家喻户晓的民间故事或童话中的人物作为主角，通过木偶笨拙而又有趣的表演，自然流畅地宣传商品。木偶广告片的目的仍旧在于宣传商品，趣味性仅能作为一种招徕观众的手段，应该分清主次。

15.幻灯广告片

幻灯广告片是借助幻灯机在屏幕上放映运用胶片或玻璃制作的商品宣传片。这种广告片内容由两部分组成：一是绘有宣传物品的图画或照片，要求图像清晰、色彩鲜艳；二是文字说明，要求简明扼要，字迹清楚、醒目。

这类广告片虽不及电影广告那么生动形象，但仍具有一定的直观性，简便而又大众化，既可以在电影开映前放映，又可以在批发或零售商品的各种场所放映，其画面可大可小，视幻灯机的规格而定。

近些年来，通过广告人和广告主、电视媒体广告创作人员的共同努力，电视广告日新月异地发展，许多受观众欢迎的新型广告不断涌现，为电视广告百花园增加了不少的奇葩。

15.1.2　电视广告作品的制作

电视广告片的制作有3个阶段（见图15-12）：

第一是制作前的准备。在电视片拍摄之前，要做的工作包括电视片脚本的撰写、导演完成分镜头剧本的写作、选择和搭配演员、估算费用、有关行政领导部门批准拍摄、制片的投标、选定制片单位等。

第二是制片操作，即实际拍摄或录音的阶段。

第三是电视片或录音录像带的完成及审定。

图15-12　电视广告片的3个制作阶段

由于电视广告片的拍摄要求高、难度大，虽然成品只有几十秒，但拍摄的过程与拍电影基本相同，为了争取拍出画面清晰、色彩饱和度高的电视广告片，拍摄单位基本上都是用拍电影的那一套人马和设备及电影胶片拍广告。

国外流传这样一句话：一流演员拍广告，二流演员拍电影，三流演员拍电视。其道理在于，电视广告片演员要在几秒、几十秒的表演中，准确、生动、形象地传递商品或劳务信息的要求，其难度比电影表演大得多。

1.制作前的准备

在获得主管行政部门的批准后，制作公司接到电视广告片制作通知后，制作前的准备就进入实际工作阶段。

正式动机子开拍前，要做的准备工作有：

（1）确定电视广告的主题。广告主题是广告的中心思想，是为达到某种目的而表达的基本概念，它是广告诉求的核心，也是广告创意的基础。广告主题将组成广告的各种要素有机地组合成一则完整的广告作品。

（2）撰写电视广告的脚本。这种脚本是供电视广告片演出使用的由编剧人员写出的本子，其中的表演要求、台词、旁白、动作、表情、音乐、音响、道具等都要明确写出。

（3）导演编写广告表演分镜头剧本

图15-13　广告表演分镜头剧本（案例1）

（见图15-13、图15-14）。分镜头剧本是广告片导演根据编辑提供的脚本而编写的，在分镜头剧本里，导演将脚本细分为以每个镜头为单位的表演本，注明编号、景别、角度、焦距、演员表演内容、音乐、语言、音响、时间长度等。分镜头剧本与脚本可能有不一样的地方，这是导演进行再创造的成果。

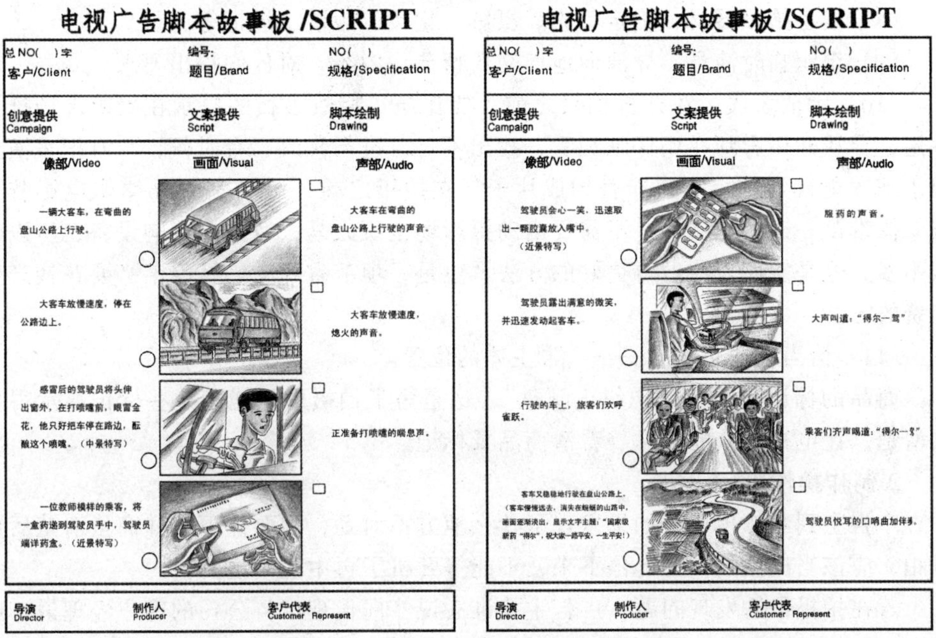

图15-14　广告表演分镜头剧本（案例2）

（4）绘制故事板（见图15-15）。绘制故事板是电视广告制作过程中的一个重要步骤，是实际拍摄的基础。故事板由一系列连环式的画面构成，内容是电视广告中的主要动作画面。故事板把画面、音乐、音响、语言这些主要成分按照创意的要求组合起来，表达一个明确的概念或营造一种印象。这些一幅幅相关联的画面，在讲述未来电视广告的内容，又近似动画电影的脚本，所以叫故事板。绘制故事板，一般电视广告中1秒钟时间要绘制1块，15秒的电视广告要绘制出15块。为了使电视广告费用能更加有效地使用，广告主在正式开拍之前要审看故事板，并对故事板提出修改意见。

图15-15　故事板绘制案例

（5）选择演员。导演根据电视广告拍摄的需要选择演员，或将意图告诉"广告星探"，由他们去寻找合适的演员。

（6）导演让演员熟悉分镜头剧本和故事板。在演员未开拍之前，导演要向他们

说戏，听取他们对演出的体会，了解他们创造角色的构思。

（7）选择拍摄场地、布景，准备道具。

（8）准备拍摄器材，确定灯光、摄影、化妆、服装、场记等人员。

（9）组织临时演员，导演向他们交代情节、内容，对他们提出要求。

（10）示范表演。在开机拍摄之前，要让演员按故事板的提示在摄影现场排演一遍，导演和摄影师在场仔细观看，找出不足，进行修改。有时候，只有把表演拍摄下来才能确定这个表演能否拍成片子。在拍摄之前，可以先用16毫米电影胶片或录像带试一试，拍摄时，不需要出动摄影场全班人马，暂不用音响设备，所以花钱不多。这是能使表演做得更好的方法，也是一项节省开支、杜绝不必要花钱产生浪费的方法。

（11）恰当地摆正商品——广告主体的位置。

商品的标记必须加以"纠正颜色"，这是为了拍摄影片能把这些标记显示得更加清楚，让电视受众能看见、看清商品及标记。

2.制作操作

广告主到制作现场，如果发现了什么地方不对劲，需要停下来并商量清楚后再开拍，应该当机立断，马上停下来，不能等开机了再中途叫停。

若在拍摄中途发现问题，广告主找谁去说？向代理广告公司的客户经理说，或找在场的广告公司制片主任说，但不能同导演、工作人员谈，尤其不能直接找演员去发表你的意见。广告主越级去发表意见，会使拍摄现场出现混乱，会打乱导演的创作，搅乱演员表演的正常发挥。

广告人要懂得摄影场上的基本术语（见图15-16）。这些术语有：

铃——就是铃声三响叫大家安静下来，摄影场门外有个红灯同时发亮，警告人们此时正在录音，不要发出嘈杂的声音。

速度——音响人员喊叫"速度"，就是告诉导演他的录音机正在按正常速度转动，然后摄影机开动，把上面记有镜头号码的拍板拍摄下来。将记有镜头号码的拍板拍摄下来，这是便于剪辑人员区分同一场景的许多镜头而使用的方法。

图15-16　广告人要懂得摄影场上的基本术语

拍板的拍声——标志音响同步的起点，这样剪辑人员以后工作时就能将音乐和画面配合起来。

动作——导演发出的"动作"信号是给演员的提示。

切——在一个场景结束时，导演给摄影机的口令：切断电源停止拍摄。

印——如果这一幕不错，导演要求把它印出来，即这一幕的底片要冲印。

不印——这一幕不能用，不要费时间和经费。

在具体拍摄过程中，广告人应知道的摄制影片的知识有：

（1）每一个场景要有三次好镜头。一位好的导演，在拍摄广告片时，他对每一场景必定要捕捉到三个好镜头才会满意。这是因为当时演员的表演以及灯光、道具的安排极其不易，每一场景多拍几个好镜头，可以直接选用或重新剪辑组合，只有抓住演员进入角色时最好的感觉，拍摄结果才会好。这种机会十分难得，要争取时间拍出三组好镜头。

（2）各场景拍摄的起点和终点与成片所看到的不一样。当每一场景有对白和表演的时候，导演总是在他们所要的那一段稍前一点就开始拍摄，一直到这一段结束后再拍摄一两句才停机。有经验的演员也知道这种情况，他们会把主要精力用在每一场景最要紧的部分。这样做是为以后剪辑、组合成片时便于衔接。

（3）通常每一场景都要有好几个不同角度的拍摄。为了便于剪辑时选片，同一场景需要拍出好几个角度和景制的画面（见图 15-17）。比如母亲将一支金笔交给女儿，可以拍全景，母女、笔都在画面中；可以拍中景，母女的手和笔；可以拍特写，母亲的慈祥面容、女儿眼中的惊喜、笔在手中的闪光。如果有两台机子同步拍摄，则可供选择的画面就会更多一些。

（4）没有配音和音响的镜头放在后面拍摄。有些特写镜头，特别是产品的特写镜头，不需要录音，可以在音响人员离开拍摄现场后再拍。

（5）导演对于故事板中所有的画面都要安排拍摄，不能漏掉。也就是说，拍摄画面可能比故事板画面要多，而不能少于故事板的画面。广告人发现故事板上的画面在拍摄中漏掉了，他有权要求补拍，不管天已多晚，重新安排有多麻烦、多费时间，都要坚持按故事板的画面拍完。

图 15-17　每个场景有不同角度的拍摄机位

导演对故事板提出修改意见，要征得广告主或广告代理公司制片主任的意见，有充足理由说服出资拍广告或主持拍摄的负责人，才能对故事板进行修改拍摄。

拍摄现场工作完毕后，就要进行剪辑片子的工作。在此之前，应对拍摄的过程进行回顾，尽早发现问题，等到剪辑时才发现问题，那会显得很被动。

有人比喻拍制一部影片就如同编织一张地毯，如果等织到边沿才发现中间有一小块织坏了，就得把线都抽掉重织。因此拍摄电视广告片，问题要尽早发现，发现得越晚，损失越大。

在确认该拍的都拍完后,要进行剪辑工作,广告人应该知道一些相关的术语。这些术语有:

(1)毛片。毛片是还没有经过加工的、初步拍出的片子。广告片的图像和录音各在不同的胶片上。图像部分如果没有经过溶暗、字幕、特别效果和片上加字这些加工,可以在以后的暗房处理中加进去。

在毛片阶段需要改动怎么办?如果在毛片的所有镜头中,还缺少必不可少的镜头,可以再重新拍摄作为弥补,这时花钱较多,效果还不一定有一气呵成的效果好。增加的拍摄费用,如果是由广告主后来改变主意重新补拍的,当然应由广告主负担;如果是因为拍摄现场组织失误,广告公司或制片人要负责重拍的费用。作为广告主、广告代理、广告片制片人都要记住,凡是故事板上画出的画面要一幅不漏地拍出来。

配合演员说话的口形声音怎样效果才更好?能不能作改变?回答是肯定的,可以使与口型吻合的声音效果更好,也能改变原演员的配音。不理想的配音可以重新录入,再反复听,不好还可以再来。实在不行,还可以换一名配音演员,他根据演出演员的口形,发出与口形吻合的音。请演员配音或重录音,花钱不多,而且效果会更好。

(2)录音。播音员在录旁白配音时,如果他的录音对这套广告片十分重要,应该要求先听听他试录这个内容的录音带。如果他只不过是在最后念一下结束语,可以先听听他曾录过的其他带子,了解他的嗓音是否适合这个广告片,如果不适合,则要另选高明。

(3)音乐。电视广告的音乐大体有两种渠道,一是为电视广告新创作,产生新乐曲;二是用现成音乐当中的片断。前者要投入创作费,但可以成为专用音乐。这种音乐一定要同广告主体的诉求重点相一致,为广告主题服务,给人留下深刻印象。当人们不看电视、闭上眼睛、只听音乐时,也能区别这则电视广告与其他电视广告是不一样的,这才能达到广告的效果。广告音乐作曲完成后,要配上乐器、配上伴唱,试演奏一番,找各种人来试听,有广告主负责人、有广告公司策划设计人员、有普通的消费者代表、有音乐界的专家,听取各方面的意见。如果消费者代表真有代表性,是与目标消费者一致的,他们的意见应该受到重视。

使用现成的音乐,一定要注意不要因此而产生版权纠纷。选用现成的音乐可以多选几段,同样请上述人员来选择,定出最适合的音乐。还需要注意,不要使用别的广告已经使用过的或大家有可能选上的音乐。总之,选用现成的音乐也要有其特点和独立性。

(4)音响效果。使用的音响效果一定要根据广告主题表现的需要,不能画蛇添足,不要喧宾夺主。恰如其分的音响效果,能使广告诉求更突出,增加广告片的真实感。如果缺少这些,会使广告的感染力下降。

(5)混声与画音套合。所有不同的录音部分,包括演员的语言、对白、演播员的说明、画外音、音乐、歌唱和音响效果都要有机地录在胶片上,与画面有机地统一起来。

（6）试片。广告主、广告公司制作部主任、制片人一起看样片，这个片子可能没有声画合一，色彩也不理想，但是一定要看，在这个时候发现问题，总比播出去以后才发现问题好得多。

（7）正式拷贝。已经完成审看的电视广告片，这时也许还是电影胶片，要从胶片拷成录像带，一拷就是若干盒，可供各电视广告媒体同时使用。

根据以往的经验，就一般难度的广告片，切合实际的制片时间从开始拍摄到完成电转磁，需要四周至六周的时间，太快了可能使质量下降。接受广告片的拍摄，如果有时间要求，就要把制作时间连同准备期间所需时间也算进去，大概需要六周至八周的时间。

3.制成的电视广告片

电视广告的观众在家中的电视机上所看到的广告片不是在巨大的银幕上看电影似的看广告，他们许多人没有听到立体声效果，许多人看到的是黑白画面。因此，广告片的效果在实际播放中要打适当的折扣。我们不能指望在家庭电视机上收看到比电影厂或拍摄完成后所看到的画面更好。当翻录几次之后，色彩会衰减，因而保留电影胶片作母带是有必要的。

当市场发生变化后，可以将多拍的那些镜头再重新剪辑，做成第二个、第三个电视广告的版本。

已经制成的电视广告录像带，可以交给有播放条件的电视台去发布。播出费用另行计算，根据电视观众的覆盖面，各个电视台都有自己的播出收费标准。广告主要根据自己商品的目标市场，选择电视台，同时要根据广告费用预算，逐步扩大播放的地域。

广告片播出后，会产生3种结果（见图15-18）：第一种结果是出乎预料地好，观众很喜欢，一时吸引了许多观众，把其他同类商品广告片传播的信息挤出去；第二种结果是预料之中的，这种结果也比较理想；第三种结果是出人预料地不好，花了钱却产生了负效应。如果是第三种结果，干脆停止播放，将拍出的其他镜头再重新组合，看看能不能弥补。实在不行，如果是与法规相悖，则重新写脚本，重新拍片子；需要动大手术另起炉灶的，也不要姑息，将就着用，因为广告发布费比制

图15-18 播出的广告片会产生3种结果

作费要多，由于广告片播发效果不好产生的负效应损失比重新拍摄的费用要大得多。

|15.2| 微电影广告

我们的生活节奏越来越快，生活的花样越来越多，钱多了但时间不够用了，不知不觉中我们被卷进了"微时代"。微博、微信、微电影、微淘等正"大步流星"地向我们走来。"微时代"商机来了，抓得住，就有赢头，微营销大有干头。

现在的网民自我意识正在火爆崛起，他们对电视广告的关心程度在迅速下滑，对那些生硬的、叫卖式的硬广告尤其不感兴趣。企业也在改弦更张，董明珠、王健林出镜自做广告，企业拍主题微电影放到网上，让人们用指尖利器去剥开愿意看到的东西的皮。专属于品牌自身的微电影，更软性、更灵活，已经成为一种新的营销趋势。

酒香也怕巷子深，国酒茅台也要花钱请人来拍微电影广告了。

臧龙松先生的《微步天下》是在微时代全力打造微营销的新作。这一节的内容基本上来自他研究微电影营销的新成果。

15.2.1 微电影营销的两种方式

1.定制式

为了促进营销，为自己量身打造一个剧本，然后组织或选择适合营销目的的演员、导演和制作团队，在规定的时间内投放市场，同时围绕该剧目进行一系列的市场推广、公关等活动，这样的过程就是定制。

采用这种方式，对剧情进行良性的控制，不仅能将企业的主张和愿望充分地体现出来，如果故事精彩、推广适当，还会取得非常显著的营销效果。例如，慕思寝具的《床上关系》、小熊电器的《爱不停炖》都属于这种定制式。

除这些优点之外，定制式也存在很多缺点，比如成本投入较大、投资风险较高、把控全局的能力不足等。

2.植入式

为了实现营销的目的，有些企业会在既定的剧中根据剧情的安排，合理植入一些企业的广告诉求，这就是所谓的植入式。运用这种方式，企业可以对该剧的传播效果、品牌体现、互动性等方面提出具体的要求，并配合该剧的市场推广活动而进行。

植入式的优势在于投入较少、风险可控，如果剧本选择适当、广告植入合理、微电影推广团队推广得当，其营销效果不会低于定制式（见图15-19）。

图15-19 在微电影中巧妙植入产品信息

2015年2月《梦想贵阳》微电影正在拍摄，黔中泉天然矿泉水老总知道该信息并得知在剧情中有饮水画面后，经过策划人的安排协调，顺理成章地植入了这种水的细腰瓶：演员手中把玩的水瓶自然进入了镜头。佳能DV在《叫我爸爸》中的植入，拉卡拉在《十二星座发财梦》系列中的植入，都属于植入式。

需要注意的是，无论是定制式还是植入式，都是为了体现品牌内涵，继而引起目标受众对品牌或产品的关注，这才是微电影营销方式的重点。

15.2.2　怎样"引爆"微电影营销

微电影营销的内容具有一定的感染力，这仅仅是一种吸引消费者的手段，其实质依然是打广告。所以，要想实现商业微电影的目的，不仅要能打动网友，获得海量的自发传播，还要将企业的产品或品牌信息巧妙地植入其中，两者缺一不可。

制作一部好的微电影，并不是一件容易的事情，既要有足够的故事情节，又要照顾到提供赞助的广告商，还要具备足够的传播性和引爆点……如何才能做到这一点呢？如何才能"引爆"微电影呢？

1.剧情为王——用内容打动观众

微电影营销的主要价值在于吸引观众主动观看，通过人际传播进行转发扩散，扩大品牌影响力。但是，在用户自主选择内容的微博和视频网站上，最能打动受众的还是影片的内容。

微电影的"微"，决定了它必须在短时间内、高效地吸引观众，并让观众产生继续看下去的兴趣。这就对微电影的内容提出了较高的要求：不仅要新鲜有趣，而且要贴近生活和社会热点话题，还要适当采用较为诙谐的网络语言……简而言之，以内容为王、以剧情取胜、以趣味吸引是微电影营销的关键。

例如《玩大的》、《梦骑士》等优秀微电影，不仅有完整的故事情节，还能以某些特定的情感回忆让观众产生强烈的情感共鸣。当观众被影片内容打动的时候，也潜移默化地认同了企业传达的品牌精神。

2.明星效应——借助明星效应提高自身影响

明星有着很强的影响力，如果在微电影的制作过程中能够和某些名人合作，效果就会好得多。在这里，让我们来看看诺基亚的《不跟随》是如何做的。

《不跟随》的故事情节并不是特别完整，仅仅是恶劣环境的一种寓意，但是靠着范冰冰超帅男装的惊艳表现和超强气场，再加上给力的台词，突出显示了一种不服输的战斗精神。这种精神正好契合了诺基亚目前的市场处境和品牌内心的呐喊，赢得了一片掌声。

需要注意的是，明星是影片获得"粉丝"关注的一个重要筹码，但是如果微电影的剧情太过普通，不仅不能让明星的作用得到充分发挥，还会造成极大的浪费，给品牌造成不利影响。

3.话题性——和热点话题相融合

如今，社会上的热点话题有很多，比如高考、房子、星座等。如果微电影能够和这些话题契合，自然会引起人们的广泛关注，营销效果就会好很多。例如橘子水晶的《十二星座微电影》、Mike隋为陌陌制作的《老外屌丝中文哥超强12人模仿》都较好地利用了这一点。这两部微电影都没有完整动人的剧情，但是里面却引入了热点话题，取得了理想的效果。其中，在《十二星座微电影》中，涵盖了星座和开房两大热门话题；在《老外屌丝中文哥超强12人模仿》中，不仅有精彩的各国人模仿秀，还加入了油价高、"五一"旅游、李雷和韩梅梅学英语等众多精彩桥段，激起了观众的强烈共鸣，效果自然不错。

事实证明，当社会的热点话题和这些应景话题与微博等社会化媒体碰撞在一起的时候，就会引起强烈的化学反应，产生爆炸性的传播扩散效应。

4.借势——找个热点切入

每每到了母亲节、情人节、圣诞节、春节等重大节日，都会出现很多的微电影来捧场。2011年春节期间，百事可乐的《把乐带回家》、风行的《票2012》、金山毒霸的《回家》、智联招聘的《情感银行》、金六福的《春节回家互动联盟》等贺岁"大片"云集。这些"大片"围绕着"过年回家"这一主题，企图打动所有中国人的心。

15.2.3 微电影应该从哪里发力

1.微电影应该从哪里发力——互动剧情

随着微电影模式变成一种营销标配，微电影在网络出现了泛滥之势：剧情创意雷同，有时甚至连标题都一样；相同的剧情换不同的片名和赞助商LOGO……套路、形式的同质化逐渐削弱了"微电影"概念带来的玄机。

这时候，如何让网民的注意力集中起来呢？剧情创意、演员阵容、拍摄手法、制作质量、广告公关等宣传投入。微电影应该从哪里发力，让品牌宣传推广出现新的契机——互动剧情！

互动，是互联网技术进步带来的结果，这就让更多创意的实现成为可能。在2011年的戛纳创意节上，HTML5技术得到了人们的广泛关注，并被预见"将是未来网页以及动态交互技术的发展趋势"。用HTML5技术生成互动电影，会给人们带来全新的体验。

在一定程度上，互动剧情能增加用户的停留时间。对于视频网站来说，也可以以互动剧情作为突破口。动网旗下原创短视频品牌"赳客"是一个实践互动剧情的品牌，观看网络视频的时候，用户可以积极参与进来，只要点击视频播放器内的选项按钮，就可以触发一个情节点，"选择"剧情的走向。

现在，很多企业已经在微电影的创意上进行了互动剧情的大胆尝试。比如2011年，英特尔和东芝联手推出了互动电影《Inside》（见图15-20）。该影片由电影《后天》的女主角艾米·罗森（Emmy Rossum）担任主演。影片中，艾米·罗森扮演女子艾米,她被控制在一个黑漆漆的密室里,情况非常危急。幸亏艾米随身携带着搭载 Intel Core i7 Processor 四核处理器的东芝 P775 笔记本电脑,才得以不断地通过电脑社交网络向网友求助。

这是一个类似"逃离密室"的游戏,网友通过 Facebook、YouTube、Twitter 等网站给艾米提供了帮助。在网友的帮助下,艾米逐步解开了密室的机关,最终逃脱。

这部微电影为消费者预留了亲身尝试并行动的空间,充分调动起受众互动的力量,产生了良好的效果。

淡化产品主旨,释

图 15-20 微电影《Inside》让东芝 P775 笔记本电脑树立形象

放品牌形象。微电影和广告的联手,改变了以往影视作品创作后期广告硬性植入的惯常做法,有效地避免观众产生抵触情绪。微电影和娱乐深度整合,通过大力推广,不仅可以淡化产品,凸显品牌,还可以让品牌的内在精神感动他人,影响社会。绝大多数的微电影都选择在各大知名视频网站播出,比如在视频、SNS 网站投放。

2.微电影如何与销售结合

微电影看重的是品牌传播,如果想与销售结合,可以在推广微电影的时候,联合店铺或其他渠道做整合的营销活动,在店铺活动中落实微电影主题和内容。

难道只讲故事不能促成销售吗?如果只想做促销,最好不要做微电影,省下的钱完全可以拿来买直通车。如果想帮助品牌进行传播,提升品牌溢价,必须在剧情中有精准的消费者洞察,了解并解决消费者的潜在需求,激发情感,形成一定的品牌好感,之后再考虑与销售结合的方式。微电影解决的是决策前的部分,只有将这一步走好,才有可能促成决策。

2012 年,天伦天户外推出了国内户外行业首部科普微电影——《唐僧说户外之登山篇》。迅速席卷了整个网络,一周内全网点击量突破百万。这部微电影之所以能在短时间内迅速掀起传播热潮,得到众多网友的热捧和肯定,不仅得益于其具有广泛的公益科普意义,更重要的是它用网友喜闻乐见的创新娱乐方式,将相对枯燥乏味的户外科普知识以一种诙谐幽默的动画形式呈现出来,不仅让网友增加了户外常识,还获得了无尽的乐趣。

天伦天《唐僧说户外之登山篇》的大获成功,让很多企业品牌不得不思考:如何去尝试更多符合时代发展趋势的营销新模式?比如微电影营销。

3.植入商业信息会不会影响传播力

植入商业信息不一定就会影响传播力！微电影的主要核心是创意，如果微电影和植入广告能够进行巧妙的结合，影片制作精美，内容丰富，吸引受众的好奇心，广告内容不生硬，是不会影响观众观感的。

其实，消费者并不完全抵触广告，只要在一定接受范围内，只要故事情节能引起消费者心底最深处的共鸣，他们是愿意接受并且分享的。

2013年4月，作为上海啤酒领域行业老大的三得利公司在上海召开了首映发布会，正式首发《情在心底2013》。这部微电影，再次引领了啤酒行业新风，创造了属于三得利啤酒的"全新"生命力（如图15-21所示）。这部微电影，是一部由年轻人演绎、讲述年轻人故事的时尚影片。全片以"情在心底"为线索，以三得利纯生作为感情催化剂，讲述了男主角从毕业到创业过程中的亲情、友情、爱情故事。虽然题材源自平凡而真实的生活，却调动了众人的情感，令人感动。感动之余，人们就会产生一种畅享好啤酒的愿望，目的随之达成。

在做微电影营销的时候，企业要对目标消费者的内心进行认真洞察，用故事来触动大众情感，从而将自己的品牌与消费者联系在一起，产生一种精神力量。因此，在植入商业元素的时候，要跟故事情节完美融合在一起。

4.微电影最合适的时长是多少

一般来说，一部微电影的时间最好控制在10分钟以内，但是也没有固定的标准。如果故事太短，没有悬念，没有太多的故事情节，是很难引起观众兴趣的，自然也就不能给观众留下深刻的印象；故事太长，则会使观众失去耐性，增高跳失率。

事实证明，只有把故事描述完整了，才能引起观众的情感共鸣，加深他们对品牌的印记。

图15-21 《情在心底2013》奇妙植入三得利啤酒

2012年3月28日，科宝推出了家居行业的首部微电影——《早餐》。据说，《早餐》推出不到半个月，播放量就超过了千万次，一时间震惊了家居业。目前，家居行业广为流传的微电影还有业之峰的《妈妈的一封信》、依诺维绅的《床上怪谭之失眠城市》、大自然的《我的山》……这些微电影的时间虽然都不是很长，只有短短十几分钟，却创造了长久的广告宣传效用。

5.拍摄微电影和电影广告植入效率大比较

微电影对品牌的树立能起到良好的帮助作用。通过故事的情节和调性，可以与目标人群进行情感沟通，使他们产生共鸣，从而记住品牌故事与调性，加深对品牌的印记。

播放器客户端的投放是硬广投放，可以提升品牌的曝光量，要想使消费者记住品牌信息，则需要长期持续的灌输，但即使这样也不一定能形成好感度。相比之下，微电影是软性推广，能在相对较短的时间内使消费者了解品牌的内涵，激起消费者对品牌的好感。

在众多微电影中，红极一时的《老男孩》无疑是最著名的一条。这部电影仅用了几十分钟的时间，就完整讲述了一个深刻的故事。在这个快节奏的网络时代，这种简洁、通俗的画面，受到了网友的喜爱。而网游厂商看中的，也是其简单、直接、深刻的特点。

6.多维度评估微电影的效果

微电影传播的评估从立体角度来看，不同层面、不同类型的媒体有着不同的衡量标准，要根据传播的目的、媒体的特性对传播效果进行合理规划与衡量。

微电影对品牌产生的效果，不仅体现在视频的播放次数，还可以通过网络上对视频的舆论作为衡量标准。另外，为了更加客观地了解传播效果，还可以采用调研的方式。

通常来说，可以从三个维度来评估微电影的效果：

第一个维度是微电影的播放量和主动传播的数量。可以通过播放量和微博转发数、论坛跟帖数等统计出来。

第二个维度是品牌知名度提升。可以通过百度指数、淘宝指数等工具来进行统计。

第三个维度是淘宝销售转化。可以通过淘宝热词品牌、店铺名搜索、品牌淘宝整体销售额增长率、主核心店铺销售转化率等方面来考察。

另外，还有三个重要评测标准：新浪微博、腾讯微博微电影的搜索量；淘宝论坛的回复数；做钻石展位时点击率比平时提升接近100%等。

需要注意的是，在做微电影之前，首先要做好数据采集工作，以避免后期数据量不足。

15.2.4　企业应用微电影营销的建议

1.制定一个整体规划

虽然企业在做微电影营销时投资并不大，但无论是大投资还是小投资，企业都应该制定一个整体规划。只有这样，才能通过微电影将企业的价值观和产品诉求点体现出来；才能将品牌、产品诉求等有机地融合在一个构思巧妙的故事中，有效地影响受众的情绪情感；才能触动消费者的心灵，帮助品牌建立与观众的情感纽带，提升品牌美誉度与忠诚度。

如果不能很好地为微电影营销制定规划，会给自己带来不必要的损失。所以，企业在投资微电影营销时，必须作出详尽的整体规划，并严格按照规划执行，掌握营销节奏，实现理想的营销效果。

2.选择一个播放平台

目前，可以播放微电影的平台主要是各大视频网站和微博空间。如何来选择适合自己的平台呢？在播放微电影时，要通过以下几个主要指标来优先作出判断：

（1）系统稳定、功能完善。如果所选择的平台系统不稳定，功能不完善，最好放弃。

（2）访问量大、知名度高。可以根据全球网站排名系统等信息进行分析判断。

（3）某一领域的专业视频网站。不仅要考虑其访问量，还要考虑其在该领域的影响力。

3.把握好自己的创意定位

微电影的播放时间通常都比较短小，叙事节奏不同于长片。目前，微电影的主要制作方式是将娱乐和广告深度整合起来，可是太实了就会变成小品，太虚了则容易成为MV。

合作良好的团队是微电影营销的基础，只有把握好创意定位，才会将微电影为我所用！无论是通过广告代理商创作脚本，然后由制作公司搭建团队完成制作，还是企业直接找到视频网站，由视频网站搭建团队完成制作……用于企业营销宣传的微电影，其创意定位都要遵循一定的分寸、门道和风格特点。

4.深化自己的品牌价值

微电影主要是将广告与娱乐整合在一起，推销企业产品、促进品牌营销。所以，淡化产品、释放品牌是微电影营销的关键（见图15-22）。

将品牌体验从产品体验升华到情绪体验，甚至上升到精神高度，正是企业微电影营销模式的精髓所在。在制作微电影的时候，就要将品牌倡导的价值和信念泛化为某一阶层的生活方式和消费文化，通过品牌的内在精神让他人获得感动，将观众的情感调动起来，从而萌生出品牌梦想，衍生出对品牌灵魂的认同。

图15-22 深化品牌价值 注重资源整合

5.避免流于形式

流于形式的微电影，不仅不会吸引访问者，还会影响企业品牌和形象。所以，企业进行微电影营销的时候，应该对能够吸引受众的内容进行精心编排，比如企业产品、企业文化、优秀的内容、行业资讯、受众诉求点等，使企业微电影实现理想的传播和营销效果，千万不要流于形式。

6.注意整合资源

微电影虽然可以作为一种独立的营销手段加以运用，但是如果企业能够合理地将其与其他营销手段整合使用，将会发挥更明显的功效。比如可以将微电影与企业网站内容相结合，或配合事件营销，营造出一种强烈的氛围，在消费者心中造成更大的影响。

7.评估营销效果

要想实现理想的营销效果，企业可以对微电影营销效果进行跟踪评价，及时发现问题，不断完善，使微电影营销计划在企业营销战略体系中发挥更大的作用。

15.2.5 微电影营销注意事项

微电影融合了传统媒体优势的画面感和新媒体形势下的互动感，能够在短时间内迎合受众的精神需求。那么，企业在进行微电影营销时需要注意哪些问题呢？

1.产品背后有什么样的故事

每个人的沟通方式都不一样，每个群体的生活方式也是不一样的。企业要从群体的这些特点出发，把控好能够让他们精神为之一振的营销点，以此来引起他们情感上的共鸣，形成良性的口碑传播效果。

2.故事该讲给谁听

在制作微电影的时候，一定要明确产品的受众是谁，他们本身有着怎样的故事，他们的深层感动来自哪里。要想找到更多的共鸣感，就要将产品本身的属性回归到用户身上。如果搞不清楚"故事该讲给谁听"这个问题，很容易偏离正确的方向。

3.受众看完故事后印象最深刻的是什么

一部成功的微电影要具备以下3点要素（见图15-23）：

第一，能让人记住。

第二，让人耳目一新。

第三，关注植入产品的属性。

如果一部微电影拼命地自卖自夸，肯定不会得到受众的欢迎，甚至会被排斥。通过产品属性的传递和与受众需求的对接，就可以使第一批受众感动，形成第一轮营销传播！

图15-23 一部成功的微电影要具备3点

4.商业化微电影怎么赚钱

面对微电影营销的植入方式（见图15-24），商业化微电影是如何盈利的呢？

（1）道具植入。有些电影使用品牌产品作为影视作品中的道具，比如电影《天下无贼》中无处不在的诺基亚手机、宝马轿车、佳能DV等。可是这种植入方式稍微有些生硬，有时会让观众明显感觉到是植入广告。

（2）台词植入。有些电影也会在台词中植入广告，比如电影《大腕》中李成儒那段台词："……不是开奔驰就是开宝马，你要是开一日本车，都不好意思跟人打招呼……"这种经典对白，能被老百姓广为传颂、调侃，实则是一种隐形广告，影响力是无法估量的。在《大宅门》中，白景琦一把火烧了儿子做的不合格产品，把同仁堂"炮制虽繁必不敢省人工，品味虽贵必不敢减物力"的古训宣扬得充分透彻。

图15-24　微电影营销的植入方式

这种植入形式，通过主人公的台词把产品的定位、特性、特征直白地告诉消费者，很容易得到消费者对品牌的认同。

（3）剧情植入。剧情植入包括设计剧情桥段和专场戏等方面，比如《疯狂的石头》中，道哥吃着康师傅方便面，给黑皮和小军讲解作战计划；包头拿着谢小盟的相机镜头盖说："耐克？耐克也出相机？"之后，镜头迅速摇向尼康相机镜头盖……

在《爱情呼叫转移》整部影片中，除了徐朗的那只艳遇手机外，所有的手机都是清一色的诺基亚。而在电影《手机》中，所有演员使用的则是摩托罗拉手机。

（4）场景植入。场景植入就是在画面所揭示的、容纳人物活动的场景中，布置可以展示产品或品牌信息的实物。比如户外广告牌、招贴画以及在影视剧中频繁出现的固定场景等。比如电影《短信一月追》中，影片刻意安排男主角"David"开车慢慢经过"动感地带（M-ZONE）"的路牌广告。在《疯狂的石头》中，长安牌面包车冲向宝马车；可口可乐从天而降，砸入面包车内；下榻酒店、约会地点、风景区等都是不错的植入场景。

（5）音效植入。音效植入就是通过旋律和歌词以及画外音、电视广告等的暗示，引导受众联想到特定的品牌。现在很多品牌都有自己的品牌主题曲，听到主题曲就能使受众联想到品牌。比如《短信一月追》中，安排了一段剧中人物跟着电视里周杰伦的歌曲MV学习舞蹈的情节，而这首《我的地盘》正是"中国移动"2004年的主题曲。

（6）题材植入。有些影视剧是专门为某一品牌进行拍摄的，着重介绍品牌的发展历史、文化理念等，用来提升品牌知名度。比如电视剧《大宅门》和《大清药王》是讲述同仁堂的故事。它们通过一个完整的故事情节，让观众在品味文化大餐的同时，也全面了解了产品及企业，这种植入方式更容易被观众所接受。尽管企业没有明显的推销行为，但起到了非常好的宣传效果。在电视剧播出后，同仁堂在人们心中的知名度和美誉度也大幅提升。

（7）文化植入。文化植入是植入营销的最高境界，它植入的不是产品和品牌，而是一种文化，通过文化的渗透，宣扬现在文化背景下的产品。韩国电视剧《大长今》就是一个典型的例子。在这部电视剧中，用大量的篇幅介绍了韩国料理的制作和针灸方法，还有韩国服饰、建筑、伦理道德，这些韩国文化被深深植入到观众心中。这种文化植入的经济效果是非常明显的，比如韩国商品（服饰和化妆品）热销、韩国艺人进军中国文化市场、学韩语的人多了起来等。

定制微电影最关键的是什么？

所谓定制微电影，就是根据投资人提供的产品、服务来进行微电影的创作。在创作当中，围绕某一主题全面植入投资人提供的产品形象，投资人可以自行选择创意、演员和推广方案，从而达到较好的宣传目的。

5.定制微电影最关键的两个方面——创意和推广

第一，创意。定制微电影具有一定的商业目的，因此整个片子会偏向于商业广告的性质，如果没有一个好的创意贯穿全剧是很难让人接受的，所以创意非常关键。比如 iPhone 手机的一系列微电影广告《爱疯时代》。在这部微电影中，通过一个做手机销售的普通女孩的视角展示出了各个阶层对 iPhone 手机的疯狂追求，达到了很好的宣传效果。这部微电影赤裸裸地对 iPhone 手机进行了宣传，但是反映的却是一个真实的社会现象。不管观众如何评价，都达到了最初的宣传目的。

第二，推广。定制微电影的推广是一个整体性的规划，从最初的策划到最后的推广，都要有自己的针对性和目的性。今天，人们的自我意识越来越强，要想实现传播的目的，就要抓住更多人的心理。所以在定制微电影的策划中，必须加入足够多的情感元素，让自己的作品吸引人。对于定制微电影推广的方法，普通群众的力量才是最伟大的。

15.2.6 微电影营销成功案例

1.凯迪拉克和《一触即发》

《一触即发》是历史上第一部"微电影"，由著名影星吴彦祖主演（见图15-25）。

在 90 秒的时间里，这部微电影讲述了这样一个故事：电影故事以香港为背景，吴彦祖现身酒店交易密码箱，却遭神

图15-25 微电影《一触即发》

秘黑衣人组织跟踪追击。危急时刻他纵身从顶楼跃下，与神秘组织展开一场分秒必

争的殊死较量。在另一位绝对主角凯迪拉克赛威的帮助下，吴彦祖一连闪过顶楼刺客、飞车党、火箭炮三批阻击者……几经周折，最终成功达成目标。全片场面宏大、制作精良，是第一部大制作的网络微电影。在《一触即发》中，过程和结局都是观众无法猜到的，这是凯迪拉克设计的绝妙之处。片中凯迪拉克 SLS 赛威 2.OT SIDI 发挥着重要的作用，其独有的 OnStar 安吉星系统每一秒的反应都可能决定主角吴彦祖的命运。

秉承凯迪拉克精神的《一触即发》，开创了史上首部微电影的先河。以该片为代表的"微电影"，有许多传统电影无法企及之处，比如《一触即发》可以在移动新媒体平台（各种具有视频功能的手持移动设备，如 4G 手机、手机电视等，具有无线移动功能的笔记本电脑和其他移动视频接收设备）上进行播放，观众可以在移动状态和短时休闲状态下观看。当所有贺岁大片为票房争得焦头烂额时，《一触即发》却笃定在旁独享观众群，2010 年 12 月 27 日在央视首映坐收上亿目光，堪称微时代的里程碑。

2.雪佛兰和《老男孩》

《老男孩》是"11 度青春"电影行动中的一部，该系列电影由上海通用雪佛兰、优酷和中影联手打造（见图 15-26）。

《老男孩》仅用了 43 分钟，就收获了观众的无数眼泪。该片以"80 后的青春是否还记得当初的梦想"为主题，通过选秀节目切入，对两位参赛者为梦想追逐的青春经历进行了追忆。中学同学肖大宝和王小帅都被心仪的校花拒绝了，可是因为都喜欢迈克尔·杰克逊，成为了好朋友。多年后他们走上了不同的人生道

图 15-26　微电影《老男孩》

路，一个成了点头哈腰的婚礼主持人，一个成了忍气吞声的理发师。迈克尔·杰克逊的死讯传来，肖大宝心潮澎湃。他找到王小帅，组成了"筷子兄弟"，和一群 90 后参加了"欢乐男生"的选秀。选秀的过程并不顺利，最后也没有拿到名次、收获奖金，可是他们却收获了乐观的人生态度。

《老男孩》一经推出，立刻成为网络点击热点。有数据显示，截至 2012 年 12 月 1 日，"11 度青春"的短片总播放量已超过 6 200 万次。以《老男孩》为代表的"11 度青春"系列网络电影，是雪佛兰科鲁兹联手中影集团、优酷网推出的新媒体电影，成功打造了雪佛兰的经典营销案例。2010 年 6 月 3 日正式启动以来，"11 度青春"共推出 10 部网络短片，仅在优酷网上便拥有超过 7 000 万次点击量，产生了巨大的社会影响力。

雪佛兰科鲁兹不仅以"理念植入、情感征服"的创意营销赢得了市场的认可，

更凭借在外观、设计、性能、安全和油耗方面的均衡表现，受到了年轻消费者的喜爱。有数据显示，雪佛兰科鲁兹在2010年销量增长103.6%，达到18.8万辆；在2011年首月，雪佛兰科鲁兹迎来了销量开门红，销量一举突破2.4万辆，创下了单月销量新高。

3.佳能和《看球记》

《看球记》是姜文团队为佳能拍摄的一部广告短片，也是姜文导演的第一部微电影（见图15-27）。

《看球记》时长仅为10分钟左右，姜文以其独特的"姜氏"风格诠释了一段父子情。虽然只有短短的10分钟，但短片塑造出了饱满的人物形象。无论是爱子心切的父亲，还是巧舌如簧的小骗子，都给人留下了深刻印象，在诙谐幽默中展现出浓浓的父子情，感人至深。

在拍摄《看球记》的时候，剧组使用的就是佳能摄像机，取得了满意的效果。5D Mark Ⅱ在拍摄时，操控上使用固定镜头效果极佳，画质细腻富有质感，色彩还原效果极其惊艳。XF305非常便携，也没有影响到拍摄功能和效果，画质和色彩也相当令人满意。佳能产品的最大特点就是快捷迅速，大大缩短了《看球记》的制作周期。

微电影《淘宝网》根据真实事件为自己量身打造了一个5分钟视频：4个小伙伴为实现儿时的梦想集体参加汽车展览，将一辆"富康"改装成"兰博基尼"，所需零件全部从"淘宝网"上购买。此视频在优酷上线，引起轰动。谁都有过儿时的岁月、谁都有过心中的期盼，在这里人们不仅感到兴奋和鼓舞，还记

图15-27　微电影《看球记》

住了"淘宝——八亿商品，支撑你的梦想"这句广告词。此外，还有"伊利"的《花甲背包客》、"金士顿"的《记忆月台》、百度的《央金的水窖》等，都是广告主特意为其产品或服务制作的微电影。台湾大众银行根据真实事件拍摄的多部微电影受到广告专业大学生们的喜爱。

|15.3| 广播广告

广播广告是通过语言和音响、音乐效果的听觉诉求来传递商品或劳务信息的广告。广播广告具有凭借声音效果以声夺人、亲切悦耳，传收同步、信息快捷，传播次数灵活、信息容量大，不受时间、空间限制、覆盖面广，制作简便、费用较低等优点，容易被中小企业、乡镇企业、私营企业采用。但是，广播广告也有信息消失

，不能被保存下来以及收音机频道多，听众在众多频道中作选择，不容易接收到广告主的信息等弱点。要发扬优点、避开弱点，就要认真研究广播广告，使花费在广播广告上的费用发挥出应有的经济效益和社会效益。

广播广告重点在于唤起人们的想象力，把听觉产生的效果延伸为视觉、触觉、味觉，让广告听众产生身临其境，如同身受的知觉。

2008年第十四届中国广告节·中国广告长城奖的全场大奖，是湖北广播电台选送的一则广播广告。它的具体文案是这样的：

点歌（电台直播间）

主持人：听众朋友，我们的节目继续进行。接下来我们请进下一位点歌的朋友。（接电话）喂，你好。

听众：喂，你好。

主持人：嗯，你好。

听众：主持人是吧。

主持人：嗯，你好。

听众：我是一个外地人，今年没有买到火车票回家，只好在你们这过年了，我想点首歌。

主持人：噢！是呀，每逢佳节倍思亲，尤其是在春节，那你想点首什么歌，送给远方的亲人呢？

听众：不是的，我想点一首陈小春的《算你狠》。

主持人：陈小春的《算你狠》是吗？为什么要送这首歌呢？

听众：哎呀，我把这首歌送给所有火车站的票贩子，太烦人了！

（电话挂断，盲音）……

——打击非法倒票行为，让更多的人回家团圆！

这条广播广告获奖的原因是："算你狠"！熟悉的歌词，无奈的道白，使这条广播广告给人留下了极深的印象，也体现了"草根宣传"的独特效应。此广告由播音主持人自然引入，就像一档正在播放的娱乐点歌节目，没有痕迹，酷似"傻根"声音的介入，引起了听者的注意和兴趣。通过广播点歌的大众方式，阐述了一个大众事件，平实真切的对白，给人们展示了一个意外的"包袱"，只是结束时字正腔圆的有关打击倒卖车票的口号式告白，略有添足之嫌，难怪评比期间众评委如遇"政见"不同，也都赠言一句"算你狠"！可见其传播的力量。此广告小中见大，流畅自然，生动鲜活，内外呼应，陈小春的歌、"傻根"的声音等都看似搭车，却"克隆"出了智慧，也验证了此条广告能获全场大奖的结果——"算你狠"！

有一则早年获奖的外国广播广告是这样的：

好啦！请大家注意，我发出动作暗示，将堆积成山搅拌好的奶油，倾倒在被抽干湖水后装满朱古力的密芝安湖中，然后空军的大型运输机将一颗颗十吨重的酒浸樱桃，丢入装满奶油和朱古力的湖中。与此同时，有两万五千名临时演员站在湖边尽情欢呼。

这个商业广播广告是滑稽明星斯坦·弗瑞伯创作的。这则广告虽然诉诸的是听觉，然而形象、生动，能将人们的知觉带入视觉化中，仿佛眼前正在演出如上的一幅幅画面。由于使用了夸张、大胆的构思，能产生极好的传播效果，表现企业的博大气魄，让听众久久不忘。

再看看下面一则我国获奖的广播广告文案：

（音乐起）

一个寂静的深夜，

一双罪恶的黑手，

一鸣惊人的警铃，

一声威严的喝令声："住手！"

一名落网的惯犯。

"带走！"

（一阵远去的脚步声）

一场落空的美梦。

防盗保险，请用猎犬牌防盗报警器。

猎犬牌防盗报警器，

保您的文件和财产防盗、安全！

这则广告多像一出广播剧，表演成功的惊险片，几句话便把听众带入规定的情境，让听众听着广播的声音往下关心事件的发展，当大家如释重负时，再报出商品名称，广告味此时才出来，大家也在一阵轻松中记住了"猎犬牌防盗报警器"。

15.3.1 广播广告的主要类型

广播广告虽然都是用广播作为媒体，但表现手法不同，可以将其分为多种不同的类型（见图15-28）。

1.普通广播广告

播出时间不定，由电台根据节目多少、内容长短安排播出时间，一般分甲、乙、丙三级。甲级广告安排在黄金时间播出，听众最多，影响较大，收费较高。乙级广告安排在人们上班时间、非固定性地播出，听众分散，收听率次之，收费标准低于甲级广告。丙级广告的播出时间无固定限制，由电台视其各类专题节目之间的空隙安排插播，听众多少难以预测，盲目性大，针对性差，主要靠反复播出增强宣传效果。

图15-28　广播广告的主要类型

2.特约广播广告

播出时间针对性强，一般由客户向电台预先特约，有时间特约和节目特约两种，收费较高。外商来华广告和国内有特定销售对象的最新商品或劳务项目多采用这种广告形式。

3.特设专题广播广告

由广告主根据自己的宣传目的事先编录好广告专题节目，交电台安排固定时间播放。这种广告形式，内容专一，知识性强，但收费较贵。

4.赞助性广播广告

由多家厂商联合出资筹办的广告专题节目，分为倡导社会公德的、进行宣传教育的、传播重要新闻的、特约赞助性的四种。前两种广告，电台不以营利为目的，重在扩大宣传教育；后两种广告，电台收取一定的费用。

赞助性广告既能宣传富于教育意义的大型活动、丰富多彩的文体活动，又能树立厂商的声誉与良好的社会形象，播放费用由各厂商分担。因此，这种广告形式较受厂商欢迎。

5.专栏性广播广告

有固定的播放时间，针对性强，便于消费者和用户在一定的时间内专门收听。电台根据市场特点、市场行情、服务对象及季节变化，增设与之相适应的专栏，普及商品知识，传递商品信息，使广告更好地为各行各业服务。

6.插播广播广告

在广播节目之间，或在某单元节目的开始、结尾播出的广告。插播一次的广告效果不大，听众的注意值较低，要作长期计划，连续播出多次，才会收到良好效果。

7.歌曲广播广告

以电波为媒体传播特制的音乐旋律来表现商品特点的广告。这种广告中的歌曲，通常是为宣传某一商品或商标、品牌专门谱写、录制的，其特点是具有简明性、鼓动性与感染性。歌词明白、易记，曲谱短小、简捷，常在短短几秒钟内重复某一富于个性特征的音乐旋律，极力渲染气氛，以加深记忆，给听众留下强烈的印象，并在记忆的基础上产生联想，唤起某种购买欲望。

成功的歌曲广告，歌调精炼，旋律优美，悦耳动听，像流行歌曲一样不胫而走，其宣传效果是不可低估的。

15.3.2 怎样制作广播广告

广告主自己动手写成广播广告的文稿，或交由广告创作的广告公司文案人员写成广播广告的文稿，经广告主审定后交给广播广告制作单位。

广播广告制作单位，一般由广播电台的播音员在播音条件很好的室内播出广告的内容。广告文稿撰稿人要向播音员如同导演"说戏"一般，将自己的创作思想、文稿重点、表现要求逐一说给播音员听，让播音员去体会，待播音员有把握可以用声音来完成广告创作时，再进行试播、试录。

在录音条件较好的播音室，由播音员根据文稿的表现要求进行认真的播音，调音台操作员配合，广播广告导演认真听录。当第一次试录完毕后，请文稿撰稿人试听，如有不满意的地方，再重播重录；对两次录音效果进行比较性试听，如果不满意，再进行第三次试播、试录；对三次录音效果再进行比较性试听，从中发现问题，也从中选择最佳的段落。广播广告一定要多录几次，从中找出最理想的效果。如果连续几次录下来，效果仍不理想，可以请播音员稍事休息，内心细致地体会广告文稿的要求，当找到最好的感觉后，再重新开始新一轮的录音。

将音乐、音响录在录音带上，反复听几次。然后将播音员的播音和音乐、音响合录在一条录音带上，由调音师将两者和谐统一在一起，突出重点，不能喧宾夺主，要使三种声响有机地形成一个整体。

广告文稿的撰写一定要将文字量与广告的时间统一起来，比如广告时间是30秒，每秒播出3个字，文稿要控制在90字以内，不能超出90字太多。如果播出中，有"此时无声"的处理，则要使文字数更少一些。

广播广告录制完毕后，要送给广告主单位能做主拍板的人试听，当他满意以后，就可复制若干盘录音带送各个目标听众的广播电台播放。如果他提出修改意见，广告文稿撰稿人和广播广告导演可以向他解释现在的作品的寓意与当初目标的一致性，广告主接受了这种解释，这则广播广告就算制作完毕。如果广告主坚持自己的不满意见，这则广播广告就要重新制作，所增加的费用，由广告主和广告代理、制作公司协商解决，根据合同双方合理承担修改广告制作所需要的费用。

15.3.3 怎样使广播广告制作得更好（见图15-29）

1.广播广告一定要使听众发挥想象力

人的声音和音乐、音响都能唤起人们的想象。广播广告所播出的声音、音乐和音响一定要让目标听众产生某种想象，这样才能发挥良好的作用。广播广告"猎犬牌防盗报警器"的前几句话，就能把人带到一个"有情况"的情境里，让人想象出这种商品的安全保卫作用。

2.广告广告要使人听到一个难忘的声音

图15-29　怎样使广播广告制作得更好

使人听到一个难忘的声音，才能让你的广播广告在众多的广播广告中独树一帜，不同凡响。与众不同的嗓音、令人易记的广告歌曲，可以使人记住你的广告。李扬配音的"唐老鸭"在中国听众心中留下深刻的印象，他的嗓音为大家所熟悉，请他配音则会效果突出。

3.广播广告的制作只提出一个主题思想

因为人们听广播时精力难以集中，面对容易转移的听众，广播广告的主题一定要突出，音乐、音响都要为这个主题服务。在商店里设置的广播广告，面对千百种商品，不能面面俱到，而要突出如"全面降价"、"质量保证"、"服务周到"或"新到商品"等主题信息。

4.广播广告要迅速选定目标听众

在进行广告调查、广告策划时，就要针对目标听众去制作广播广告，把他们的喜好、分布的地域、什么时间听广播、喜欢什么样的广告音乐，这些问题都搞清楚。在广告文稿的内容上，音乐、音响的选择上，尽最大努力去吸引他们的注意，让他们把广告听完。

5.广播广告要尽早说出你的商品名称及优点

广播广告要在播出内容的前三分之一时间里把广告主体播出来，让听众很快就能准确获得广告主体信息。不要让听众在听了许多铺垫、背景的内容后，才听到广告主体内容，这样做容易使听众听了后面忘前面，听了前面精力很快分散或注意力转移。

6.广播广告要利用当时有利的形势

广播广告要充分利用其灵活性，把广告播出同人们当时的爱好、时尚、新闻事件、热点问题结合起来。如新闻中报告要发生大暴风雪，在之后的广告节目里播出某地出售防雪轮胎或某商店延长营业时间，供应生活用品，提醒人们赶快购买，这种效果一定不错。

7.广播广告里的音乐是必不可少的，要充分利用

对听众做广播广告宣传，音乐特别有效，人们都喜欢音乐，特别是他们熟悉的、爱唱的音乐歌曲。在广告文稿的播出中，针对目标听众的爱好，配上他们喜闻乐听的广告音乐，效果一定很好。这种亲切的音乐会把听众带到愉悦的情境中，让他们舒舒服服接受广告信息。

8.广播广告的音乐曲调要简单易记

广播广告使用简单的押韵语言或简单的歌词，不断重复其中嵌入的商品名称或商品的优点。曲调要简单、易记，使人们能唱出来，甚至久久不忘。不要让配曲的音响压倒唱词的音响，使人听不清唱词，要知道，唱出来的词才是广告要传达的主要内容。

9.针对驾驶员播放的广播广告，他们在汽车里比在别的地方更能集中精力去听

据研究表明，汽车驾驶员在驾驶汽车时，听广播广告比在家中或其他地方听广播广告注意力更集中，所听到的广告内容比在家中或其他地方听到的要记得更清楚。所以销售汽油、车胎、汽车零配件、修理汽车服务、装饰汽车等与驾驶员有关的广告信息，做广播广告能取得比较好的效果。

10.广播广告可以要求听众将所听到的信息及时反馈回来

在广播广告播出后，用有奖征答的形式请听众回答有关广告内容的问题。这种形式能吸引更多的人，特别是年轻人注意听广告播出的内容，使他们去记忆广告内容，以便在回答问题中获奖。调动听众参与，采取及时反馈所收信息的方法，是做好广播广告的有效方法之一。

11.广播广告要尽可能选用广播界知名人士

广播界的名人，在听众心目中有很重要的位置，人们信任他们，对他们推荐的商品很少有不信任感。如电视播音员、电影配音演员、广播电台的名播音员等播发广告，听众能受他们的影响，自觉地接受他们传播的信息。

12.广播广告有自己的"黄金时间"，这一点是与电视广告不相同的

比如早晨的广播广告，时间在6点至7点这段时间，人们正在洗漱、做早餐、吃早餐，这时广播广告的内容是与早餐食品和饮料有关的，人们会在边吃边听广播中认同广告信息；在中午人们进餐时，播送影视信息、下午的运动赛事或下班后的好去处等，容易被在一起吃午餐的人们议论，从而可以提高信息传播的质量，产生好的实际效果。

13.用广播电台做特别的推销宣传

当地百货公司大减价，某电影院的新片上演广告，节假日商品供应消息，这些都能产生良好的效果。

14.把电视广告中的声音部分转移到广播广告中来

这种方法叫"印象转移"，当听众在广播中听到他在电视广告中所熟悉的声音、音乐或音响时，大脑中会自然产生那种商品广告的形象，加深对此种商品的广播广告的印象。这种方法在广告媒体组合中很有效，在广播广告方面花费较少，同时可以弥补电视广告播放次数不够的问题，达到广告内容传递的整体效果。

15.广播广告文稿要紧贴目标听众

对不同的听众，应该有不同的广告文稿和音乐、音响等。比如对北方听众，使用他们常说的方言，使他们感到亲切，如故人相见时说话一样；对青年听众，节奏要快，多一些幽默和生活情趣；对少年儿童观众，要用动听的语言、交朋友的口吻与他们交谈，利用他们心目中的崇拜者来发动广告；对少数民族地区听众，要尊重他们的风俗习惯，宣传他们感兴趣的广告内容。

16.对广播广告内容的评价，用只听不看（文稿）的方式进行

广播广告是听觉诉求，只对听觉起作用，不能指望视觉等来帮忙，这是与电视广告相区别的主要点。广告主和受众一样，只能用耳朵来认识商品，所以广告主审查广播广告只能用耳朵听，要丢开广告文稿，全凭听觉去感受。

广播广告是在电台中播出，没有音乐厅播放音乐的那种效果，从收音机播出的效果不能同高级音响或音乐厅播出的效果相比。所以审听广播广告时，广告主一定不能用高级的音响扩音器来听广告，而只能用一般的收音机来听，并从收音机中判断广播广告的播出效果。

15.3.4　广播广告的播发

在制作好广播广告的录音带以后，广告主可委托制作广播广告的广告公司将录音带交给广播电台安排在广告节目中播发。

这时，广告主要提出每一天播发的具体时间，精确到几点几分；每天播发的次数；还要打听电台计划播发这则广告信息前前后后其他广告信息的内容，不要将同类商品安排在一起，让听众不能区别各自不同的广告内容。

广播广告不能保存，听众容易忘记，但播出费用相对电视要低得多，可以在每一天的播出中多安排几次。一般最好的效果是早、中、晚播3次。在新商品刚上市时，每天播3次，连续1周；有一定市场后，每隔1天播3次；再往后可把间隔拉长，每隔2天或3天播早、中、晚3次。

思考与练习

一、自测题

1.名词解释　电视广告　微电影广告　广播广告

2.填空

电视广告片制作的阶段：_____

微电影营销的方式：_____

3.简答

（1）电视广告主要有哪几种？

（2）怎样"引爆"微电影营销？

（3）广播广告主要有哪几种？

（4）绘制故事板在电视广告片制作中有什么作用？

（5）广告文稿撰稿人同播音员的关系是怎样的？

二、练习与实践

1.与当地电视台、广播电台联系，组织学习者分批到制作广告和播发广告的摄影棚、录音室参观，了解电视广告、广播广告的制作过程。

2.选一公益广告主题，自编、自导、自演、自拍并自己完成后期制作，做一个微电影作品。

3.在观看电视广告、收听广播广告时，分别记录下不同类型的广告。

第 16 章

网络广告

学习目的与要求

学习本章后，了解什么是网络广告，网络广告的发展阶段、形式、属性及五要素，学会利用网络广告的特点及网络广告的优势，注意克服网络广告的限制，注意网络广告的受众心理，学会利用网络进行调查，能够制作简单的网络广告。

学习重点

1. 网络广告的形式、属性、五要素及特点
2. 网络广告的优势
3. 网络广告的受众心理
4. 网络广告的制作

引例

中国网络广告市场的发展趋势

随着互联网的发展，网络作为一种媒体越来越受到企业的重视。中国网络广告市场的发展呈现出以下趋势（见图 16-1）：

1. 广告主更注重点击广告后的效果

网络广告经过近10年的发展，广告主逐渐从迷茫走向理性，对网络广告的投放越来越注重投资回报率，也就是说，广告主对网络广告效果开始从单纯地注重流量和点击量转变为越来越注重受众浏览产品广告后的行为，广告主已经从"购买媒体"向"购买消费者"转变。更多的广告主通过线上线下整合式营销扩大广告效果。

图 16-1　中国网络广告市场的发展趋势

2.第五媒体出现，移动互联网广告开始发力

第五媒体是以手机为视听终端、手机上网为平台的个性化即时信息传播载体。随着三网融合的进一步推进、智能手机的价格下降和智能手机系统的逐步完善，手机的核心价值从普通的通信工具发展为具有媒体化特征的智能终端，这也就意味着移动终端已经有条件成为新的营销渠道，移动互联网广告开始起程，并已开始成为新的网络广告的战场。

3.网络广告逐渐地域细分，呈现出本地化趋势

目前许多广告主投放广告的网站主要是综合性门户网站，随着网络广告的精准营销要求，地域网站对广告主的吸引力进一步提升，区域性网站有着门户型网站不可比拟的优势。网络广告逐步呈现地域细分，其好处是对目标群体进行充分细分以实现广告的精准投放与有效覆盖，这样会打破门户网站一统江湖的局面。

4.社交媒体加速发展，社交媒体广告受到广告主的青睐

SNS网站的兴起使这些网站上聚集了大量的人气，特别是2011年淘宝网的SNS化。因此，这些SNS网站开发了很多营销工具，将互动营销、病毒营销、口碑营销进行了很好的结合，网络人气加上营销工具，使这些网站受到了广告主的青睐。企业可以通过这些SNS网站的公司主页、微博、空间、群组等策划活动、广告，推广品牌理念和企业文化，这样企业就多了广告发布的渠道，而且发布的广告趣味性、互动性更强，使受众更加精准。

5.网络广告效果要求可量化

网络广告效果有一些指标，如点击量、访问量、独立访问量、平均访问深度、浏览回头率、人均店内停留时间、广告页面跳出率、访问路径、退出页面、访问者成本、成交转化率、投入产出比、成交金额、客单价等。随着网络广告的发展，指标会越来越多，越来越精细化。

资料来源 郭宏霞，闫芳.网络广告策划［M］.北京：电子工业出版社，2012.

思考：

你认为我国网络广告市场的发展趋势还有哪些空隙？在校学生能利用网络做广告吗？

16.1 网络广告的概念

据中国互联网络信息中心（CNNIC）的数据：截至2014年1月，中国网民总人数已达到6.18亿，互联网普及率为45.8%，其中手机网民达5亿，占上网人群的81%。这些数据表明，互联网已深入到社会的方方面面，并影响着人们的生活和行为习惯。广告业当前所面临的挑战，是将传统的"关注消费者用户需求至上"理念，通过互联网来实践，即在互联网广告运用中做到精准、互动、隐性，以实现高效的传播。

16.1.1　网络广告定义

网络广告的英文简写为 Net AD（internet advertising）或 Web AD。当前，网络广告尚无统一的定义。高力、王晓清、黎明编著的《网络广告学》认为，网络广告是指以国际互联网为载体，通过图文声像或多媒体方式所发布的广告。同其他传统广告的最大区别是：它是以互联网为载体。

网络广告有广义和狭义之分。广义的网络广告是指企业在互联网上所发布的一切信息，包括公益性信息、企业的商品信息以及企业自身的互联网域名、网站、网页等（见图16-2）。狭义的网络广告是指可确认的广告主通过付费新发布的商业信息，这一信息具有交互性，具有声音、文字、图像和动画等多媒体元素，可供上网者观看。

郭宏霞、闫芳编著的《网络广告策划》认为，网络广告是利用网站上的广告横幅、文本链接、多媒体等方法，在互联网刊登或发布广告，通过网络将信息传递给互联网用户的一种高科技广告运作方式。他们认为，网络广告有广义和狭义之分。广义的网络广告是指一切基于网络技术传播信息的过程和方法，这些信息通常包括公益性信息、企业商品信息以及企业的域名、网站、网页等。狭义的网络广告

图16-2　网络广告遍布每个角落

就是确定的广告主以付费方式运用网络媒体劝说公众的信息传播活动。《北京市网络广告管理暂行办法》第二条规定："本办法所称网络广告，是指互联网信息服务提供者通过互联网在网站或网页上以旗帜、按钮、文字链接、电子邮件等形式发布的广告。"

16.1.2　网络广告产生发展的4个阶段（见图16-3）

图16-3　网络广告产生发展的4个阶段

1. 萌芽期

萌芽期是网络广告诞生之后所经历的最初阶段。在这一阶段，其主要的网络广告供给商是 Prodigy 公司。作为网络广告的拓荒者，该公司做了许多非常重要的工

作。最初，网络广告主要与在线销售"联姻"，比如美国著名的电脑厂商CompuServe从1995年开始就通过网络广告销售自己的产品，而AOL也在当年开始运作网络广告业务。对于这种新奇的广告形式，更多的广告商在其发展初期仅仅是采取了观望的态度，并没有"迈大步"紧跟其后。

2.挫折期

网络广告在萌芽期由于缺乏有效的管理，一些广告商利用互联网技术特性向当时流行的新闻组发送网络广告。通常情况下，这些网络广告往往与新闻组的主题没有任何关系，人们把这种广告称为"Spam"，即"午餐肉"的意思，由于它对网络具有破坏作用，因而网络广告的声誉随之"一落千丈"。一段时间内，甚至在互联网上还掀起了反网络广告的运动，网络广告的发展由此遭遇了重大挫折。

3.认同期

如果不反对Spam，那么网络广告将永远不会获得认同。于是，一些有识之士举起了反对Spam的大旗。最早反对Spam的是《连线》（Wired）杂志，他们推出了新型网络广告工具HotWired，这是第一种规范的网络广告形式。1994年4月15日，HotWired.com与AT&T签订了第一份广告合同，10月14日第一份网络广告在该站点发布，当天HotWired.com的首页上出现了AT&T等14家客户的横幅广告。后来，在HotWired.com上做网络广告的客户愈来愈多，其中还包括宝洁、IBM等知名企业。这样，当初对网络广告持观望态度的麦迪逊大街的那些美国广告业者，不失时机地开始关注这片被开垦的"处女地"。

4.初步繁荣期

随着网络经济的发展，特别是电子商务的发展以及网上购物的成熟，网络广告已进入初步繁荣时期。在全球，各个商业网站都推出了自己的广告服务，更多的网站通过广告生存下来。截至1999年上半年，全世界约有1 100多家专门从事网络广告业务的公司。2000年，美国网络广告年营业收入约40亿美元，2002年的收入则是这个数字的2倍。发展到今天，网络广告已经成为多数网站的主要盈利来源，其已经成为网站的经济支撑。

16.1.3 网络广告快速发展的原因

1.网络作为媒体载体本身的发展

目前网络的发展态势异常迅猛，依托于网络的各种产业都得以迅速发展。作为网络广告的载体，网络的发展也带动着网络广告的进步。

美国西北大学梅迪尔新闻学院院长罗瑞·盖格涅尔尼教授以美国人读报为例，描绘了一幅传统媒体的惨淡图景。40年来，美国人读报走过的是一条步步下跌的不归路。40年前，80%的美国成年人每天都要读报；30年前，这个比例下降到72%；20年前，比例下降到65%；10年前，这个比例只有61%；2004年，这一比例已下跌到50%，而每天看报的未成年人更少，只有39%。"读报的美国人越来越少，最主要的原因之一是人们纷纷转向网络。"可见，网络正飞速带动着网络广告的繁荣和发展。

2.网络媒体的商业化是网络广告的助推器

网络媒体的商业化运作，为网络广告的成熟打下了基础。

3.网络经济的加速发展

以电子商务为代表的网络经济的进一步升温，改变着传统的商业模式，推动厂商在互联网上采取新的营销方式，这一环境为网络广告的飞速发展创造了条件。

4.网络广告不可阻挡的魅力

对比传统广告，网络广告具有不可阻挡的魅力，它所体现出来的优势吸引着世人的眼球，数以千万计的上网者浇灌着这朵"注意力经济"之中的奇葩，催生着它"怒放"。

16.1.4 网络广告形式

1.电子邮件（E-mail）广告

电子邮件是Internet的一项基本功能，允许用户以较普通邮件更为方便迅捷的方式交流信息，联络感情。它很像普通邮件，只是传播途径有所不同，用于广告活动时，也非常像直邮广告。一些市场营销人员早已使用E-mail处理他们的业务。一些公司一直在收集其顾客或潜在顾客的E-mail地址，以便有所针对地将他们的广告直接发送给指定群体。

另一种使用电子邮件的网络广告形式叫做电子邮件列表（electronic mailing lists），英文中将其简称为listserv。有一些想在网上就某些自己感兴趣的话题发表见解的人可以加入电子邮件列表，有成千上万的电子邮件列表被用于发布令人难以置信的千奇百怪的话题。将自己要讲的话用电子邮件发送过去，就会即时传达给列表上的每一个人，这是一种非常具有针对性的传播行为。

现在，在网上还活跃着一种叫做电子刊物的广告形式。电子刊物是指使用任何渠道吸纳自愿订阅用户，以有偿或无偿的形式用电子邮件载体向订户发送经过编辑的内容。它以固定的发送频率、分期的固定篇幅以及相对固定的内容特点和涵盖范围，并带有一定的可读性，长期向订户发送。

2.电子公告牌（BBS）广告

国内的Internet发展之初，在形式上除了基于WWW的网络浏览之外，还有一种电子公告牌系统（bulletin board system），简称BBS。当时国内网络基础设施建设还不完善，浏览国外的Web站点时，速度和价格都很难令人满意，在这样的条件下，BBS得到迅速的发展。

3.Usenet广告

Usenet是由众多在线讨论组组成的自成一体的系统，其中一个一个的组叫做新闻组或讨论组（newsgroup），分别冠以不同的有着明确界定的主题。

4.万维网（Web）广告

万维网是目前绝大多数Internet用户通用的信息数据平台。对Internet的广告客户来说,万维网拥有无限的利用价值。它容许细致的全彩色画面、声频传输,大容量信息的按时传送,24小时在线以及在广告主、广告受众之间的双向信息交流。

Web广告具体分为以下6种:

(1)网幅广告(banner)。网幅广告是我们在网页上见得最多的广告形式,因其多在页面上方首要位置,又叫页眉广告或"头号标题";因其都是长条形状,又称旗帜广告。其尺寸多为460×80像素,视网站页面规划或广告主的要求可作适当调整。浏览者只要点击它,就能进一步看到更详尽的信息。凭借这种方式,广告主可以精心构筑融合感性与理性的宣传区域,有效加强网幅广告的宣传效果。

(2)图标广告(button)。图标广告在自身属性以及制作和付费方式等方面,都同网幅广告没有区别,它只是小一些,像个纽扣(button的原义),其大小一般为80×30像素。许多网络广告商并不区分banner和button,只是统称为banner,然后在尺寸上列出6种以上的规格,其中较小的几种应该就是图标广告。图标广告属于纯提示型广告,一般只是一个标志性图案,常常是商标或厂徽等,没有广告标语,更没有广告正文,所以它的信息容量十分有限,吸引力也要差一些,只具有一定的提示作用。

(3)特别赞助(sponsorship)。应该承认,网络广告不是CPM(cost per thousand)的天下,对于一个访问量很大的网站来说,有太多的广告资源可以销售。太密集的广告跟踪程序会拖慢服务器,容易使得CPM价格水准滑坡,所以更多的国外网站愿意找一些不太斤斤计较的企业做赞助商,让他们赞助一个与其业务相关的页面或栏目。对于赞助商来说,他们不但可以得到广告的显示数量,还能够用各种"谈得来"的方式和网站的访问者进行交流。

(4)在线分类广告(classified ad)。分类广告一直是报纸广告的主要形式,在线分类广告给传统的报纸媒体带来了巨大的冲击。因为在线形式的分类广告有其与生俱来的独特优势,包括可搜索性、数据库的其他功能、更快捷的更新和更灵活的表现形式等。

(5)插入广告。这是一种非请自来、带有一些强迫性的广告,据说是网络广告中最讨人嫌的一种。在你调出一个网页的同时,会自动跳出另一个幅面略小(正常页面1/4左右或更小)的网页,以诱人的画面或字眼呼唤你的点击,它就是插入广告。

(6)关键字广告。这是一种正在美国风行的广告。在检索的同时出现的广告,在英文中将其称为keyword-triggered banner advertising(伴随关键词检索显示的网幅广告),可简称为关键字广告。

16.1.5 网络广告信息投放形式

网络广告是具备先进的对媒体技术拥有灵活多样的信息投放形式,大致有旗帜广告等9种广告形式(见图16-4)。

1.旗帜（banner）广告

旗帜广告又称为"横幅广告"或"网幅广告"，是网络广告最初采用的形式。最常用的广告尺寸是486×60（或80）像素或400×40像素，以gif、jpg等格式建立的图像文件定位在网页中，大多用来表现广告内容，同时还可使用Java等语言使其产生交互性，常用Flash等工具增强其表现力。浏览者只要点击它，就能进一步看到更加详细的

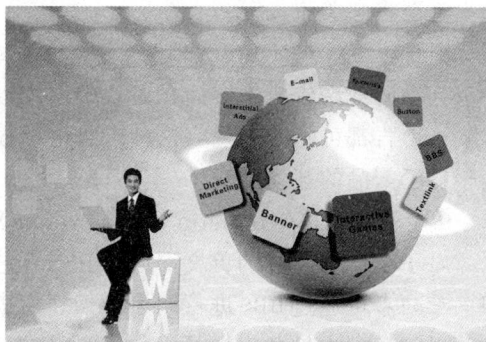

图16-4　网络广告信息投放形式

信息，这是其他传统媒体所无法与之相比的。旗帜广告有静态式、动态式和交互式三种形式。

2.文本链接（textlink）广告

文本链接广告是以一排文字作为一个广告，点击便可以进入相应的广告页面。这是一种对浏览者干扰最少且较为有效的网络广告形式。有时候，最简单的广告形式效果却最好。

3.按钮（button）广告

按钮广告是网络广告中普遍采用的一种形式，它是从旗帜广告演变过来的，图形尺寸比旗帜广告要小，一般是120×60像素，甚至更小。由于图形尺寸小，可以被灵活地放置在网页的任何位置上，适合品牌、产品、促销等营销活动。

4.邮件列表（direct marketing）广告

邮件列表广告又称为"直邮广告"，利用网站电子刊物服务中的电子邮件列表，将广告加在每天读者所订阅的刊物中。

5.电子邮件式（e-mail）广告

电子邮件广告是以电子邮件的方式免费发送给用户的广告，一般在拥有免费电子邮件服务的网站上使用。

6.赞助式（sponsorship）广告

赞助式广告是指网站赞助商在网站展示自身品牌的广告形式。一些企业在网站上赞助与其相关的页面或栏目，赞助的方式有内容赞助、节目赞助等。赞助商可以利用这种方式展示品牌，进行市场调查，获得广告收益，还能够用各种谈得来的方式与访问者进行交流。这种广告放置时间较长，且无须与其他广告轮流滚动。

7.插页式（interstitial）广告

插页式广告又称为"弹跳广告"或"蹦出广告"，广告主选择自己喜欢的网站或栏目，在该网站或栏目出现之前插入一个新窗口显示广告。这种广告是众多网络广告中最讨人嫌的广告形式。在打开一个网站的首页时，另一个幅面较小的页面会自动跳出，只要点击就可以出现相应的链接页面，倘若不理睬它，它就会一直待在

那里直至将它关闭。

8.互动游戏式（interactive games）广告

互动游戏广告是指穿插在游戏中的广告。在一段页面游戏开始、中间、结束的时候，广告都可随时出现。这种广告可以根据广告主的产品要求为之量身定做一个属于自己产品的互动游戏广告。

9.电子公告牌（bulletin board system）广告

电子公告牌广告的英文简称为BBS，它实际上是一种以文本为主的网上讨论组织。参与者可通过BBS进行网上聊天、发表文章、阅读信息、讨论问题等，BBS成员可以阅读到大量公告也可以发表自己的公告，或回复他人的公告。BBS有不同的类型和网站，企业可以选择适合自己的BBS发表自己的公告。

16.1.6　网络广告必须遵守《广告法》

修订后的《广告法》涉及网络广告要遵守的相关法律规定问题，如第四十四条规定："利用互联网从事广告活动，适用本法的各项规定。利用互联网发布、发送广告，不得影响用户正常使用网络。在互联网页面以弹出等形式发布的广告，应当显著标明关闭标志，确保一键关闭。"

|16.2| 网络广告属性

从属性上看，网络广告既是信息传播行为，属于大众传播的范畴；又是企业促销手段之一，属于市场营销的范畴。

16.2.1　网络广告的大众传播属性

作为大众传播活动之一，同时作为企业促销组合的元素，网络广告具有以下特质：

1.它是付费使用媒介物的传播活动

因为付了费，所以广告主必须可资识别，广告信息也必须听由广告主安排，这使它有别于新闻宣传活动。因为使用媒介物，而且还要通过独立的代理机构，这使它有别于营业推广活动。

2.它是一种非个体传播活动，或称非亲身传播活动

凭借网络媒体，网络广告可以将广告信息一举送到成千上万的人眼前，因此它就像一位"最大的推销员"，其传播行为属于大众传播的范畴，这使它有别于公共关系及人员促销活动。

3.它是一种双向传播活动

大众作为传播受众，对传播信息具有自主选择的能力，想看什么就挑什么来看，不想看的就可以当其不存在。因此它不是由传播方完全操纵传播信息的传播活动，这使它有别于传统的大众传播形式，如电视、广播、报纸、杂志等。

4.它是一种有目的的传播活动

目的在于说服广告对象购买广告主的产品，这使它有别于街谈巷议。

5.它是一种可以重复的传播活动

年复一年，日复一日，每天24小时，只要你愿意，你就这么待在网上，没人管你。广告主购买网络广告的单位常常是10万次显示或100万次点击，这再次使它有别于新闻。

16.2.2　网络广告的市场营销属性

1.它是一种针对目标市场进行广泛劝说的传播活动

和其他大众传播方式（一般是针对非特定的多数）相比，网络广告有更明确的广告对象，也就是广告受众。网络技术可以帮助广告主选择用户、跟踪用户，多方面掌握用户资料，然后有的放矢，对症下药。因此，网络广告可望成为一种最富针对性的促销行为。在其他广告形式中，只有直接邮寄广告接近于此。

2.它是一种吸引人们有意注意的传播活动

网络广告的受众可以根据自己的需要和喜好，自主选择想接受的广告信息，而不必听从媒体的安排。这使它有些像报纸和杂志，而不像电视、电台及路牌那样想方设法吸引人们的视觉和听觉，打动人们的无意注意，它所吸引的是人们的有意注意并力求调动人们的自觉性和主动性。简单地说，在一般媒体上，广告找人看；在网络媒体上，人找广告看。目前唯有网络媒体可以较为充分地做到这一点（当然有些类型的网络广告如图标广告等仍然需要吸引人们的无意注意），因此有人称网络广告这一特点为非强迫性传播。

3.它是一种商业传播活动

网络广告像其他广告一样，是一种商业行为。准确地讲，它是企业市场营销活动中促销组合的4大因素（公关、营业推广、人员促销、广告）之一。网络广告的根本目的就是促销（见图16-5），这是必须要明确的问题。

4.它只是可供企业利用的诸多广告形式中的一种，即以广告而论，不过是促销手段之一

虽然广告费用对企业而言是一笔很大的开支，会占用其总收入的1/3甚至更多，但这并不说明广告在企业经营管理中占有同等比例的重要地位。理论上，广告只是促销组合之一，促销只是营销环节之一，营销只是企业经营战略的一部分！所以，广告必须和其他促销手段配合，并需要

图16-5　臧龙松著《微步天下》

同其他营销环节组合运用，还要纳入企业整个经营战略，才能见效。

16.2.3　网络广告五要素

网络广告五要素与我们在第1.2节讲的"广告要素"是基本一致的。

1.广告主

广告主是指发布网络广告的企业、单位或个人。任何人都可以自行上网或通过他人在网上发布各类广告，当然要在广告法律、法规许可的范围之内。

2.广告费用

广告费用是指上网发布广告所需的资金投入。

3.广告媒体

就网络广告而言，所谓广告媒体就是网络，这既是指因特网（Internet），也是指万维网（World Wide Web）。

4.广告受众

广告受众是网络广告指向的广告对象，或称网络广告的接受者。所有在网上活动的人，就是网络广告的广告对象。

5.广告信息

广告信息是指网络广告的具体内容，即网络广告所传达的具体的商品或劳务信息。它可能是很多文字，也可能只是一句话、一个网幅或一个图标。

16.2.4　网络广告的特点（见图16-6）

1.互动性强和针对性明确

（1）互动性强。网络广告是一种"推"、"拉"互动式的信息传播方式。广告主将相关产品的所有信息组织上网，等待上网者查询或向消费者推荐相关的信息。上网者成为交流的主动方，他们主动、自由地搜寻有用的信息，按照自己的需求直接向广告主（公司）发出咨询，广告主一旦接收到信息，会立刻根据顾客的要求和建议

图16-6　网络广告的特点

及时作出积极反馈。网络广告能够运用生动的图像、诱人的想象，在短暂的时间内抓住人们的视线，诱导人们参与。网络广告要形成突破，必须仰仗互动性。全球第一家网络广告公司CKS Interactive的总经理Peter Snell认为："网络广告最根本的特性是互动性，互动性广告的重心应在于互动信息的传递，而不是传统广告印象的创建与说服。"

（2）针对性明确。针对性明确来自网络广告目标群的确定。由于点阅信息者即为有兴趣者，所以网络广告能够直接命中传播对象，并可以为不同的传播对象推出不同的广告内容。特别是工商经济站点，浏览者大都是企业界人士，网络广告的针

对性更加明确。

2.传播范围广和成本低

（1）传播范围广。网络连接着世界范围内的计算机，它是由遍及世界各地大大小小的各种网络按照统一的通信协议而组成的一个全球性的信息传输网络。因此，通过互联网发布广告信息范围广，不受时间和地域的限制。

（2）传播成本低。在传统媒体上做广告，发布后很难更改，即使可改动，往往也会付出很大的成本。而在 Internet 上做广告，则能根据需要及时变更广告内容，当然包括改正错误。这就使经营决策的变化可以及时地实施和推广。

3.导向性和非强迫性突出

·（1）导向性灵活。在网上浏览的人极易从一个网站跳换到另一个网站，也就是说，当你在某个网站上看到另一个网站的链接（广告），便可以非常容易地查阅这个广告背后整个网站的内容，并且进行即时的商业活动（如网上购物、求职、交易等）。由于网站内容都已经有了类别划分，广告主就更容易抓住传播对象。

（2）非强迫性。众所周知，报纸广告、杂志广告、电视广告、广播广告、户外广告等都具有强迫性，都足以吸引世人的眼球和听觉，强行灌输到你的大脑中。而网络广告则属于按需广告，不像报纸分类广告那样需要彻底浏览，它可让人们自由查询，将所要查找的信息集中呈现在传播对象面前，这样既节省时间，又避免被动的注意力集中。

4.实时性与持久性统一

网络媒体具有随时更改信息的功能，广告主可以根据需要随时进行广告信息的改动，广告主可以24小时调整产品价格、商品信息，即时将最新的产品信息传播给消费者，并且网络媒体也可以长久保存广告信息。广告主建立有关产品的网站，可以一直保留，随时等待消费者查询，从而实现了实时性与持久性的统一。

5.信息统计较为准确快速

在 Internet 上发布广告信息，可通过权威公正的访客流量统计系统进行计量，无论是广告在用户眼前曝光的次数，还是用户发生兴趣后进一步点击广告、了解详情的次数，都可以被精确地记录统计，并且可以了解到这些用户所查阅的时间分布和地域分布。网络广告借助于分析工具，成效易体现，客户群体清晰易辨，广告行为收益易准确计量，可以说，有助于客商正确评估广告效果、制定广告投放策略并对广告目标更有把握。

16.2.5 网络广告的优势和劣势

1.优势

（1）双向沟通性强。这是网络广告最为显著的优点，网络是一种双向媒介，人们不但可以被动观看，还能主动参与。

（2）没有时间限制。网络媒体可以在最适合的时间以顾客为中心灵活地刊登广告，对消费者而言，则能在适宜自己的时间从容不迫地接收资讯，选择广告内容。

（3）没有时空限制。网络广告可以连通全球，只要目标受众的电脑在互联网上，信息就可到达。

（4）内容详尽。与传统媒介相比，互联网提供的信息内容更加全面、具体，可以涵盖从企业概况、产品信息到企业各项促销及公关活动的详细信息，浏览者可以在任何时候在相应的网页上查到所需信息的具体细节。

（5）形式多样。随着计算机多媒体技术和网络编程技术的提高，网络广告现在已经做到收集文字、动画、声音、三维空间、虚拟现实为一体，为网络巡游者创造身临其境的感觉。多媒体技术的发展为广告创意提供了更为广阔的空间，更能引起消费者注意。

（6）动态及时性。网络编程语言的逐渐成熟使得网络广告的制作更加迅速，可方便企业对广告进行动态调整。

（7）制作简单，成本低廉。

（8）事后评估方式的准确性较高。

（9）广告发布针对性强。

（10）范围宽广。在网上发布广告，其受众是全国乃至全世界的互联网用户。近些年中国紧随美国之后，已超越日本成为全球第二大互联网广告市场，也是全球范围内互联网广告发展最为迅猛的市场。

（11）经济便宜。现在的商业广告价格，刊登一次1/4版的报纸广告（省级报纸）就要3万元以上，而在网上做一个主页广告1年的费用也只需1万元左右。

（12）更改方便。网络广告的内容可以随时更改，特别是在产品销售方面，品种、数量、价格的数字会常常变动，更改只需数分钟，而且花费很少。

（13）容易评估。网络广告发布后的效果评估，只要通过消费者点击网页上广告的次数以及消费者的信息反馈，便可分析消费者的范围、层次、需求以及广告效应。

2.劣势

（1）广告效果不佳。

（2）被动性。网上的信息只有等顾客上门索取，不能主动出击，实现的是点对点的传播，而且它不具有强制收视的效果，主动权掌握在消费者手中。

（3）受硬件环境的限制。

（4）受语言的限制。

（5）广告信息的可信度低。

（6）网络信息量太大不利于浏览者搜寻。

（7）上网费用是一笔不小的开支，使很多人可望而不可即。

（8）计算机操作水平也在一定程度上限制网络广告的发展。

（9）目前普通大众还无法适应这种新媒体，广告人员也暂时无法跟上这种新的传播形式。

除此之外，还有投资效益不确定、媒体附加值低、网上匿名文化、上网不方便、电子邮件广告对电子信箱的污染等也是网络广告的劣势所在。

16.3 网络广告受众

在设计网络广告时，首先要了解目标网络受众的需求特征，才能根据不同的需求提供相应的内容。

16.3.1 网络广告受众类型

以受众-顾客-消费者的需求特征为据，一般将网络广告的受众划分为 5 个类型（见图 16-7）。

1. 直接信息寻求者

直接信息寻求者是指上网目的是为了寻觅某类特定信息的受众。对企业站点来说，那些经常访问站点以获得关于产品、投资等信息的冲浪者也属于这一类型。对于这类冲浪者，务必保证站点包含他们所需要的信息。

2. 间接信息寻求者

间接信息寻求者没有明确的信息寻

图 16-7　网络广告受众类型

求目标，只是想在网上获得有用的信息和令其惊喜的信息等。这种信息寻求者犹如报纸的嗜好者，没有明确目标地寻求某个信息，而是通篇浏览，有令人感兴趣的文章就仔细阅读，否则就很快跳过。

3. 免费品寻觅者

上网时常常希望得到免费品，如免费软件、免费照片、免费旅游、免费书籍等。总之，站点上 "free" 这类字样对他们很有吸引力。

4. 娱乐追求者

很多受众在网上漫游仅仅是为了寻找乐趣或找点刺激。Internet 包罗万象，无所不有，是一个绝好的各取所需的场所。在那里，你可以尽情地玩游戏、竞赛、访问很 "酷" 的站点、浏览有趣的个人网页，还可以欣赏音乐、看看电影，甚至还能够了解旅游知识和烹饪技术等。

5. 直接购买者

购买者若要上网，其明确目的就是购物。也许他的脑子里已有一个明确的购物清单，他或要购买一斤牛肉，或要为他的朋友买件生日礼物，但是他却不知道购买什么合适，他上网先寻求帮助，等有了好主意后再购买。若要满足这类受众的需求，首先就要保证订货与付货系统的方便、安全，最好设有购买建议的页面，或设置一个网上互动服务员岗位，为顾客出主意解决类似于生日礼物的选择问题，为此网上最起码要提供一个易于搜索的产品数据库。

16.3.2　网络广告受众地位的变化

网络媒体受众与传统媒体受众的交融性是不可避免的。从传播史上看，新媒体的诞生对旧媒体往往具有包容性，各类媒体均有自己的特点，一种媒体要轻易取代另一种媒体是不大可能的。从技术上看，报纸、电台、电视台的信息完全可以转化为数字形式，其听众、读者、观众同时又可以是"网民"。

1.由被动接受转向主动选择

传统广告中的受众，是被动接受广告信息的，他们无法与发布广告信息的媒体沟通。网络广告中的受众，除了被界面弹出的广告抓住眼球以外，对于他们想了解的信息，能够主动点击，打开一个新的界面，进一步了解广告信息，在网络中他们从普通受众变为"顾客"；网络广告的受众甚而接受了广告的信息，点击购买，通过网银完成从广告信息的传播到广告主销售目的的实现，此时网络广告的受众已经成为了消费者。

2.由固定转向流动

传统广告受众在成为网络广告受众后，由固定转向流动有三层意思：其一是网络广告信息的受众，他不仅会停留在已获取的广告信息上面，还会在网络广告的网页中继续点击，向下或向上翻找，或深入查阅网络广告。这种流动的主动查阅广告，在传统媒体广告中，受众是无法做到的。其二是网络广告信息的受众，对于他认可的信息，会利用网络发给他的朋友圈，让广告流动起来。此时的广告受众已经转变为广告信息的发布者。其三是使用移动互联网的广告信息受众，不受传统广告在时间和空间的限制，可以在他愿意的任何时间、任何地点查阅广告的信息。

3.由大众走向具有个性的小众化

在继续成为传统大众传播媒体受众的时候，受众在接受网络媒体传播广告信息的同时，他们已经成为小众媒体的受众。在网络媒体传播中，受众享受的传播方式是一对一的传播，愿意接受什么内容的信息完全由打开网络的受众做主，"我的地盘听我的"。

16.3.3　网络广告受众的心理特征

任何一则广告都是通过影响受众心理发生作用的，从而启迪受众或引发受众的购买行为。网络广告受众一般具有追求方便高效心理、崇尚参与心理、追求时尚心理和急躁心理等特征（见图16-8）。

1.追求方便高效心理

广告最终的目的就是激发消费者的购买欲望，从而产生购买行为。著名的广告大师奥格威曾强调说："广告不应该视为一种艺术形式的表现，广告唯一正当的功能就是销售，我们做广告是为了销售产品，否则，就不做广告。"传统媒体对消费者而言，最大的问题是"爱你在心口难开"，潜在消费者即

图16-8 网络广告受众的心理特征

使有了认知与兴趣，甚至产生了欲望，但是却无法直接"行动"。而网络则不然，只要鼠标轻轻一点，就能过足"购买"瘾，这就大大提高了效率，方便受众。

当前人们的生活节奏愈来愈快，工作的压力愈来愈大，很多人都不高兴再把难得的休闲时光浪费在购物上，所以人们会以购物的方便性为目标，追求时间、精力等购买劳动成本的尽量节省，对于需求和品牌选择都相对稳定的日常消费，这种节省的需要尤为突出。如果网络广告的设计、制作、发布在这方面作出努力，人们便能在网上看到自己所喜欢的产品，产生购买欲望，这就大大提高了广告的宣传效果。

2.崇尚自立与渴望参与的心理

网络特有的"交互"功能是网络广告一个最大的特色。传统的传播媒体无论是电视、广播，还是报纸、杂志，传播信息的方式都是单向的，不具有双向沟通的功能，因为它不是"交互"的媒体。崇尚自立，渴望参与是人类的一种普遍心态，网络为这一心态的展现创造了条件，网络广告的设计与制作又激发了这一心态。

3.好奇与追求时尚心理

好奇心理也称喜新心理，是一种直接兴趣，不需引导即可产生的一种关注与感兴趣的心理指向，它不是出于利益动机，而是一种无专门目的感受上的愉悦与满足。使广告突显趣味性是提高网络广告效果的一个重要武器。据调查显示，20%的人表示网络广告注明有奖或伴有互动游戏时，他们就会对这个广告感兴趣，进而产生购买欲望和行为。

4.急躁心理

急躁心理是由于自己的需要得不到满足而产生的一种情绪体验。在这样的情绪体验下，受众往往会把注意力集中到自己的需要上，于是可有可无的其他信息就会被抛弃到注意范围之外。

|16.4| 网络广告调查

网络广告调查是网上调查的一部分。网上调查又称联机市场调查,英文名为 online survey 或 web-based survey,它是通过网络进行的有系统、有计划、有组织的收集、调查、记录、整理、分析有关产品、劳务、广告及市场等信息,客观地测定及评价、发现各种现象和事实,用以解决市场营销的有关问题,并且作为各项营销决策的依据。网上调查的范围很广,包括市场营销的各个方面,而网络广告调查只是其中的一个部分;同时,网络广告调查又有赖于网上调查,二者密不可分。

16.4.1 网络广告调查特点

网络广告调查的实施可以充分利用 Internet 作为信息沟通渠道的开放性、自由性、平等性、广泛性和直接性的特性,使得网络广告调查具有传统的一些市场调查手段和方法所不具备的一些独特的特点和优势。

第一,及时性和共享性。网上调查是开放的,任何网民都可以进行投票和查看结果,而且在投票信息经过统计分析软件初步自动处理后,可以马上查看到阶段性的调查结果。

第二,便捷性和低费用。实施网上调查能节省传统调查中耗费的大量人力和物力。本教材作者曾组织 7 名学生完成省教育厅的课题,设计了有 60 多个问题的问卷,从网上分别发给北京、上海、宁波、成都、泸州、深圳、贵阳、凯里的 50 位受访者,一周内便从网上收回 50 份已填写的问卷。其调查效率之高,在没有互联网时是不可想象的。

第三,交互性和充分性。网络的最大好处是交互性,因此在网上调查时,被调查对象可以及时就问卷相关问题提出自己的看法和建议,可减少因问卷设计不合理导致调查结论的偏差。

第四,可靠性和客观性。实施网上调查,被调查者是在完全自愿的原则下参与调查,调查的针对性更强,因此问卷填写信息更可靠、调查结论更客观。

第五,无时空、地域限制。网络广告调查是 24 小时全天候的调查,这就与受时间制约和区域制约的传统调研方式有很大的不同。

第六,可检验性和可控制性。利用 Internet 进行网上调查收集信息,可以有效地对采集信息的质量实施系统的检验和控制。本教材作者在 1999 年参加广告公司接受五粮液酒厂委托的问卷调查工作,问卷厚厚的 20 多页,每个省、区、直辖市要填写 10 万份以上,仅打印、下发、回收问卷的纸张,都是用卡车运输。问卷统计是半人工半计算机进行,从年尾 10 月份开始工作,2000 年 4 月初才完成各省、区、直辖市的统计,月中才完成 20 个省、区、直辖市的统计,5 月 1 日在《参考消息》上刊登广告,向所有被调查者致谢。网络广告调查作为网上调查的一部分,具有网上调查的一般特点,即双向互动性、实时性、方便性和准确性,甚至娱乐性等。

16.4.2　网络广告调查方式

网络广告调查（见图16-9）可以采用以下两种方式：

1.采用电子邮件

以较为完整的E-mail地址清单作为样本框，采取随机抽样的方法发放E-mail问卷，然后再对受访对象使用电子邮件催请回答。在广告调查实施中，访问者透过多媒体技术，可以向受访者展示包括问卷、图像、样品在内的多种测试工具。这种调查方法较具定量价值，在样本框较为全面的情况下，调查结果可用于推论研究的总体，对特定网民的行为模式、消费规模、网络广告效果、网上消费者消费心理特征等获得多方面的准确资料。

2.网上焦点团体座谈

直接在网民中征集与会者，并在约定时间举行网上座谈会。该方法适用于需要进行深度或探索性

图16-9　网络广告调查

研究的主题。很多企业都希望能有这样一个机会，和网络用户一对一地直接交流。有的企业与网站达成协议，企业为这个站点的一个与该企业产品相关的栏目提供赞助。

16.4.3　网络广告调查内容

1.网民基本情况调查

全国科技名词委员会给因特网用户起了一个名字——网民，但这些用户中的一些人更爱称自己为网虫。网络广告调查跟普通的广告调查内容一样，首先也要调查因特网用户以及他们的性别、年龄、专业、学历、爱好、婚姻状况、职业、收入、消费习惯以及网上浏览的习惯方式等。

2.网络用户的地域调查

网络用户的地域调查对企业来说极为重要，因为不管Internet把人们拉得多么近，但毕竟人们生活的实际空间距离是客观存在的，而这对企业产品的运输、保管以及整个产品的成本都很重要。

3.网络用户的收入调查

对于网络用户的收入调查，是出于企业市场营销的需要。企业要满足哪一个需求层次，必须进行调查研究，然后根据网络市场的需求和企业自身的生产能力，充分发挥已有的优势，进行新产品的开发。

4.网上竞争对手调查

不论是传统广告媒体的广告调查还是网络广告市场调查，都少不了对竞争对手

的调查。因为市场经济的内在规律就是"优胜劣汰"、"强者为王",现代市场经济既有"看不见的手"又有政府的宏观控制管理,所以只有遵守这些规律和法则,突出自己的优点和长处,并了解竞争对手的情况,做到知己知彼,才能立于不败之地。

怎样在网上研究竞争对手?

1)网上竞争对手的寻找。在网上寻找竞争对手的最好办法是先找到全球最好的八大搜索引擎。目前,全球最好的八大搜索引擎分别是:Yahoo!、Altavista、Infoseek、Excite、Hot-bot、WebCrawler、Lycos、PlanetSearch。在查找竞争对手之前,首先要确定查询用的关键词。关键词的确定要考虑的因素包括要在网上开展的业务性质,一般的浏览者在网上查找这类业务时常用的关键词等,一般要确定5~10个关键词或关键词组。在上述八大搜索引擎上分别检索,你会得到大量的结果。由于时间和精力的限制,你不可能将所有的站点一一查看,所以最好按照以下两个因素来筛选:

(1)审查每一条检索结果,看它对站点内容的描述。一般来说,从描述中可以看出某个站点所从事的业务范围。

(2)只看前10名或前20名的站点。如果前10名或前20名的站点有8个与你从事的业务相同或相近,那么这8个站点就是你的竞争对手。我们之所以选择前10名或前20名的站点,是因为这些站点在搜索引擎上的排位就是你与他们将来竞争的地方。

2)网上竞争对手的研究。研究网上竞争对手的情况,应首先从它的主页入手。一般来说,竞争对手都会将自己的产品、业务、服务和联系方式等信息展示在主页中。

16.5 | 网络广告制作

网络广告制作要经过主题创意、构思、文案写作、图形选择、编排5个阶段。网络广告制作作为一个过程,其每一阶段均有各自的作用和功能,缺一不可。网络广告作为一种艺术创作,其构思、文案写作和图形都有自身特殊的规律和技巧。

16.5.1 网络广告制作流程

一则网络广告(network advertising)产生的全过程,主要包括广告市场调研、企业产品或服务的分析、制作、发布及广告的信息反馈。其中,制作是整个过程的重要环节,因为制作质量的高低从根本上决定着广告效果的好坏。

网络广告的制作包括主题创意、构思、文案写作、图形选择、编排5个环节(见图16-10)。

1.主题创意

（1）主题创意的意义。主题创意是网络广告制作的首要环节。它是网络广告作品所涵盖的基本要素和核心思想，是网络广告所要表达的基本理念和核心诉求点。确定了主题创意，也就确定了广告所要告诉受众什么问题，以及这一问题如何表达的原则。

在确定主题创意的过程中，广告策划和创意者结合广告主的诉求愿望应对

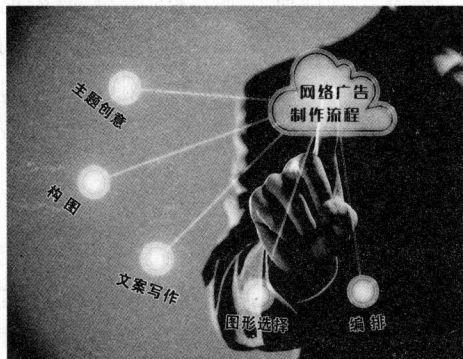

图16-10　广告制作流程

广告产品及市场需求、消费者需求进行认真细致的分析和解剖，确定受众客体对企业、产品或服务的价值需求，以及附加的其他价值需求，从而最终确定网络广告的主题，以及主题创意的表达形式。

（2）主题创意的基本要素。网络广告主题创意应该具备两个基本要素，即鲜明性和创新性。

网络广告主题创意的鲜明性是指网络广告的主题具有明晰性，即要宣传什么，突出什么，这些都必须十分清楚明白。也就是说，网络广告主题创意同样遵循广告的一般原则，即观点明确、概念清晰、重点突出，鲜明地表达销售意图。事实上，成功的网络广告主题创意，结构简单，目标对象集中、准确，简洁、单纯，重点突出地表达销售理念。不难想象，在激烈的市场竞争中，晦涩难懂的广告主题创意，内容冗杂而重点不明或理念不清的广告创意，其结果终将只能是一堆"视觉垃圾"。还有一种情形，唯恐消费者不知道自己所要传播的信息，制作者力图面面俱到，而最后却适得其反，反而使消费者对产品或企业在认识上模糊不清或产生混乱，甚至误导其消费观念。这些都是极不可取的。

网络广告主题创意的创新性是指表达主题的形式具有新颖性或独特性，有出奇制胜的心理效果。网络要素作为广告的一大构成要素，为其创新性提供了条件。网络广告已经具备了使其个性化、独创性的技术手段，比如网络交互技术等，与同类产品的其他广告形式相比，网络广告应当充分利用其技术手段的优越性着力突出其表现主题的创新手法。网络广告主题创意的创新性，要求网络广告策划和创意者具有强烈的创作意识，要从多维度的视角去观察问题、发现问题，认识并理解广告主的主要诉求，剖析研究主题，然后在此基础上，结合网络技术和广告艺术的创作原则，最终确定艺术的表达形式。只是这样还不够，网络广告策划与创意者还应该而且必须强化网络广告作品主题创意信息特征的个性化，加强表现手段的个性化，最终达到突出产品或服务与众不同的特征。所有这一切，才是网络广告创新性行之有效的途径，从理论上说，在产品同质化的时代，有营销手段的差异，才能在激烈的市场竞争中脱颖而出，才能吸引目标消费者，进而发掘潜在的消费市场。

若从广告性质（如公益广告）或表现手法来说，网络广告主题创意还应该具备一定的思想性。在平凡的生活细节中寻求情感诉求点，赋予一定的思想价值和生活哲理，增强其感染力并提升其审美价值，寻找与受众思想的交汇点，在一定思想深度和感情深度上与受众产生共鸣，打动广告受众，从而达到广告诱人的目的。

2.构思

（1）构思的意义。网络广告构思是创造性的思维活动。具体地说，网络广告的构思是网络广告制作过程中如何具体表现主题创意的创造性思维活动。科学地把握网络广告主题创意的思想，追求卓越的构思，只有这样，才能不断地探索新的艺术形式，丰富艺术传达中的多种表现手法；只有这样，才能提高广告的艺术表现力，使网络广告的表现实施（即文案写作与图形选择的落实）与主题创意高度吻合。

（2）构思的基本原则。一般来说，网络广告构思应该遵循以下两条基本原则：

第一，承上启下原则。网络广告构思在网络广告的制作过程中具有桥梁和纽带的作用。它是整个广告制作过程的中间环节。一方面，它要依据主题创意构想出具体的广告信息表现形式，对主题创意进一步的深化、创作；另一方面，对于构思之后的实施阶段（即具体落实文案写作、图形选择及编排各环节）应予以具体指导，应该说，构思是整个环节中承上启下的关键点。

第二，大胆创新原则。创新是网络广告制作过程中的"灵魂"。因此，在网络广告的主题创意中要有创新，在网络广告的构思中也要有创新。网络广告构思的创新不但要有横向比较，即比较其他同类产品在广告表现手法上的差异，而且还要力求突破该产品一以贯之的广告风格的局限，用心去寻求更加高超的表现技巧。网络广告构思的大胆创新如同文学写作中的通感修辞一样，借助事物间特殊内在联系的贯通，将人的感官知觉相互交错、转换，从而产生新的艺术效果，使广告受众获得独特而新奇的艺术感受。

3.文案写作

（1）文案的构成。广义的广告文案是指广告作品的全部，它不但包括语言文字部分，还包括插图部分。而狭义的广告文案仅指广告作品中的语言文字部分。完整的广告文案不仅应该包括已完成广告的语言文字部分，而且还应该包括以语言文字表述的广告作品的蓝本。

具体地说，典型的网络广告文案是由广告标题、正文、广告口号和随文构成。

（2）文案写作要求。

第一，标题醒目。广告学家认为，阅读广告标题的人是阅读广告正文的5倍，人们往往读完标题就不再继续读了，这足以见得广告标题的重要性。网络媒体所提供的信息量浩如烟海，因而广告受众对同类产品可选择的广告信息面非常宽泛。广告的制作者如何从这一背景出发，千方百计吸引浏览者，其中醒目的广告标题是至关重要的。因此，在网络广告文案的写作中，通常采用悬念、号召以及诱导等形式来突显广告标题，醒目"抢眼"，以吸引受众的眼球，引起受众的兴趣与好奇心，诱导其继续阅读广告正文。

第二，主旨明确与语言简练。面对浩瀚的网络媒体信息，一般地说，受众会"读书读封皮，看报看标题"，因而对大多数的广告总是一扫而过，而无法"驻足"细看。如果网络广告的诉求重点不明、语言冗长，那么它是无法在瞬间内引起受众足够的注意。

第三，语言与画面的有机结合。网络广告不但有静态平面图文结合的表现形式，而且还有语言文字与动画及视频影像相结合的动态表现形式。动态网络广告的文案不是对画面信息的重复，而是应该对画面适时、适当的解说和补充，使两者实现有机的结合。

4.图形选择

（1）图形选择的意义。在网络广告制作过程中，构思、文案最终要通过一定的图形表现出来，因此网络广告的图形选择不是简单地对现有广告资料图形图像的筛选与利用，成功的做法是，应该将其看成是一次艺术创作。在创作中，要塑造出传达广告信息内容的视觉化造型，诱迫受众接受广告所要传达的信息，从这个意义出发，艺术创作应该是对主题创意和构思的深化和再创造。网络广告图形包括的范围宽泛，无论是摄影照片，还是绘画的商业插画、漫画、图表以及纯绘画性的造型等，它们都可以作为网络广告的图形。在图像艺术已经发展到视觉符号的"读图时代"，"广告已成为当代大众艺术的最高形式"的今天，无数网络广告创作的实践证明，一幅成功的网络广告图形，既是一幅好的艺术品，又要能为普通大众所接受。

（2）图形选择的制作要求。

第一，简洁明确与形象突出。成功的网络广告画面和广告文案一样，不宜表达过多的内容或针对过多的诉求目标，其画面应该是简洁明快，图形构成单纯集中。简洁的画面与突出的形象，更具有视觉冲击力，让受众一眼就能抓住画面的重点，理解广告的主题。

第二，图形创新与形象生动。网络广告图形是对主题创意的形象物化，是表现构思的视觉传达手段。网络广告制作者要有新视角、新理念，要有符合广告主题创意和构思的图形选择，才能赋予产品或服务新的内涵和价值。网络广告的受众是社会大众，而不是仅仅针对诸如艺术家的小部分人群，所以它必须遵循社会大众的道德规范，符合一般审美情趣；图形形象要生动和谐，千万不能一味追求形式和画面视觉冲击力而忽略真善美的大众艺术需求。

第三，图文呼应与主次分明。网络广告文案是以语言来表达的文字主题，网络广告图形则是以艺术形象来表达的图形主题。图形的选择，要能对文字作出进一步的视觉阐释，以实现广告的效果，因此文案、图形两者必须密切配合，相互补充，既能主次分明、各有所重，又能相得益彰、浑然一体。

5.编排

（1）编排的意义。网络广告编排是对广告内容的图形图像、语言文字、声音等主要构成元素的创造性组合（见图16-11）。它不仅要对平面图文的版面编排设计，同时也要对视频、动画的时间和空间进行规划。网络广告的编排比其他广告形式的编排更具有复杂性，编排者应熟悉和掌握平面版面设计的均衡、调和、律动、视觉等技巧要求，留白等二维空间的处理方法，以及电影剪辑对二维、三维动画和视频的一般处理手法，才能正确安排设置各视觉元素的关系，使之成为一个有机整体，以最符合网络广告主题创意的形式来传播广告信息。

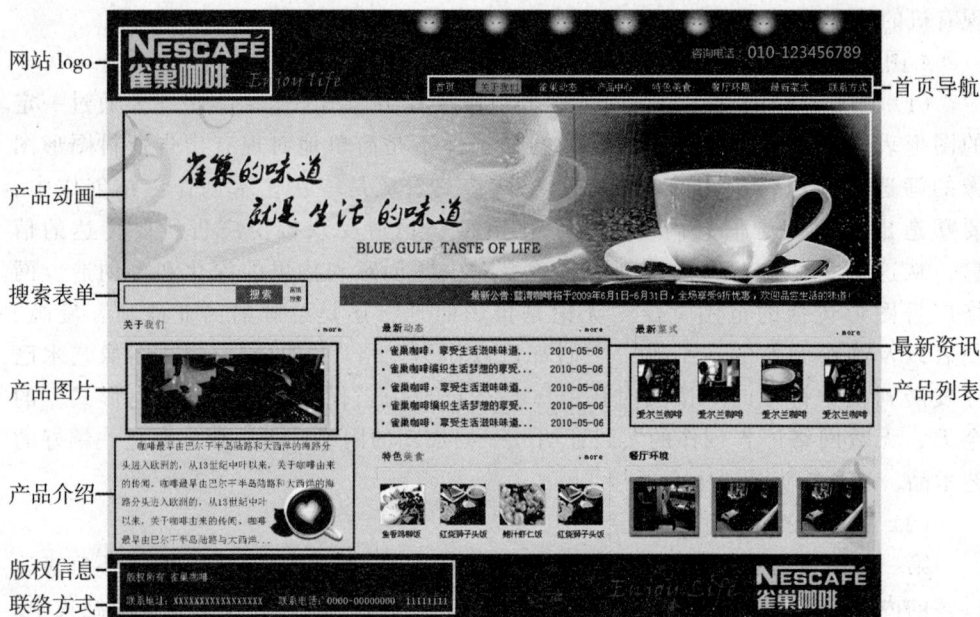

图16-11 网页设计布局案例

（2）编制的具体要求。网络广告编排应力求做到：①主体单纯，简洁明快，一目了然。在受众浏览瞬间的视觉印象中，要给出强有力的视觉冲击，以达到图形应用的诉求效果。②具备合理的视觉秩序，使之具备良好的图文视读性。形式是为内容服务的手段，形式上的编排样式，要能够使图形、文字在画面空间中的形态、大小、虚实、空间分布和顺序，形成符合人的生理和审美心理的合理视觉流程，自然有序的达到广告诉求的重点。③合理运用编排技巧。要正确应用网络广告各设计元素在画面中时间、空间的均衡、对比、韵律、空白和视错觉，以提高画面的节奏感、韵律感和安定感，让受众阅览广告内容感到轻松，激发受众进一步了解广告信息的兴趣。

16.5.2 网络广告的图形制作

网络广告是由图形与文字构成的，它们共同宣示着网络广告的诉求。在网络广告制作中，图形又称为图像（见图16-12）。

1.网络广告图形格式的内容

网络广告的制作不同于传统广告的制作，它遵循网络广告对图形格式的技术要求，并使用相应的软件。当前一般使用PC处理图形，在大量优秀的PC版本图形处理软件中，被普遍使用的软件有CorelDRAW、Photoshop、Freehand等。图形格式的主要指标包括分辨率、色彩数、图形灰度等。

分辨率一般有屏幕分辨率和输出分辨率两种。前者用每英寸行数表示，数值越大，图形（图像）的质量越好；后者衡量输出设备的精度，以每英寸的像点数表示，数值越

图16-12　网页小图标设计案例

大，精度越高，图形（图像）的表现效果越好。

图形（图像）的色彩数和灰度级用位（bit）表示。常见的色彩表示一般有2位、4位、8位、16位、24位、32位、36位这几种，一般写成2^n。比如，某图形（图像）是16位图像，即为2^{16}次方，共可表现65 536种颜色；当图形（图像）达到24位时，可表现1 677万种颜色，即真色。随着价廉物美的高质量彩喷和Photo打印机的不断涌现，高品质、表现自然景色已是唾手可得。

图形（图像）格式大致可分为两类。一类称为位图，另一类称为描绘类、矢量类或面向对象的图形（图像）。前者是以点阵形式描述图形（图像），后者是以数学方法所描述的一种由几何元素组成的图形（图像）。一般来说，后者对图像的表达细致真实，缩放后图形的分辨率不变，在专业级的图形（图像）处理中运用较多。

2.图形文件的特征后缀名

计算机中使用的图形文件都有其特殊的特征后缀名，不同的特征后缀名表示不同的图形文件格式。

（1）BMP（bit map picture）。BMP式是PC机上最常见的老资格的位图格式，有压缩和不压缩两种形式。Windows中附件内的绘画程序的缺省图形格式便是此格式，一般PC图形（图像）软件都能对其进行访问。BMP式存储的文件容量较大，因此在位图文件中，它算是一种对图形（图像）的描述比较"到位"的文件。该格式可表现从2位到24位的色彩，分辨率也可为480×320、1024×768，在Windows环境下相当稳定，所以在对文件大小没有限制的场合中，其运用最为广泛。

（2）GIF（graphics interchange format）。GIF式是可以在Macintosh、IBM机器间进行移植的标准位图格式，最多能存储色彩256种。由于存在这种限制，现在除了二维图形软件AnimatorPro和Web网页在使用外，它已很少被使用。

（3）JPG（joint photographic experts group）。JPG式是可以大幅度地压缩图形文

件的一种图形格式。同样一幅画面，用JPG格式储存的图形大小是其他类型储存图形文件大小的1/10～1/20。因为JPG的压缩算法十分先进，且色彩数最高可达24位，所以它被广泛运用于因特网上的Homepage或因特网上的图片库，以节约宝贵的网络传输资源。VRML三维图形（图像）技术日益成熟的今天，在表达二维图像方面，JPG仍有强大的生命力。

（4）PSD（photoshop standard）。Photoshop中的标准文件格式，专门为Photoshop而优化。

（5）CDR（CorelDRAW）。CDR是CorelDRAW的文件格式。CDX是发展成熟的CDR文件，是所有CorelDRAW应用程序均能使用的图形（图像）文件。

当前PC上的图形（图像）处理除了专业级的CorelDRAW外，常见的还有Office 2007套件PhotoEdit、FrontPage的伴侣Image 1.0等。至于图形（图像）浏览器更有Dos模式下的"德国战车"Sea、Windows环境下的ACDsee。Sea和ACDsee两种软件除了有浏览功能外，还可进行图形（图像）格式、分辨率、色彩的转换，使用也十分方便。

网络广告制作的相关软件有超文本标记语言、平面图形处理软件、综合性绘图软件、三维动画技术、编辑软件等。

思考与练习

一、自测题

1.名词解释

网络广告　广义的网络广告

2.填空

网络广告产生发展的4个阶段：＿＿＿＿＿＿＿＿＿＿＿＿＿＿＿＿

网络广告的五要素：＿＿＿＿＿＿＿＿＿＿＿＿＿＿＿＿＿＿＿＿＿

网络广告制作流程：＿＿＿＿＿＿＿＿＿＿＿＿＿＿＿＿＿＿＿＿＿

3.简答

（1）网络广告的形式有哪几种？

（2）网络广告有哪些特点？

（3）网络广告受众有哪几种类型？

二、练习与实践

1.在主动关注网络广告后，确切辨明不同的形式，分别琢磨其特点和广告目的。

2.在网上购买物品，试用自我分析的方法，充分认识网络广告的特征和优势。

3.试着利用自己的网络知识和技能，开设一家网店，运用网络广告为自己推销的商品做广告，总结经验和不足。

主要参考文献

［1］温斯顿.广告［M］.张罗,陆赟,译.南京:译林出版社,2014.

［2］王多明,孔炯.中国广告大词典［M］.北京:中国广播电视出版社,2008.

［3］王多明.逐日集［M］.北京:中国广播电视出版社,2012.

［4］王多明.趣味广告［M］.贵阳:贵州人民出版社,1988.

［5］莱登.大师级的营销——全美11位大师成为市场领袖的奥秘［M］.文波,王飞,译.2版.北京:企业管理出版社,2004.

［6］金力,石洁.广告营销策划经典案例分析［M］.2版.北京:北京大学出版社,2014.

［7］叶茂中.广告人手记［M］.北京:朝华出版社,2011.

［8］王多明.策划书写作教程［M］.大连:东北财经大学出版社,2014.

［9］王多明,胡艺聪,谢韵恒,等.策划书精选案例解读［M］.大连:东北财经大学出版社,2014.

［10］高力,王晓清,黎明.网络广告学［M］.成都:电子科技大学出版社,2005.

［11］郭宏梅,闫芳.网络广告策划［M］.北京:电子工业出版社,2012.

［12］杨佐飞.广告策划与管理:原理、案例与项目实训［M］.北京:北京大学出版社,2014.

［13］李志刚.广告学原理与实务［M］.重庆:重庆大学出版社,2004.

［14］张心悦.广告理论与实务［M］.成都:西南财经大学出版社,2010.

［15］郑晓燕,任伟.北京 上海 广州广告AE求职指南［M］.广州:岭南美术出版社,2004.

［16］丁慧中.我就是营销高手［M］.北京:蓝天出版社,2005.

［17］臧龙松.微步天下［M］.北京:中国财富出版社,2014.

［18］文丹枫.微营销:指尖上的利器［M］.北京:人民邮电出版社,2013.

［19］张文.玩转微信赚大钱［M］.北京:中华工商联合出版社,2014.

［20］罗华."茅台里的中国故事"微电影开拍［N］.贵州都市报,2014-08-15.

后 记

一部著作脱稿了，应该是件愉快的事，但背负沉重、目光悠远的学者，幸福的感受总是很低的，重重顾虑围着他，因此难以感觉兴奋与愉快。

全国400多所本专科大学开设广告学专业，有哪些学校会选择这本教材？开设广告学课程的新闻传播学专业、市场营销学专业、美术设计专业、公共关系学专业、工商管理专业的教师和学生，他们会首选这本更适合他们阅读和欣赏的富有创意的"广告概论"、"广告学基础"教材？

《图解广告学》的推广，依然需要做广告，优秀教材才能到教师和学生们的手中。

厚厚的教材怎么教？

在大学任教的教师，学历高，时间都放在读书上了，广告学是一门实操性极强的学问，没到广告业界"摸爬滚打"三年五载，照本宣科，那怎么行呢？

学生急功近利，企望速成，要以最小投入换取最大产出，可惜啊，知识不能打折。

只有一字字地细读，一幅幅图地品味，才能学到真知灼见。这样的学生有多少？

广告学课程是专业基础课，进入其他课程学习，还需要找来箱底的《图解广告学》，琢磨怎样表现"大学生广告艺术节"的参赛作品，豁然开朗，"我发现了！"，这正是我们的期盼。

当这些问号拉直了，著作者才能与师生们同乐！

200多万在广告行业工作的从业人员，不足1/10是科班出身，180万广告人中有多少人能把《图解广告学》当成枕边书、案头书？他们在翻阅中会受启发，瞬间产生的创意，产生的价值，可以买上千本《图解广告学》。

《图解广告学》的校对，得到了广东培正学院胡艺聪、赖碧连、刘紫碧、陈思莹、肖思璐、陈婉薇、王静捷、徐惠瑶、朱敏的帮助，大家一齐努力，要奉献一本质量更好的教材给教者和读者。

积累许多年的教学、实践经验和体会，这本教材构思了很多年，成书过程中，参考、借鉴、引用了许多资料，这里不能一一列出，希望见谅，衷心感谢先学带后学。

编 者
2015年11月